Kim Philby

Im Secret Service

Im Secret Service

Kim Philby

Erinnerungen
eines sowjetischen Kundschafters

Militärverlag
der Deutschen Demokratischen
Republik

Originaltitel: Ким Филби, Моя тайная война
Ins Deutsche übertragen von Dr. Ernst Strnad

ISBN 3-327-00636-9

An meine Leser in der Deutschen Demokratischen Republik

Ich freue mich, daß der Militärverlag der DDR meine Erinnerungen, die einen entscheidenden Teil meines Lebens beinhalten, vorlegt. Man wird vielleicht fragen, warum mein Lebensweg so ungewöhnlich verlaufen ist. Ich stamme aus der Familie eines britischen Regierungsbeamten und erhielt eine entsprechende Erziehung und Ausbildung, die dem Denken und dem Geist jener Zeit entsprachen, da Großbritannien noch eine Kolonialmacht war. Und heute, über siebzig Jahre später, lebe ich in Moskau und stehe noch immer an der Seite der Kämpfer, die es sich zur Aufgabe gemacht haben, den Kommunismus zu errichten. Angesichts meiner Herkunft mag das den Leser verwundern. Doch seit meiner frühesten Jugend habe ich instinktiv für die Armen und Unterdrückten gefühlt. Diese Saat ist aufgegangen.

Als ich mich an der Universität Cambridge immatrikulieren ließ, war in England eine Labourregierung an der Macht, die vorgab, die Interessen der Arbeiterklasse zu vertreten. Für mich war es ein ganz natürlicher Schritt, der Sozialistischen Gesellschaft der Universität Cambridge (CUSS) beizutreten. Zwei Jahre lang nahm ich regelmäßig an ihren Sitzungen teil, ohne darüber hinaus weiteres Interesse zu zeigen. Meine fortschreitende Bildung ließ mich begreifen, wie weit die Labour Party von der Hauptströmung der Linken als weltweiter Kraft entfernt stand. Ihre ganze Hilflosigkeit zeigte sich angesichts der Weltwirtschaftskrise.

Der eigentliche Wendepunkt in meinem Denken trat 1931 ein, als hohe Regierungsbeamte offen die Bewegung verrieten, sich den bürgerlichen Parteien anschlossen und die Wirtschaftskrise auf Kosten der Arbeiterklasse überwinden wollten. Zu diesem Schock kam dann später die Demoralisierung der Labour Party und ihre Niederlage bei den nächsten Wahlen. Die Partei war hilflos angesichts der Reserven, die die Reaktion mobilisieren konnte.

Das Debakel der Labour Party im Jahre 1931 ließ mich erstmalig über mögliche Alternativen nachdenken. Ich beteiligte mich aktiver an der Tätigkeit der CUSS und wurde 1932/33 deren Kassenwart. Dadurch bekam ich Verbindung zu linksgerichteten Strömungen, die kritisch gegenüber der Labour Party auftraten, vor allem waren das die Kommunisten. Intensives Studium und ein zunehmendes Begreifen der Klassiker des Sozialismus wechselten ab mit heftigen und manchmal heißen Diskussionen auf unseren Zusammenkünften. Für mich war es ein langwieriger, quälender Prozeß; mein Übergang zu einer kommunistischen Position dauerte zwei Jahre. Erst am Ende meiner Studienzeit in Cambridge, im Sommer 1933, verloren sich meine letzten Zweifel, und ich verließ die Universität mit der Überzeugung, als Kommunist zu wirken. Und gerade weil dieser Übergang sich so langsam vollzog, wirkte er um so nachhaltiger.

Nach Abschluß meines Studiums ging ich von Cambridge nach Wien, um dort meine deutschen Sprachkenntnisse zu vervollkommnen und die Verhältnisse in Mitteleuropa kennenzulernen. Viel Kraft erforderte meine tägliche politische Arbeit. Da die Kommunistische Partei Österreichs damals verboten war, gewann ich erste Erfahrungen im illegalen Kampf. Nach einigen Jahrzehnten konspirativer Tätigkeit weiß ich, wie laienhaft wir uns damals verhalten haben und wieviel Glück ich hatte, daß ich um eine Verhaftung herumkam, die meinen späteren Weg hätte durchkreuzen können. Jedenfalls kehrte ich im April 1934 als ein nach außen hin junger Bourgeois, der sich um eine Karriere bemüht, nach England zurück.

Damals spitzte sich die internationale Lage zu. Hitler hatte seine Macht in Deutschland konsolidiert und rief bereits zu einem Kreuzzug gegen die Sowjetunion auf. Mussolini schwankte zwar noch zwischen Angst und Ehrgeiz, schien aber denselben Weg gehen zu wollen. In Asien hatte die japanische Besetzung der Mandschurei eine Gefahr für den sowjetischen Fernen Osten heraufbeschworen. Die Achse Berlin–Rom und der Antikominternpakt zeichneten sich in Umrissen bereits ab. Damals sah es so aus, als würde von Ost und West gleichzeitig ein Angriff gegen die Sowjetunion, die den Sozialismus aufbaute, geführt werden. Wahrscheinlich war, daß bei einer solchen Entwicklung die Westmächte aus verschiedenen Interessen entweder abseits stehen oder vielleicht sogar den Aggressoren helfen würden, den «gemeinsamen Feind» – die Sowjetunion – zu zerstückeln. Eines war sicher, das würde die kommunistische Bewegung um eine oder mehrere Generationen zurückwerfen. Daraus ergab sich zwangsläufig die Verteidigung der Sowjetunion als erste Pflicht eines jeden Kommunisten. In dieser Situation kam mir der Zufall zu Hilfe; ein Zufall vor dem Hintergrund einer düsteren objektiven Realität.

Ein zuverlässiger Freund sagte mir, daß ein Mann, der sich für mich interessierte, gern mit mir zusammentreffen wollte. Mehr erfuhr ich damals nicht, aber ein beiläufiger Hinweis auf meine Wiener Erlebnisse ließ mich ahnen, worum es dabei gehen könnte. Ich stimmte der Begegnung zu, und damit begann meine Kundschaftertätigkeit für die Sowjetunion.

Die folgenden Jahre brachten den Völkern Gefahren und Leiden, deren Auswirkungen heute noch spürbar sind. Der Gegner ist derselbe geblieben. Die Gefahr, die heute vom Imperialismus ausgeht, ist größer als jene, die sich vor fast fünfzig Jahren abzeichnete, als ich mich der Sowjetunion verpflichtete. Die Verpflichtung besteht weiter. Ich bereue nichts.

Vorbemerkungen

Dieses Buch ist kein Kriminalroman. Es gibt darin nichts Erfundenes. Aus jeder Zeile spricht die Wahrheit: Der Leser erfährt von Menschen, Ereignissen und Fakten, die im Leben des hervorragenden Kundschafters Kim Philby eine Rolle spielten.

Sein Name ist auf allen Kontinenten bekannt. Im Jahre 1963 tauchte Kim Philby, ein As des britischen Geheimdienstes und einer seiner ehemaligen Leiter, in Moskau auf. Gewisse britische Kreise erlitten einen unwahrscheinlichen Schock. Panik erfaßte die Stäbe westlicher Geheimdienste, eine Welle von Sensationsmeldungen überflutete die kapitalistische Welt. Auch heute noch, nachdem viele Jahre vergangen sind, kann man in den westlichen Ländern über ihn nicht ruhig sprechen. Politikern gelingt es nicht, in ihren Memoiren Kim Philby zu umgehen, und auch in Untersuchungen zur Nachkriegsgeschichte muß er erwähnt werden. Er tritt als handelnde Person in Romanen und Spielfilmen auf. Ihm schreiben Feinde und Freunde: die einen, um ihn zu verdammen, die anderen, und das sind die meisten, um ihm ihre Begeisterung und Achtung auszudrücken.

Über sechs Jahrzehnte existiert der Sowjetstaat. Mit jedem Tag festigen sich seine Macht und Autorität. Stets sprechen wir mit Stolz und Dankbarkeit von jenen, die mit ihren Händen das Fundament der Revolution legten und sie, ohne sich zu schonen, verteidigten. Sie schufen den großen sozialistischen Bruderbund der Völker, die Union der Sozialistischen Sowjetrepubliken.

Kim Philby gehört zu jenen, die bereits in ihrer Jugend den Weg des revolutionären Kampfes beschritten und in ihrem ganzen Leben den Ideen des Oktobers treu blieben und sie verfochten.

Kim Philby wurde 1912 in der Familie eines angesehenen Regierungsbeamten geboren. Er studierte an der Universität Cambridge. Sein Vater war ein namhafter englischer Orientforscher, viele Jahre politischer Berater des saudiarabischen Königs Ibn Saud und eine einflußreiche Persönlichkeit in der arabischen Welt.

Während seines Studiums schloß sich Philby linksorientierten Kreisen an und unterhielt freundschaftliche Beziehungen zu einem Kreis junger Kommunisten, er blieb jedoch parteilos. Seine linken Überzeugungen veranlaßten die Universitätsleitung, Philby nach Abschluß des Studiums nicht für den Staatsdienst zu empfehlen. Nachdem er die Hoffnung aufgegeben hatte, doch noch im Außenministerium angestellt zu werden, reiste Philby nach Österreich, um hier perfekt die deutsche Sprache zu erlernen.

In Wien nahm er Kontakt zu linken Kreisen auf und betätigte sich im Rahmen einer Internationalen Hilfsorganisation für revolutionäre Kämpfer und des Roten Kreuzes.

Nach seiner Rückkehr aus Österreich im Jahre 1934 bricht Philby mit seiner Vergangenheit und wird mit Unterstützung einflußreicher Freunde seines Vaters ein freier Mitarbeiter der Londoner Zeitung «Evening Standard». Philby entzweit sich mit seinen politischen Gesinnungsgenossen. Man sieht ihn oft auf Empfängen in der deutschen Botschaft. Bald wird er Mitglied der Englisch-Deutschen Gesellschaft, tritt offen deutschfreundlich auf und arbeitet mit der berüchtigten faschistischen «Zeitschrift für Geopolitik» zusammen. Im Dritten Reich wird man auf seine prodeutsche Haltung aufmerksam. Er ist häufig zu Gast in Berlin, trifft sich dort mit Mitarbeitern des Goebbelsschen Propagandaapparats und wird von Ribbentrop empfangen.

Im Jahre 1936 beginnt der national-revolutionäre Krieg in Spanien, bereits nach einem halben Jahr wird Philby auf Empfehlung General Haushofers, des Herausgebers der «Zeitschrift für Geopolitik», und gewisser einflußreicher rechter Kräfte Großbritanniens auf den spanischen Kriegsschauplatz als Korrespondent mehrerer englischer Zeitungen entsandt. Er schreibt über die Situation in Spanien in einem für die Francoputschisten loyalen Geist, und nach einiger Zeit wird er zum offiziellen und einzigen «Times»-Korrespondenten auf dem von Franco besetzten Territorium ernannt. Philby genießt als Journalist bei den Faschisten einen ausgezeichneten Ruf. Franco selbst zeichnet ihn mit einem Orden für hervorragende Verdienste aus.

Mit Beginn des zweiten Weltkriegs wird Philby zum alleinigen

Kriegsberichterstatter der «Times» beim Generalstab des britischen Expeditionskorps in Europa. Nach der Niederlage Frankreichs kehrte er 1940 in die Heimat zurück und wird Mitarbeiter des britischen Geheimdienstes, des Secret Intelligence Service (SIS). Er gehört zunächst der Sabotageabteilung des SIS an.

Für einen Außenstehenden ist das eine unwahrscheinliche Wandlung: Im Verlaufe von sechs Jahren durchläuft Philby den Weg vom parteilosen Kommunisten zum faschistischen Apologeten, vom Mitarbeiter einer internationalen Hilfsorganisation, die revolutionäre Kämpfer unterstützt, zum Angehörigen eines imperialistischen Nachrichtendienstes.

Man könnte meinen: Was ist schon dabei? An bedeutsamen Einschnitten der Geschichte, an ihren Wendepunkten hat es noch ganz andere Entwicklungen gegeben ...

Es gab sie, gibt sie und wird sie gewiß auch künftig geben. Doch steht das in keinem Bezug zu Kim Philby. Seit Juni 1934 hat er für die sowjetische Aufklärung gearbeitet, und er ist seinen Überzeugungen und Idealen stets treu geblieben.

Die Karriere Philbys im SIS war geradezu schwindelerregend steil. Bereits 1941 sitzt er an einer verantwortungsvollen Stelle in der Spionageabwehr des SIS und hat abwehrdienstlich alle militärischen Operationen der westlichen Teilnehmer der Antihitlerkoalition in Europa sicherzustellen, Kim Philby leitet die Bekämpfung der Geheimdienste des faschistischen Deutschlands, Spaniens und Portugals. Er hält den Kontakt zwischen der Spionageabwehr des SIS und dem Foreign Office, dem britischen Außenministerium, und ist bald ein anerkannter «Antikommunismusexperte». Schließlich wird er 1944 Leiter des besonders wichtigen Sektors für den Kampf gegen die UdSSR und die internationale kommunistische Bewegung. Mit dieser Funktion wird Kim Philby zugleich zu einem der Stellvertreter des Chefs des britischen Geheimdienstes. 1946 zeichnet man ihn «für besondere Verdienste» mit dem Orden des Britischen Empire aus. Von seinem persönlichen Charme erzählte man sich Legenden, und sein ungestümer Aufstieg veranlaßte die westliche Presse zu behaupten, daß er möglicherweise Leiter des britischen Spionagedienstes geworden wäre.

Im Jahre 1946 wird Kim Philby in der äußeren Tarnung eines Ersten Sekretärs der britischen Botschaft als Resident des SIS in die Türkei entsandt. Die Wahl dieses Landes war nicht zufällig.

An den südlichen Grenzen der UdSSR bereitete man umfangreiche Spionageaktionen vor, die nur ein erfahrener und verantwortungsvoller Mitarbeiter zu organisieren in der Lage war.

Von 1949 bis 1951 leitet Kim Philby dann die Nachrichtenabteilung des britischen Geheimdienstes in Washington und koordiniert die SIS-Tätigkeit mit der des FBI und der CIA. Mit dieser Stellung und dank seinen persönlichen Beziehungen dringt Kim Philby in das Allerheiligste der amerikanischen Geheimdienste vor.

Als Kundschafter unterlief Kim Philby nicht ein einziger Fehltritt. Aber auf Grund einiger Umstände fiel auf ihn ein Verdacht. Damals diskutierte man im britischen Parlament über eine bekannt gewordene völlig geheime Information aus höchsten Regierungskreisen. Nichtsdestoweniger sprach im Jahre 1955 der damalige britische Außenminister H. MacMillan Kim Philby öffentlich von allen Anschuldigungen frei. Bis 1963 setzte Philby seine Tätigkeit im Auftrag des SIS als Korrespondent britischer Zeitungen im Nahen Osten fort. 1963 reiste er aus Beirut nach Moskau ab.

Kim Philby legte als Kundschafter einen weiten und langen Weg zurück. Während dieser ganzen Zeit lieferte er eine enorme Menge wertvoller Informationen. Im Österreich von Dollfuß, im Deutschland Hitlers und in Franco-Spanien, während des zweiten Weltkriegs und sodann in den härtesten Jahren des kalten Krieges – immer schlug in diesem Menschen, der nach außen das Gesicht eines bürgerlichen Journalisten, Diplomaten und Geheimdienstmitarbeiters trug, das Herz eines Kommunisten.

Für seine hervorragenden Verdienste gegenüber dem Sowjetstaat wurden Kim Philby der Leninorden, der Rotbannerorden, der Orden für Völkerfreundschaft und die Medaille «Für Heldentum im Kampf. Zum Gedächtnis des 100. Geburtstags von Wladimir Iljitsch Lenin» verliehen.

Noch immer befindet sich Kim Philby auf Kampfposten. Er ist voller schöpferischer Energie und arbeitet viel. Sein scharfer, lebhafter Verstand reagiert auf alles, was in der Welt vor sich geht. Ihn bewegen sowohl ausländische Ereignisse als auch die bei uns daheim. Er liebt eine heftige Polemik, Hockey, Poesie, doch am meisten seine Arbeit.

Im Jahre 1977 sagte Kim Philby auf einer Versammlung von Tschekisten, die dem 100. Geburtstag F. E. Dzierżyńskis gewidmet war, daß er, wenn die Möglichkeit bestände, sich wünschte, noch einmal dreiundvierzig Jahre in seinem Kollektiv inmitten teurer Genossen und Freunde arbeiten zu können.

Der Lebensweg Kim Philbys setzt durch seine Ungewöhnlichkeit viele in Erstaunen. Er, der seiner Herkunft nach zu den Herrschenden gehörte und den Wohlstand und Komfort der bürgerlichen Gesellschaft umgaben, erklärte seiner Klasse den Krieg und stellte seine Kenntnisse, seinen Verstand, seine Energie, ja seine ganze Person in den Dienst der Revolution. Was veranlaßte ihn zu diesem Schritt?

Um das verstehen zu können, muß man sich der Geschichte zuwenden. Vor über hundertdreißig Jahren schrieben Karl Marx und Friedrich Engels im «Manifest der Kommunistischen Partei»: «In Zeiten endlich, wo der Klassenkampf sich der Entscheidung nähert, nimmt der Auflösungsprozeß innerhalb der herrschenden Klasse, innerhalb der ganzen alten Gesellschaft, einen so heftigen, so grellen Charakter an, daß ein kleiner Teil der herrschenden Klasse sich von ihr lossagt und sich der revolutionären Klasse anschließt, der Klasse, welche die Zukunft in ihren Händen trägt.»[1]

Die Oktoberrevolution in Rußland kennzeichnete den Beginn einer neuen Epoche in der Menschheitsgeschichte. Sie wurde für Millionen und aber Millionen von Werktätigen in allen Erdteilen zum Symbol der Befreiung. Aber vom ersten Tag ihrer Existenz an sah sich die junge Sowjetrepublik von dem Feuerring der ausländischen Intervention und des Bürgerkriegs umgeben. Danach folgte eine mehrjährige Atempause, die zerstörte Wirtschaft wurde wiederhergestellt, die Grundlage für ein neues Leben gelegt, und wieder tauchten am Himmel schwarze Wolken auf. Die faschistische Pest breitete sich aus. Hitler erhielt die Macht in Deutschland, Japan fiel in China ein. Das Bündnis der sogenannten Achsenmächte formierte sich. Die internationale Lage machte einen Krieg und einen Überfall auf die Sowjetunion sehr wahrscheinlich. Während jener Jahre reift Kim Philby geistig heran.

Der uns keineswegs wohlwollend gesonnene englische Schriftsteller Patrick Seale äußert im Jahre 1973 in einem Kim Philby gewidmeten Buch «Der lange Weg nach Moskau» zur damaligen Situation, daß die durch die verräterische Politik der Sozialdemokraten enttäuschten und durch den Faschismus erschreckten

1 K. Marx, F. Engels, Werke, Bd. 4, Berlin 1977, S. 471.

linkseingestellten jungen Menschen ihre Blicke auf Sowjetrußland richteten, das immer mehr ihre Phantasie beschäftigte. Während der kapitalistische Westen eine tiefgreifende Wirtschaftskrise durchmachte, schickte sich Rußland an, seinen ersten, gigantischen Fünfjahrplan in die Tat umzusetzen. In Sowjetrußland wurde ausnahmslos jedem Menschen Arbeit gegeben, und die Nutzung der Ressourcen wurde zur Politik des Staates. Die Wirtschaft der UdSSR entwickelte sich in triumphaler Weise. Die Sowjetunion wirkte auf die denkenden Menschen im Westen nicht nur durch die Erfolge ihrer Wirtschaft, sondern auch durch beachtliche Leistungen auf kulturellem Gebiet. Der erste sozialistische Staat hielt auf seine Wissenschaftler große Stücke, wogegen sie im Westen ohne Beschäftigung waren; die sowjetische Presse berichtete in großem Stil nicht über das Leben von Filmstars und Gangstern, sondern über das der Schriftsteller. Maxim Gorki wurde begeistert begrüßt, wo auch immer er vor den Sowjetmenschen auftrat, seine Werke wurden in Millionen von Exemplaren verkauft. Sowjetische Filme erlangten Weltberühmtheit. Das wichtigste war jedoch, daß die Sowjetunion keiner anderen Nation glich; für die Kommunisten der dreißiger Jahre, in deren Augen der Nationalismus durch den ersten Weltkrieg diskreditiert worden war, wurde ihre Heimat zum Maßstab einer neuen Gesellschaft.

Dies waren große, stürmische Jahre des Bruches mit dem Alten und der Schaffung des Neuen. In jener Zeit stellte M. Gorki die Frage: Mit wem seid ihr, Meister der Kultur? Und diese Frage ging jeden an, der an die Kraft des Guten und des Lichtes glaubte, dessen Gewissen sich nicht mit der faschistischen Barbarei abfinden konnte.

Kim Philby sagt über jene Situation, in der sich seine Weltanschauung ausprägte, daß sein Entschluß, aktiv gegen die Reaktion zu kämpfen, nicht das Ergebnis einer plötzlichen Umkehr zu einem neuen Glauben war. Im Jahre 1929, als er an der Universität Cambridge immatrikuliert wurde, hatte sich seine Weltanschauung noch nicht herausgebildet. Doch schon damals befanden sich seine Sympathien und Zuneigungen auf seiten der Armen, Schwachen und Gedemütigten und nicht auf seiten der Reichen, Machthabenden und Hochmütigen. Die ersten politischen Überlegungen führten ihn zu den Labouristen, und er wurde Mitglied der Universitätsgesellschaft der Sozialisten. Zwei Jahre besuchte er regelmäßig die Versammlungen dieser Gesellschaft, doch an ihrer Arbeit beteiligte er sich wenig. Das Studium der politischen Literatur brachte ihn allmählich darauf, daß die britische Labourpartei von der Hauptströmung der linken Kräfte in der Welt ziemlich weit entfernt stand. Doch zum wirklichen Wendepunkt seiner Weltanschauung wurde das Jahr 1931 – das Jahr der vollständigen Demoralisierung und Niederlage der Labourpartei. Wie hilflos erwies sich diese Partei gegenüber den Kräften der Reaktion in der Krisenperiode. Und als die Wähler unter dem Einfluß einer marktschreierischen, zynischen Propaganda zurückwichen, kamen bei ihm ernste Zweifel über die Wirksamkeit der bürgerlichen parlamentarischen Demokratie überhaupt auf.

Die Niederlage der Labouristen im Jahre 1931 zwang ihn, ernsthaft darüber nachzudenken, wohin diese Partei geht. Er schaltete sich aktiver in die Tätigkeit der Universitätsgesellschaften der Sozialisten ein und war in den Jahren 1932 bis 1933 ihr Kassierer. Dies gestattete es ihm, sich mit den linken Strömungen näher vertraut zu machen, die sich zur Labourpartei kritisch verhielten. Ein verstärktes Studium der Klassiker des europäischen Sozialismus paarte sich mit zeitweise sehr stürmischen Diskussionen. Dies war ein langsamer und qualvoller Prozeß: Der Übergang von sozialdemokratischen Auffassungen zu kommunistischen Ansichten dauerte zwei Jahre. Und erst im letzten Studienjahr in Cambridge, im Sommer 1933, schob er alle Zweifel beiseite. Nach dem Erhalt des Diploms entschloß er sich, sein Leben der Sache des Kommunismus zu widmen.

Im vorliegenden Buch geht Kim Philby darauf nicht ein.

Diese Buchausgabe bewahrt den Grundstock des Berichts, der vor einigen Jahren im Westen und in einigen sozialistischen Ländern erschien. Als das Buch erstmalig in Großbritannien herauskam, schrieb der englische Historiker H. T. Roper, Professor an der Oxforder Universität, daß es auf Fakten fuße, seine Einschätzungen umfassend und gründlich und die von ihm gezeichneten Porträts und Wesenszüge exakt und richtig seien, einige davon – vernichtend. Vom historischen Standpunkt seien sie alle einwandfrei. Der ehemalige britische Geheimdienstmann Graham Greene, heute ein bekannter Schriftsteller, sagte über das Buch von Kim Philby, daß es ganz und gar nicht ein solches Buch sei, wie es die Feinde Philbys erwarteten. Es sei ein ehrliches, gut und spannend geschriebenes Werk. Alles, was in ihm gesagt werde, sei ergreifender als irgendein Roman über Spionage, den er kenne. Man hat uns Propaganda unterstellt, doch es gibt sie im Buch von Philby nicht.

Über die Arbeit als sowjetischer Kundschafter äußert sich der Verfasser nur in dem Zeitraum, in dem er direkt für den SIS tätig war. Er legt dar, wie kompliziert der Prozeß war, sich in ein Milieu einzuleben, das seinem Geist und seiner Verfassung fern lag. Philby deckt den inneren Wirkungsmechanismus dieser Spionageeinrichtung auf und zeigt ihren offenen reaktionären und antikommunistischen Charakter.

Philby schreibt mit Sarkasmus über die Vorhersagen des britischen Geheimdienstes, die er in bezug auf den Ausgang des wortbrüchigen Überfalls des faschistischen Deutschlands auf die Sowjetunion traf. Philby bezeugt, daß Spezialisten der Geheimdienstabteilung im britischen Verteidigungsministerium Prognosen aufstellten, wonach die Aggression Hitlers gegen die Sowjetunion insgesamt nur drei bis sechs Wochen dauere. Die größten Optimisten unter ihnen meinten, daß drei Monate das mindeste seien. Die vor Haß auf das Land des Sozialismus blind gewordenen britischen Regierungskreise unterließen es trotz der Bündnisbeziehungen selbst in den Kriegsjahren nicht, an Plänen für den weiteren Kampf gegen die UdSSR zu arbeiten. Dazu bemerkt der Autor: «Lange bevor der Krieg mit Deutschland zu Ende ging, lenkte die SIS-Führung ihre Aufmerksamkeit auf den künftigen Gegner. In der Zeit zwischen den beiden Weltkriegen wurde der größere Teil der Geheimdienstressourcen für Operationen zur Infiltration in der Sowjetunion und für den Zweck eingesetzt, England vor dem zu schützen, was man gemeinhin ‹Bolschewismus› nannte. Als an der Niederlage der Achsenmächte nicht mehr zu zweifeln war, kehrten die Gedanken des SIS wieder in die alten, gewohnten Bahnen zurück.» So war während des Krieges eine spezielle Sektion eingerichtet worden, die für die UdSSR und die kommunistische Bewegung zuständig war; bereits in jener Zeit sprachen die Verantwortlichen des SIS mit Begeisterung davon, daß der Moment gekommen sei, richtig gegen den Kommunismus zu Felde zu ziehen.

Im Jahre 1947 war dieses Vorhaben schon in vollem Gange. Vom Territorium der Türkei aus erkundete man die Grenzen der UdSSR, um Spione und Diversanten entsenden zu können. In London, Paris und München stellte man aus Bandera-Leuten, transkaukasischen Menschewiki und anderem reaktionärem Emigrantenabschaum Banditengruppen zusammen. Danach schickte man sie in die UdSSR, wo sie ein unvermeidliches Fiasko erwartete.

In jenen Jahren wird in den antisowjetischen Plänen der Geheimdienste der führenden imperialistischen Staaten intensiver die Nutzung des alten faschistischen Spionagenetzes angestrebt. Westdeutschland wird zur Hauptbasis für die Vorbereitung subversiver Operationen, die sich gegen die Sowjetunion und andere sozialistische Länder richten. An erster Stelle der antisowjetischen Wühltätigkeit steht bereits damals der amerikanische Geheimdienst. Im Jahre 1947 wird nach zahlreichen Reorganisierungen der Geheimdienstorgane in den USA die Central Intelligence Agency (CIA), ein gigantischer Spionageapparat, geschaffen, der mit der Waffe des Antisowjetismus und der üblen Tücke des SIS arbeitet, doch diesem amerikanische Dimensionen gibt.

Der Verfasser berichtet von dem geheimen Zusammenwirken des britischen und amerikanischen Geheimdienstes. Er schildert seine Begegnungen mit den amerikanischen Geheimdienstchefs E. Hoover, A. Dulles und R. Helms sowie mit anderen Leuten. Ferner schreibt er über verschiedene Intrigen und wirre politische Schwätzer. Die CIA empfing K. Philby mit offenen Armen. Für sie war er ein Veteran des Kampfes gegen den Kommunismus, ein geschickter und erfahrener Organisator von Spionage, Sabotage und Diversion. Von ihm erwartete man Ratschläge und Konsultationen. Er erteilte sie freigebig. Doch kam keinem der hochgestellten amerikanischen Kollegen auch nur im entferntesten in den Sinn, daß man es mit einem Vertreter der sowjetischen Aufklärung zu tun haben könnte und daß in der Hölle des Imperialismus noch zwei Gleichgesinnte arbeiteten – Guy Burgess und Donald Maclean, zwei verantwortliche Mitarbeiter des britischen Außenministeriums. Diesen hervorragenden Menschen widmet der Autor Seiten seines Buches.

Kim Philby nennt sein Buch bescheiden biographische Notizen. Wie sich der Leser überzeugen kann, ist «Im Secret Service» eher eine historische Darstellung, die meisterhaft ausgeführt ist und bestimmte Tatsachen klar veranschaulicht.

Das reichhaltige Material des Buches bietet dem Leser die Möglichkeit, sich mit einem hervorragenden Kommunisten und Tschekisten sowie bezaubernden und warmherzigen Menschen bekannt zu machen, der zu einer legendären Erscheinung unserer Zeit geworden ist.

O. Kedrow

Die Frauen der meisten Kundschafter
tragen eine besondere Art von Last:
Sie können weder an der Arbeit ihrer Männer teilnehmen,
noch dürfen sie davon Kenntnis haben.
All diesen Frauen, und namentlich meiner Frau,
ist dieses Buch gewidmet.

Knapp dem Untergang entronnen

Ganz am Anfang meiner Tätigkeit für die sowjetische Aufklärung war ich das erste Mal ernsthaft gefährdet und kam buchstäblich nur durch ein Wunder mit dem Leben davon. Es war im April 1937. Ich befand mich damals in Südspanien, in Sevilla. Meine Aufgabe bestand darin, aus erster Hand Nachrichten über alle militärischen Aktivitäten der Faschisten zu sammeln. Vereinbarungsgemäß hatte ich die erhaltenen Informationen den sowjetischen Freunden in Frankreich oder, falls sich eine Gelegenheit dazu bot, in England persönlich zu übergeben. Für eine kurzfristige Kontaktaufnahme besaß ich einen Code und mehrere Deckadressen außerhalb Spaniens.

Noch in Großbritannien hatte man mir eine Instruktion für den Codegebrauch ausgehändigt, die auf einem winzigen Stückchen reispapierähnlichen Materials geschrieben war. Die Anweisung verbarg ich gewöhnlich in der Uhrentasche, und gerade dieser Fetzen hätte mich beinahe vor die Gewehrmündungen der Falangisten gebracht.

Ich war bereits einige Wochen in Sevilla und seiner Umgebung tätig, da erblickte ich zufällig die Ankündigung eines Stierkampfs, der am folgenden Sonntag in Córdoba stattfinden sollte. Zu jener Zeit verlief die Frontlinie 25 Meilen östlich von Córdoba, zwischen Montoro und Andújar, und die Idee, einem Stierkampf in unmittelbarer Nähe der Front, die ich noch nicht besucht hatte, zuzuschauen, war allzu verlockend. Ich beabsichtigte, das ganze Wochenende in Córdoba zu verbringen, einschließlich des Besuches der Corrida am Sonntag. Um den erforderlichen Ausweis zu erlangen, begab ich mich in die Militärkommandantur – die Capitania – von Sevilla. Doch der freundliche Major winkte ab. Nach seinen Worten bedurfte es für einen Besuch Córdobas keines besonderen Ausweises. Man setzte sich in den Zug und fuhr los – das sei alles.

Am Freitag nahm ich von Sevilla den Frühzug. In meinem Abteil befand sich außer mir eine Gruppe italienischer Infanterieoffiziere. Da ich ja immer im Dienst war, lud ich sie in Córdoba zum Mittagessen ein. Doch aus Zeitmangel lehnten sie höflich ab; bevor sie an die Front marschierten, seien sie zu stark in den Freudenhäusern beschäftigt.

Ich mietete ein Zimmer im Hotel «Del Gran Capitán», aß allein und unternahm einen Spaziergang durch die Straßen Córdobas. Bis Mitternacht schlenderte ich unbeschwert umher und kehrte dann in das Hotel zurück, um mich schlafen zu legen.

Mein Schlaf wurde durch lautstarkes Pochen an der Tür unterbrochen. Ich öffnete. Ins Zimmer stürzten zwei Männer in der Uniform der Guardia Civil, die die Funktion der Militärgendarmerie wahrnahm. Sie befahlen mir, rasch meine Sachen zu packen und zur Kommandantur mitzukommen. Auf meine Frage: «Warum?» bemerkte der Ranghöhere, ein Korporal, kurz: «Befehl!»

In jenen Tagen schlief ich sehr fest. Ich war noch nicht ganz aufgewacht und so verwirrt, daß mein Gehirn keineswegs mit Lichtgeschwindigkeit arbeitete. Nicht gerade günstig war auch der Umstand, daß ich im Pyjama vor den zwei Zivilgardisten dastand, während sie schwere Schuhe trugen sowie mit Gewehren und Revolvern ausgerüstet waren. Ein Gedanke bohrte in mir: Wie entledige ich mich des verräterischen Papierstücks in meiner Hosentasche? Ich dachte an das Badezimmer, doch mein Hotelzimmer war ohne Bad. Während ich mich anzog und die Sachen zusammenpackte, durchwühlten die Leute von der Guardia Civil mein Bett. Ich kam nicht weiter als bis zu dem vagen Entschluß, mein Papierstückchen auf dem Weg vom Hotel zum Sitz der Guardia Civil irgendwie loszuwerden.

Auf der Straße mußte ich aber einsehen, daß dies nicht einfach war. Ich hatte nur eine freie Hand, in der anderen trug ich den Koffer. Hinter mir ging festen Schrittes meine allem Anschein nach gut ausgebildete Eskorte, die mich wie ein Habicht bewachte. Daher hatte ich das kompromittierende Papier immer noch bei mir, als wir bereits im Amtsgebäude waren. Den Raum beleuchtete eine schirmlose Lampe, die helles Licht auf einen großen polierten Tisch warf. Man führte mich einem untersetzten, schon nicht mehr jungen, kahlköpfigen und mürrischen Major der Guardia Civil vor. Ohne die Augen vom Tisch zu lösen, hörte er sich zerstreut den Bericht des Korporals an, der mich hergebracht hatte.

Der Major prüfte sorgfältig meinen Paß und fragte mich dann: «Wo ist Ihre Einreiseerlaubnis für Córdoba?» Ich wiederholte ihm, was mir in Sevilla gesagt worden war. Doch er schenkte meinen Worten keine Beachtung und erklärte in einem Ton, der keinen Widerspruch duldete: «Stimmt nicht. Allen ist bekannt, daß man für die Einreise nach Córdoba eine Sondergenehmigung braucht.» Was treibe mich nach Córdoba? Um einen Stierkampf zu sehen? Wo sei dann meine Eintrittskarte? So, ich hätte keine? Ich sei gerade erst angekommen und wollte sie mir am nächsten Morgen kaufen? Eine «glaubhafte» Geschichte! Und so weiter. Je skeptischer die Worte des Majors wurden, desto mehr wurde mir mit zunehmendem Unbehagen bewußt, daß mein Vernehmer ein eingefleischter Feind der Engländer war. In jenen Tagen gab es viele davon auf beiden Seiten der spanischen Front. Aber dann arbeitete mein Gehirn wieder normal, um aus der entstandenen Situation einen Ausweg zu finden.

Der Major und die beiden Büttel, die mich verhaftet hatten, machten sich daran, meinen Koffer zu kontrollieren. Mit unerwarteter Feinfühligkeit zogen sie sich Handschuhe an und packten ihn Stück für Stück aus, befühlten jeden Gegenstand mit den Fingern und hielten ihn gegen das Licht. Als sie in meiner Unterwäsche nichts Verdächtiges fanden, prüften sie genau die äußeren und inneren Abmessungen des Koffers und klopften seine Oberfläche ab. Ein Seufzer, als seine – ohne jeden Zweifel – Unschuld erwiesen war. Eine Sekunde lang hoffte ich, daß nun Schluß sei und daß man mir einfach befehlen würde, mit dem nächsten Zug die Stadt zu verlassen. Doch dies geschah nicht.

«Und nun zu Ihnen», sagte der Major gehässig. Er befahl mir, die Taschen umzukehren. Jetzt mußte rasch gehandelt werden. Ich zog schnell meine Brieftasche heraus und schleuderte sie mit einer jähen Bewegung auf den polierten Tisch. Sie überschlug sich und flog an die entfernteste Tischecke. Wie erwartet, versuchten alle drei Männer danach zu fassen und warfen sich über den Tisch. In diesem Moment, als vor mir die drei uniformierten Hinterteile emporragten, zog ich das Stückchen Papier aus der Hosentasche, drückte es zusammen und verschluckte es schleunigst.

Jetzt konnte ich leichten Herzens sämtliche Taschen nach außen kehren. Der Major verzichtete dann darauf, mich einer Leibesvisitation zu unterziehen. Statt dessen hielt er mir eine langweilige Kurzlektion über die Kommunisten, die in der britischen Regierung den Ton angeben, und forderte mich auf, gleich am nächsten Tag aus Córdoba zu verschwinden.

Am Morgen, nachdem ich die Hotelrechnung bezahlt hatte, tauchten aus der hinteren Ecke der Hotelhalle meine beiden «Freunde» auf und baten mich, sie in dem von mir bestellten Taxi zum Bahnhof mitzunehmen. Vor der Abfahrt nach Sevilla schenkte ich ihnen eine Schachtel englischer Zigaretten, und sie winkten freudig dem abfahrenden Zug hinterher.

Dieser Vorfall war keine Heldentat. Selbst wenn man die Codeinstruktion entdeckt hätte, so würde mich wahrscheinlich mein britischer Paß vor der Todesstrafe gerettet haben. Später jedoch hatte ich oft Gelegenheit, mich davon zu überzeugen, daß gewöhnlich nicht die mit einem wirklichen Risiko verbundenen Operationen die meisten Gefahren mit sich bringen, da man echte Risiken im voraus bestimmen kann und entsprechende Maßnahmen treffen kann, um sie zu mildern. Es ist der fast unbedeutende Vorfall, ähnlich dem oben beschriebenen, der einen oft in tödliche Gefahr bringt.

Mein Einstieg in den Geheimdienst

Soweit ich mich erinnere, nahm ich im Sommer 1940 zum erstenmal Kontakt mit dem britischen Geheimdienst auf. Bereits im Nazideutschland und später in Spanien, als «Times»-Korrespondent bei den Truppen Francos, hegte ich eine gewisse Hoffnung, jemand würde an mich herantreten. Ich war überzeugt, «meinen» Mann sofort zu erkennen, falls er mich vorsichtig sondierte. Er würde hager sein, sonnengebräunt, mit gestutztem Schnurrbart, kurz angebunden sein und wahrscheinlich über beschränkte Geistesgaben verfügen. Er würde mich auffordern, mein Leben für mein Land einzusetzen, und finster dreinschauen, sobald ich die Frage nach der Bezahlung stellte. Aber nein, nichts geschah. Der einzige Geheimdienstoffizier, der in Spanien ein gewisses Interesse an mir zeigte, war ein Deutscher, ein gewisser Major von der

Osten alias Don Julio. Er kam kurz nach Ausbruch des zweiten Weltkriegs in New York bei einem Autounfall ums Leben. Don Julio führte mich meist zu den Leuten von Canaris' Geheimdienst, die im Convento de las Esclavas in Burgos saßen, wo er mir an Hand von großen, an den Wänden hängenden Karten, die mit buntköpfigen Stecknadeln übersät waren, die Lage erläuterte. Ein ganzes Jahr lang lud er mich ab und zu zum Essen ein. Solange dies so ging, war das ein nützlicher Kontakt. Letztlich stellte sich jedoch heraus, daß ich ihm eine Dame aus meiner Bekanntschaft vorstellen sollte. Ich erwies ihm diesen Gefallen, daraufhin unterbreitete der Major dieser Dame unverzüglich den Vorschlag, sowohl für den faschistischen Geheimdienst, die sogenannte Abwehr, zu arbeiten als ihm auch in anderer Form zu Diensten zu sein. Sie lehnte beide Ansinnen entrüstet ab, und der Major zog sich von mir zurück.

Mit Beginn des zweiten Weltkriegs schickte mich die «Times» als ihren beim britischen Armeestab akkreditierten Korrespondenten nach Arras. Zweimal evakuiert – aus Boulogne und Brest –, kehrte ich im Juni 1940 nach England zurück. In London schrieb ich für die «Times» zwei oder drei Artikel, in denen ich das Fazit der Kampfhandlungen zog und auf verschiedene Aspekte einging. Ich erinnere mich nicht mehr, was ich damals im einzelnen schrieb. Es ist gut, daß hier mein Gedächtnis eine Lücke hat. Ich muß seinerzeit wohl fürchterlichen Unsinn von mir gegeben haben. Jedenfalls war ich Ende Juni ohne richtige Arbeit. Die «Times» ließ mich weder wissen, ob sie sich von mir trennen möchte, noch überschüttete sie mich mit Aufträgen. So verfügte ich über genügend Freizeit, um meine Zukunft zu planen, wenn ich nur eine Ahnung von dem Fundament gehabt hätte, worauf sie fußen sollte.

Ich trennte mich von der «Times», obwohl man sich stets anständig mir gegenüber benommen hatte. Die strenge Armeezensur hatte mir jedoch jegliches Interesse an der Kriegsberichterstattung genommen. Wie soll man einen Frontbericht verfassen, ohne Ortschaften zu benennen oder einen einzigen Truppenteil zu bezeichnen? Später wurde die Zensur großzügiger, doch zu Zeiten des sogenannten komischen Krieges verglich man zu ihren Ungunsten diese stumpfsinnigen Beschränkungen mit den Praktiken der einst heftig kritisierten Zensoren Francos.

Von nun an mußte ich jedoch damit rechnen, daß man mich

bald zur Armee einberufen würde. Ich hatte nicht den Wunsch, die Kontrolle über mein Schicksal völlig aus der Hand zu geben. Darum achtete ich mit wachsender Besorgnis auf jene Eisen, die ich im Feuer hatte, und drehte an dem einen oder anderen, das heiß zu werden schien. Es gab für mich eine vielversprechende Begegnung mit Frank Birch, die ein gemeinsamer Freund organisierte. Birch war ein maßgeblicher Mitarbeiter der Government Code and Cipher School, einer Institution, die Codes des Gegners entzifferte. Doch Birch lehnte eine Anstellung ab, weil er mir kein Gehalt anbieten könne, das meiner Arbeit angemessen wäre. Einige Tage später rief mich Ralph Deakin, ein Redakteur der Auslandsabteilung der «Times», zu sich. Er sah mich durchdringend an, blies die Backen auf und runzelte die Stirn, was er gewöhnlich tat, wenn er aufgeregt war. Ein gewisser Captain Leslie Sheridan vom Kriegsministerium habe ihn angerufen und gefragt, ob ich für das Militär abkömmlich sei. Sheridan hatte auf Deakin keinen großen Eindruck gemacht, obwohl er sich als ehemaliger Journalist des «Daily Mirror» vorgestellt hatte. Deakin wollte mit der Sache nichts zu tun haben und legte mir nahe, abzusagen. Leider mußte ich ihn enttäuschen. Ich hatte niemals etwas von Sheridan gehört, doch es schien so, daß eins der Eisen, die ich im Feuer hatte, glühend geworden war. Darum beschloß ich es zu schmieden, solange es heiß war. Prompt reagierte ich auf die Anfrage.

Bald danach kam es außerhalb des «St. Ermins Hotels», nahe des Bahnhofs «James Park», zu einem Treffen mit Miss Marjorie Maxse. Sie war eine höchst angenehme ältere Dame. Ich hatte damals – und habe, ehrlich gesagt, auch heute – keinerlei Vorstellung, welche Stellung sie im Staatsapparat einnahm. Sie verfügte offenbar über das Recht, mich zumindest für eine «interessante» Tätigkeit zu empfehlen. Gleich zu Beginn unseres Gesprächs schnitt sie die Frage möglicher politischer Aktionen gegen die Deutschen in Europa an. Ich hatte mich im Verlauf eines Jahrzehnts ernsthaft mit internationaler Politik befaßt, viele Länder Europas bereist und besaß mehr oder weniger ausgereifte Vorstellungen von der Wühltätigkeit des Naziregimes. Daher war ich für das Gespräch ziemlich gut vorbereitet. Übrigens hatten sich im England jener Zeit nur sehr wenige ernsthaft darüber Gedanken gemacht, so daß auch die Äußerungen der genannten Dame selbst keineswegs von Klarheit zeugten.

Ich bestand das erste Examen. Miss Maxse schlug mir beim Abschied vor, daß wir uns in einigen Tagen noch einmal an gleicher Stelle treffen sollten. Bei der zweiten Begegnung befand sie sich in Begleitung von Guy Burgess, den ich gut kannte. Man unterzog mich einer weiteren Prüfung. Ermuntert durch Guys Anwesenheit, bemühte ich mich, in einem vorteilhaften Licht zu erscheinen, und warf ohne Scheu mit Namen nur so um mich, als gäbe ich ein Interview. Meine Gesprächspartner warfen sich von Zeit zu Zeit Blicke zu. Guy nickte ernst und zustimmend mit dem Kopf. Die Entscheidung war gefallen. Beim Abschied erklärte Miss Maxse, daß ich im Falle meines Einverständnisses die Beziehungen zur «Times» abbrechen und mich in der Caxton Street, sie befand sich im selben Bezirk wie das Hotel, bei Guy Burgess melden sollte.

Die Auslandsabteilung der «Times» machte mir keine Schwierigkeiten. Deakin blies sich auf, seufzte ein wenig, doch er vermochte mir nichts Attraktiveres anzubieten. So verließ ich den Printing House Square unter dem Eindruck, daß mich eine neue, geheimnisvolle und bedeutsame Karriere erwartete. Ich wollte zuerst die Erfahrungen des einzigen mir bekannten Geheimdienstmitarbeiters ausnutzen. Darum verbrachte ich das ganze Wochenende mit Guy Burgess. Am darauffolgenden Montag teilte ich ihm offiziell mit, daß ich den Dienst aufnehme.

Die Einrichtung, für die ich von nun an tätig war, nannte sich Secret Intelligence Service (SIS). Sie ist auch unter der Bezeichnung MI6 bekannt, wenngleich man sie landläufig einfach Geheimdienst nennt. Ich wunderte mich, mit welcher Leichtigkeit man mich einstellte. Später stellte sich heraus, daß es nur eine einzige Recherche in bezug auf meine Vergangenheit – eine gewöhnliche Überprüfung durch MI5 (die Gegenspionageabteilung) – gab. Deren Mitarbeiter hatten nur meinen Namen an Hand der erfaßten Angaben überprüft und die lakonische Antwort gegeben, daß nichts Kompromittierendes vorliege. Heutzutage zieht in England jeder neue vergleichbare Fall einen Strom von Erörterungen im Zuge der «positiven Überprüfung» (positive vetting) nach sich. Bei der «positiven Überprüfung» handelt es sich um eine ausführliche Untersuchung aller Unterlagen, die sich auf die Vergangenheit des Überprüften und der mit ihm in Kontakt stehenden Personen beziehen. Doch damals, im glücklichen Eden, war von einer «positiven Überprüfung» keine Rede. In den ersten Wochen schien es mir, daß ich vielleicht überhaupt nicht an den

Geheimdienst geraten war. Meine ersten Informationen ließen sogar einen Genossen aus Moskau ernsthaft daran zweifeln, daß ich dort arbeitete.

Guy begleitete mich in mein Zimmer, ein kleines Arbeitszimmer mit Tisch, Stuhl und Telefon. Er brummte verstimmt etwas, ging auf den Korridor hinaus und kehrte bald darauf mit einem Stoß Papier zurück, das er auf den Tisch legte. Befriedigt darüber, daß jetzt alles vollständig war, verkündete er mir, daß das Gehalt das gleiche sei wie für ihn, nämlich 600 Pfund Sterling im Jahr. Das Geld werde monatlich bar ausgezahlt, und das ginge die Steuerbehörde nichts an. Sie brauche nicht jeden geheimen Schilling zu beschnüffeln! Faktisch verbarg sich hinter der Geheimhaltung des Gehalts eine krasse Ungleichheit. Jeder abgeschlossene Kontrakt zwischen einem Leiter und seinem Unterstellten war theoretisch privat und geheim, und wenn der Chef den Mitarbeiter A billiger als den Mitarbeiter B bekommen konnte, dann wäre er dumm gewesen, dies nicht zu tun, was immer ihre Vorzüge sein mochten. Doch mich befriedigten die angebotenen Bedingungen vollauf, und ich wurde bald einigen meiner künftigen Mitarbeiter vorgestellt.

Die SIS-Abteilung, in die ich geraten war, nannte sich Sektion D. Das «D» stand für Diversion. Ich sah nie eine Dienstvorschrift und bezweifelte, daß es sie überhaupt gab. Aus den Gesprächen mit Kollegen entnahm ich, daß diese Sektion die Aufgabe hatte, zur Niederlage des Gegners beizutragen, indem sie den aktiven Widerstand organisieren half und seine Machtquellen mit nichtmilitärischen Mitteln zerstörte. Leiter der Sektion war Colonel Laurence Grand, dem ich einige Tage nach meiner Einstellung vorgestellt wurde. Groß und schlank, war er der Traumfigur sehr ähnlich, die mich in Deutschland oder Spanien ansprechen sollte. Zum Unterschied durfte man Grand aber niemals als einen beschränkten Menschen ansehen. Er orientierte sich ungebunden und rasch in allen Fragen, die in seinen Bereich gehörten, und schreckte nie vor irgendwelchen Ideen zurück, wie gewaltig oder schrecklich sie sein mochten.

Damals wollte man das Eiserne Tor sprengen, um die Lieferung rumänischen Erdöls an die Deutschen zu unterbrechen. Ich hatte diese Stromenge der Donau gesehen, und mich verblüffte die Kaltblütigkeit, mit der meine Kollegen von der Aktion sprachen, als ob es sich darum handelte, die Schleusenanlage des Regent

Canals zu zerstören. Einer solchen Aktion entsprachen die bescheidenen Ressourcen der Sektion D im Jahre 1940 in keiner Weise. Als der Versuch dennoch unternommen wurde, kam die jugoslawische Polizei sofort dahinter und erstickte ihn im Keim, wodurch wiederum die britische Regierung in eine peinliche Lage gebracht wurde.

Ähnlich unpassend war der Vorschlag, die Erdölversorgung der Deutschen dadurch zu stören, daß man die «Bakuer Erdölanlagen außer Betrieb setzte». In späteren Jahren konnte ich die Erdölfelder von Baku besichtigen, wobei mich der Gedanke amüsierte, daß die Engländer an ein solches Vorhaben herangehen wollten, indem sie von einer angenommenen Basis in Kairo aus operierten. Im Jahre 1940 hätte ich solche Gespräche als bloße Phantastereien abgetan, wenn ich nicht auf einer Pressekonferenz in Arras zugegen gewesen wäre, die der damalige Stabschef bei Lord Gort, General Pownall, einberufen hatte. General Pownall erklärte auf der Konferenz, daß angesichts der Stärke des Westwalls ein Vorstoß über den Kaukasus bessere Aussichten habe. Hier handelte es sich um Angriffspläne gegen die Sowjetunion, die seinerzeit von den regierenden Kreisen Großbritanniens unter dem scheinheiligen Vorwand ausgeheckt worden waren, gegen Deutschland einen Schlag aus dem Osten zu führen. Falls dieser Vorstoß erfolgreich wäre, würde das schwache östliche Verteidigungssystem Deutschlands zusammenbrechen und dem englisch-französischen Angriff der Weg gebahnt.

Grand verfügte nie über Mittel, seine Ideen umzusetzen, obgleich diese seinen Nachfolgern freigebig überlassen wurden. Sein Londoner Personalbestand paßte bequem in ein großes Zimmer. So geschah es meist auch, wenn wir uns regelmäßig an den Sonntagen in seiner Vorstadtvilla versammelten und unermüdlich Pläne, Pläne und wieder Pläne entwickelten. Grands Anstrengungen, ein größeres Stück vom «geheimen» Kuchen zu bekommen, stießen auf das Mißfallen der bereits länger bestehenden und besser situierten Bereiche des Geheimdienstes. Für ihn blieben kaum mehr als die schäbigen Reste übrig. Da bekannt war, daß Sabotage und Subversion von Hause aus eine unsichere Sache darstellen – Urheber von Explosionen lassen sich leicht ausfindig machen –, schlußfolgerten die Geheimdienstleute nur zu gern unbegründet, daß Anschläge eine Zeit- und Geldvergeudung seien, die der effektiveren Spionage die Mittel entzögen. Grands Anforderungen an das Schatzamt und die Streitkräfte wurden so schon oftmals innerhalb des Geheimdienstes blockiert, oder bestenfalls unterstützte man ihn halbherzig.

Für die politische Diversion ergaben sich noch größere Schwierigkeiten, da hier Grundlagen der britischen Politik berührt wurden. Die Regierung orientierte sich gewöhnlich auf Monarchen und Finanzgewaltige Europas, und diese Leute waren gegen jegliche Aktivitäten dieser Art. Die einzigen, die Hitler irgendwelchen Widerstand entgegensetzen konnten, waren die Vertreter linker Bewegungen: Bauernparteien, Sozialdemokraten und Kommunisten. Nur sie waren fähig, gegen die Okkupanten zu kämpfen. Unwahrscheinlich war jedoch, das für eine Regierung zu tun, die nicht aufhörte, mit Königen und Prinzen zu kokettieren, die sie, ob sie Karl oder Paul hießen, zwischen den Kriegen systematisch verfolgt hatte.

Somit begann die subversive Tätigkeit Großbritanniens unter recht schwierigen Verhältnissen, verursacht durch das Außenministerium, das ziemlich spät begriff, daß die Zeit seiner Marionetten vorbei war, wie auch der Krieg ausgehen mochte. Es war darum nicht verwunderlich, daß sich die Widerstandsbewegung im entscheidenden Moment zur Sowjetunion hingezogen fühlte und der Einfluß der UdSSR in Frankreich, Italien und Griechenland nur durch eine massive militärische Präsenz der Briten und Amerikaner ausgeglichen werden konnte.

Der Konspiration und vielleicht auch der Bequemlichkeit wegen erhielten alle SIS-Offiziere Kurzbezeichnungen, die in der Korrespondenz und bei Gesprächen benutzt wurden. Grand bekam natürlich den Buchstaben D. Die Chefs der Untersektionen wurden als DA, DB usw. geführt, während ihre Assistenten noch zusätzlich eine Zahl erhielten: zum Beispiel DA-1 hießen. Guy führte die Bezeichnung DU. Ich wäre demnach DU-1 gewesen, doch Guy erklärte feinfühlig, daß dies eine bestimmte Unterordnung ausdrücke und er wünsche, daß wir gleichgestellt seien. Das Dilemma wurde wie folgt gelöst: Statt der Eins fügte er den Buchstaben D hinzu. So kam ich zu der Tarnbezeichnung DUD, das Wort steht im Englischen außerdem für «Blindgänger».

Die Unterabteilung DU war für das, was ich vorhatte, nicht der ideale Ausgangspunkt. Ich wollte im Geheimdienst meinen eigenen Platz finden, und dafür war es erforderlich, herauszubekommen, wie er organisiert war und womit er sich befaßte. Guy hatte seine Unterabteilung in eine Art Ideenfabrik verwandelt. Er betrachtete sich als ein Rad, das beim Drehen Ideen wie Funken aussendet. Wohin diese Funken fielen, interessierte ihn anscheinend nicht. Er verbrachte viel Zeit in den Zimmern der anderen Mitarbeiter, denen er seine Projekte unterbreitete. Wenn er sich an ihnen begeistert hatte, ertönte im Korridor immer wieder sein Gelächter. Nach einem solchen arbeitsreichen Tag stürzte Guy gewöhnlich in mein Zimmer und schlug mir vor, mit ihm zu kommen, um etwas zu trinken.

Es war im Juli, als Guy wieder einmal mein Zimmer betrat, aber entgegen seiner Gewohnheit einige Blätter Papier mitbrachte. Es handelte sich um ein von ihm verfaßtes Memorandum. Grand hatte dessen Inhalt gebilligt, doch vorgeschlagen, die Frage noch gründlicher zu studieren und zu behandeln. Dazu benötigte Guy meine Hilfe. Ich freute mich. Auf Grund langjähriger Erfahrung wußte ich, daß «helfen» für ihn bedeutete, ihm jegliche Arbeit abzunehmen. Da ich zwei ganze Wochen hindurch buchstäblich keinen Finger krumm gemacht hatte, freute ich mich über jede Arbeit. Ich überflog die Unterlagen, während Guy, der auf dem Tischrand saß, bemüht war, in meinem Gesicht Zustimmung abzulesen.

Für Guys Projekte war charakteristisch, daß sie eine Menge gesunder Gedanken enthielten, die aber in blumenreiche Wendungen und zweifelhafte Zitate eingebettet waren. Er verfügte über Zitate für alle Lebenslagen, doch bemühte er sich nie darum, sie einmal zu überprüfen. Guy schlug vor, eine Agentenschule zu gründen. Der Vorschlag an sich verblüffte nicht, sondern der Fakt, daß ihn bisher niemand unterbreitet hatte. Guy wies die Notwendigkeit einer solchen, heute allgemein als unentbehrlich anerkannten Einrichtung nach, die jedoch damals etwas Neues war. Er entwarf auch das Ausbildungsprogramm. Schließlich regte Guy an, diese Schule nach Guy Fawkes zu benennen, in Erinnerung an einen unglücklichen Verschwörer, dessen Pläne an der Wachsamkeit des elisabethanischen SIS gescheitert waren. Schließlich hätte er kaum den Namen «Guy Burgess College» vorschlagen können!

Nun hatte ich endlich eine Aufgabe. Ich zerlegte den Fragenkomplex in seine Bestandteile: Programm, Auswahl der Teilnehmer, Sicherheit, Unterbringung usw. Für jeden Teil erarbeitete ich eine Vorlage. Nachdem Guy mich mit seinen Vorschlägen überschüttet hatte, schien es so, als ob er jegliches Interesse an seinen Gedankenblitzen verloren hätte. Dem war aber nicht so. Grand studierte meine Dokumente und setzte eine Kommission zu ihrer Erörterung ein. Weder damals noch später zog mich die Kommissionsarbeit an. In jeder Kommission gibt es gewöhnlich einen Kontrahenten. Mein Gegenspieler war ein gewisser Colonel Chidson. Er war maßgeblich daran beteiligt gewesen, in Holland eine große Menge Industriediamanten vor dem Zugriff Hitlers zu retten. Für mich war er einfach ein lästiger Mensch. In seinen Visionen ging die Anarchie in Europa um, und er widersetzte sich verzweifelt der Idee, eine Bande von Meuchelmördern auf den Kontinent loszulassen. Einmal kam er mir in der Lower Regent's Street entgegen. Er bemerkte mich und erstarrte auf der Stelle. Danach schlug er rasch den Kragen hoch und verschwand in einer Nebenstraße. Doch offensichtlich bestand ein echter Bedarf an einer Ausbildungsstätte wie der unseren.

Zu jener Zeit wiederholte Guy unablässig, daß seine Idee Anklang finden müsse. In gewissem Maße gelang das auch. Überrascht erfuhr ich bald, daß man die Brickendonbury Hall, ein ehemaliges Schulgebäude, das sich in der Nähe von Hartford auf einem ausgedehnten Grundstück befand, für Ausbildungszwecke erworben hatte. Man stellte mich dem Kapitän zur See Peters vor, den man zu uns als Schulleiter abkommandiert hatte. Er lud Guy und mich oft zum Essen ein, um von uns zu hören, was wir von der Sache hielten. Peters hatte blaue Augen und konnte charmant lächeln. Trotz des grundverschiedenen Charakters fühlte er sich stark zu Guy hingezogen, der ihm ungeniert seine Zigaretten vom Tisch stibitzte. Unsere Zusammenarbeit währte nicht lange. Später verlieh man ihm postum das Victoria-Kreuz, wahrscheinlich für seine unnötige Tapferkeit im Hafen von Oran, die ihm den Tod brachte. Als ich von der Auszeichnung hörte, wurde mir wehmütig ums Herz bei dem Gedanken, daß Peters niemals davon erfahren würde. Er war sehr sentimental veranlagt und wäre bei einer solchen Ehre gewiß in Tränen ausgebrochen. Unsere Schüler verehrten ihn bald.

Der Lehrkörper wurde durch weitere Personen bereichert. Darunter war auch George Hill, ein lustiges Haus, der mit einem Buch über seine geheimen Abenteuer in der Sowjetunion bekannt wurde. Er hatte mit Bruce Lockhart, einem britischen Geheimagenten, nach der Oktoberrevolution zusammengewirkt und war auch ein Freund von Sidney Reilly gewesen. Während des zweiten Weltkriegs bekleidete er einen hohen Posten in der Abteilung für Sonderoperationen (SOE-Special Operations Executive) und wurde von Churchill als Vertreter von SOE und SIS nach Moskau entsandt. Die SOE war auf Churchills Anweisung im Jahre 1940 geschaffen worden und leitete sämtliche Geheimoperationen, insbesondere die Sabotage- und Diversionsakte, gegen die Achsenmächte. Hill war einer der wenigen noch lebenden Engländer, der tatsächlich «Sand ins Getriebe» gestreut hatte. Mit seinem Schmerbauch sah er eher wie ein Operettenkönig mit Kahlkopf statt einer Krone aus. Als Leiter der Moskauer SOE-Vertretung nahmen ihn später meine sowjetischen Freunde hocherfreut auf, denn sie wußten alles über ihn.

Dann hatten wir noch einen Sprengstoffspezialisten namens Clark. Er zeichnete sich durch seinen unbändigen Humor aus. Ihn bat man einmal, seine Methoden dem Chef des tschechoslowakischen militärischen Geheimdienstes und seinem Stab vorzuführen. Clark legte Minenfallen in einem kleinen Wald an, durch den der Weg zum Übungsgelände führte. Er hatte angenommen, daß die Tschechen durch den Wald im Gänsemarsch gehen würden, doch sie gingen nebeneinander, und die Offiziere an den Seiten bekamen einen fürchterlichen Schreck. Es ist nur einem glücklichen Zufall zuzuschreiben, daß niemand verwundet wurde.

Weiter gab es einen melancholischen Tschechen. Er war uns als Drucker empfohlen worden, da er in einer illegalen Druckerei in Prag gearbeitet hatte.

Eine andere traurige Gestalt war der österreichische Sozialdemokrat Werner. Er sollte Österreicher ausbilden, die man erwartete. Es kam aber niemand. Werner sprach nur deutsch, und ich wandte viel Zeit auf, ihm alles plausibel zu machen. Schließlich wurde er für einen anderen Einsatz in Ägypten vorgesehen. Während der Überfahrt aber wurde das U-Boot, auf dem er sich befand, im Mittelmeer von Sturzkampfbombern versenkt.

Eine Persönlichkeit war zweifellos Tommy Harris, der als Kunsthändler bekannt war. Auf Vorschlag von Guy war er als Hausverwalter und hauptsächlich darum eingestellt worden, weil er und seine Gattin hinreißende Kochkünstler waren. Als einziger von uns vermochte er bereits in den ersten Wochen einen engen persönlichen Kontakt zu den Hörern herzustellen. Die Arbeit an der Schule befriedigte Harris nicht. Er war kaum gebildet, dafür verfügte er über eine brillante Intuition. Tommy wechselte bald zum MI5 über, wo er später zum Initiator und Leiter einer der einfallsreichsten Geheimdienstoperationen jener Zeit wurde. Für mich waren die in Brickendonbury verbrachten Tage unergiebig. Sie wurden lediglich dadurch angenehm, daß sich eine von mir hochgeschätzte Freundschaft mit Tommy Harris anbahnte.

Wir hatten nur wenige Schüler, insgesamt fünfundzwanzig, zwei kleine Gruppen Belgier und Norweger sowie eine etwas größere Gruppe Spanier. Ich zweifle daran, aber bestimmt hat man ihnen in Brickendonbury etwas Nützliches beigebracht. Wir dagegen hatten keine Vorstellungen von den vor uns stehenden Aufgaben. Weder Guy noch mir war es gelungen, bei der Leitung in London die nötigen Auskünfte zu beschaffen. Mit anderen Worten, wir hatten kaum etwas zu tun, mit der Ausnahme, daß wir mit Peters Gespräche führten und ihm dabei behilflich waren, schriftliche Berichte an die Leitung abzufassen, auf die es nur selten ein Echo gab. Eins war allerdings klar: Wir hatten den Spaniern, von denen die meisten ehemalige Sprengmeister aus asturischen Bergwerken waren, wenig zu bieten. «Alle Instrukteure sind gleich», meinte einmal ein Spanier, ein junger Bursche von achtzehn Jahren. «Sie sagen uns, wieviel wir von der Zündschnur abzuschneiden haben. Der Sicherheit wegen verdoppeln wir jedoch die Länge. Darum sind wir immer noch am Leben.»

Wir hätten einiges auf dem Gebiet der Konspiration lernen können, wenn wir etwas davon verstanden hätten. Das sollte sich erst nach einigen Jahren herausstellen. Da unsere Agenten auf dem Territorium des Gegners arbeiten würden, wo man sie wahrscheinlich aufspürte, wurde beschlossen, die Vor- und Zunamen ihrer Ausbildungsoffiziere durch Decknamen zu ersetzen. Peters wurde Thornley, Hill Dale usw. Guy, der seiner jugendlichen Einbildungskraft nachgab, überzeugte Peters hinter meinem Rücken, mir einen solchen unschicklichen Decknamen zuzulegen, daß ich ihn nicht einmal zu nennen wage. Die einzige Ausnahme machte Tommy Harris, dem man aus mir unerklärlichen Gründen seinen wirklichen Namen ließ.

Nach dem Kriege begegnete Tommy rein zufällig dem Leiter der belgischen Gruppe, einem widerlichen Menschen, der ständig mit seiner aristokratischen Abstammung prahlte. Sie tranken gemeinsam Tee. Als sie sich an Brickendonbury erinnerten, bemerkte der Belgier, daß die Schüler hinter alle unsere Namen gekommen seien, bis auf eine Ausnahme. Tommy testete ihn und stellte fest, daß er tatsächlich sämtliche Namen kannte. Daraufhin fragte Tommy, wer die Ausnahme gewesen sei. «Es handelt sich um Sie», antwortete der Belgier.

Da auf den nächsten Seiten der Name Guy Burgess nicht mehr erwähnt wird, bitte ich um Verzeihung, wenn ich jetzt über Guys Vorliebe für Streiche spreche. An einem Sommerabend lag Peters mit einem schlimmen Ekzem im Bett. Um es zu verbergen, ließ er sich einen Bart wachsen. Neben seinem Bett saß, bei einem Glas Portwein, ein neuer Instrukteur namens Hazlitt. Plötzlich schrie es im Garten, und danach vernahm man Rufe in fünf verschiedenen Sprachen. Alle Schüler strömten ins Haus. Sie behaupteten, sie hätten in der Nähe Fallschirme gesehen: einen, drei, zehn und noch andere Mengen. Als Peters diese Meldungen vernommen hatte, befahl er den Belgiern, sich die Uniform anzuziehen und in den Fenstern ein MG in Stellung zu bringen. Dies sicherte ein gutes Schußfeld über die Sportplätze der Schule hinweg. Ich weiß nicht, was passiert wäre, wenn der Gegner durch den Haupteingang eingedrungen wäre. «Wenn die Deutschen gelandet sind», sagte Peters zu Hazlitt, «dann werde ich aufstehen.»

Dann beging er einen fatalen Fehler. Er befahl Guy, die Einzelheiten zu ermitteln und das Ergebnis dem diensthabenden Offizier in London mitzuteilen. Guy ging bösartig ans Werk. Ich konnte Bruchstücke seines telefonischen Berichts mithören. «Nein, ich habe dem, was ich sagte, nichts hinzuzufügen, wie ich bereits sagte ... Sie möchten doch nicht, daß ich die Angaben verfälsche ... Wiederholen? In der Nähe von Hartford sind Fallschirme gesehen worden, zwischen achtzig bis null ... Nein, ich kann die Zuverlässigkeit der von verschiedenen Augenzeugen gemachten Angaben nicht prüfen. Von achtzig bis null. Haben Sie verstanden? Nötigenfalls rufe ich Sie noch einmal an. Auf Wiederhören.» Triumphierend erstattete Guy Meldung. «Ich weiß nicht, was ich tun kann, wenn wir angreifen», sagte Peters, «doch ich muß natürlich das Kommando übernehmen.»

Ein bis zwei Stunden vergingen, ohne daß sich etwas ereignete. Die Belgier entledigten sich enttäuscht ihrer Uniformen, und wir legten uns schlafen. Am nächsten Morgen hängte sich Guy ans Telefon und erfuhr interessante Neuigkeiten. Es stellte sich heraus, daß der diensthabende Offizier seinen Chef informiert hatte und dieser dann das Kriegsministerium verständigte. Der östliche

Militärbezirk wurde alarmiert, und seine bewaffneten Einheiten bezogen in den frühen Morgenstunden ihre Kampfstellungen. Guy stellte Vermutungen an, was die ganze Sache kosten würde. Zu ergänzen ist, daß ich es war, der ihm die Zahl «null» am Abend vorher genannt hatte, während die Zahl «achtzig» offenbar von ihm selbst stammte. Hinsichtlich der Anzahl der Fallschirme hatten wir uns beide geirrt. Nur ein Fallschirm war abgeworfen worden, und der blieb harmlos in einem Baum hängen.

Die Sommertage vergingen schnell, ohne daß irgendwelche exakten Direktiven aus London eintrafen. Peters wirkte immer betrübter und wurde noch schweigsamer und verschlossener. Zunächst glaubte ich, daß ihm das Ekzem zu schaffen mache, doch bald drangen Gerüchte zu mir, die von Veränderungen sprachen, über die jedoch offiziell nichts mitgeteilt worden war. Dann passierte folgendes: Die Sektion D wurde aus dem SIS herausgelöst, dem Minister für Wirtschaftssabotage, Dr. Dalton, unterstellt und reorganisiert. Grand schied aus, auf seinen Platz gelangte Frank Nelson, ein humorloser Geschäftsmann, dessen Fähigkeiten einzuschätzen ich nie Gelegenheit hatte. Als Colin Gubbins, der 1939 bei der Geheimdienstverwaltung des Kriegsministeriums gewesen war, mit einer Schar naßforscher Offiziere, die sich untereinander und auch uns anschnauzten, Brickendonbury besucht hatte, fiel Peters in eine tiefe Depression. Wir wunderten uns nicht, als er eines Morgens Guy und mich anrief und uns mitteilte, daß er die ganze Nacht hindurch über einem Rücktrittsgesuch gesessen habe. Er sprach mit trauriger Stimme, als wäre er sich seiner Niederlage und Geringschätzung bewußt. Dann faßte er Mut, sprach überzeugter und zeigte wieder sein bezauberndes Lächeln. Er war offenbar glücklich, daß er nach einer kurzen politischen Feuertaufe zu seinen Schiffen zurückkehren konnte.

Der Rücktritt von Peters wurde ohne Komplikation aufgenommen. Gleichgültig machten wir uns daran, unsere Einrichtung aufzulösen. Ich kann mich nur schlecht daran erinnern, was im Interesse der Konspiration unternommen wurde. Wir müssen unsere Schüler für einen künftigen Einsatz irgendwo unauffällig verfrachtet haben. Später erfuhr ich, daß außer Werner mindestens noch zwei weitere von ihnen umgekommen sind. Einen liebenswerten norwegischen Funker faßten die Deutschen, bald nachdem er nach Norwegen zurückgekehrt war, und erschossen ihn. Den anderen, den besten Schüler aus der belgischen Gruppe, setzte man über Belgien mit dem Fallschirm ab. Beim Absprung verfing sich jedoch der Fallschirm am Fahrgestell des Flugzeuges, der Belgier verlor bei der hohen Geschwindigkeit das Bewußtsein und erstickte.

Tom Harris verließ uns in ziemlichem Groll. Bald fand er seinen wirklichen Platz und wurde zu einem geschätzten Mitarbeiter vom MI5. Guy und ich kamen in das neue Führungszentrum des Ausschusses für Sonderoperationen (Special Operations Executive) in der Baker Street 64. Später kam dieses Zentrum einfach unter dem Namen Baker Street zu trauriger Berühmtheit. Viele neue Gesichter tauchten auf. Die Mitarbeiter wurden unter Bankiers, Juristen und Geschäftsleuten angeworben. Mir fehlten die früheren Kollegen. Nelson besorgte die Säuberung sehr gründlich. Ihm halfen dabei einige ältere SIS-Mitarbeiter, besonders Claude Dansey und David Boyle, von denen später noch die Rede sein wird. Sie waren fest entschlossen, nicht nur Grand, sondern auch dessen engste Mitstreiter mattzusetzen.

Die Säuberungswelle kam auch ganz nahe an mich heran, doch vor mir machte sie halt. Als Guy mich eines Abends aufsuchte, war er ungewöhnlich schweigsam. Auch er war das Opfer einer bürokratischen Intrige geworden. Man hatte ihn entlassen. Ich nahm an, daß auch meine Tage, vielleicht sogar Stunden gezählt waren. Guy rechnete offenbar damit, in mir einen Leidensgenossen zu finden. Aber ich erhielt im folgenden und übernächsten Monat weiterhin mein Gehalt. Offenbar brauchte man mich im Ausschuß für Sonderoperationen, oder ich war ihnen möglicherweise zu unbedeutend. Guy verzagte nicht. Er fand bald eine Stelle im Informationsministerium und begann sogar damit, sich verächtlich über meine sich hinziehende Verbindung zum «Abfall»[1] auszulassen.

1 Die Anfangsbuchstaben der englischen Begriffe «slops» und «offal», die Abwasser und Abfall bedeuten, entsprechen den Anfangsbuchstaben der englischen Bezeichnung der genannten Einrichtung.

Im Ausschuß für Sonderoperationen – SOE

Der Mißerfolg unserer ersten Lehreinrichtung war deprimierend für mich, doch er brachte mir auch einen gewissen Vorteil, da ich nach London zurückkehrte und zumindest wieder näher an den Korridoren der Macht war. Praktisch nutzte mir das allerdings nichts. Ich hatte keinerlei konkrete Verpflichtungen und damit keinen Anspruch auf einen Arbeitsplatz. Meist hielt ich mich in der Baker Street auf, prägte mir neue Gesichter ein und machte mich mit der organisatorischen Struktur des SOE vertraut. Das war manchmal recht schwierig. Alle schienen sehr beschäftigt, auch wenn sie nur ihre Zimmer einräumten. In einer solchen Atmosphäre hatte für mich niemand Zeit, und ich langweilte mich. Es war wie auf einer Cocktailparty, wo jeder jeden kennt, nur man selbst kennt keinen.

Damals war ich – wenn es mir auch unwahrscheinlich vorkam – Zeuge der Geburt einer Organisation, die künftig eine bedeutende Rolle spielen sollte. Und wenn ich die ersten Tage ihrer Existenz so beschrieben habe, wie ich es damals sah, nämlich etwas salopp, dann kann ich das auch erklären. Zwischen den Weltkriegen genoß der britische Geheimdienst ein mythisches Ansehen. Der Mythos hatte jedoch wenig Substanz. Dem mögen sich viele skeptisch gegenüber verhalten, zumal dazu keinerlei weitere Materialien veröffentlicht wurden. Ähnlich war es mit der britischen Flotte, die ebenfalls Ansehen genoß, nach Alexandria geschickt wurde, um Mussolini von Abessinien abzuhalten, und nichts ausrichten konnte, weil sie über keine Munition verfügte. Die Wahrheit ist, daß der Geheimdienst wie auch die Armee stagnierten. Außer den Finanzproblemen wurde einer personellen Verstärkung und weiteren Organisationen des Geheimdienstes wenig Beachtung geschenkt. Obwohl bei der Schlacht von Cambrai (20. bis 30. November 1917) erstmals Tanks in großer Zahl eingesetzt waren, gaben in der Armee die Offiziere den Ton an, die noch immer die Kavallerie für die Hauptstoßkraft hielten. Der Geheimdienst, dessen Chef Admiral war, bestand vorwiegend aus Personal, das die Flotte abgestoßen hatte. Admiral Sinclair war bis 1921 Leiter des britischen militärischen Geheimdienstes und von 1936 bis zu seinem Tode Chef des SIS. Ihn darf man nicht sonderlich verurteilen, er mußte sich zwangsläufig auf seine sehr bescheidenen Ressourcen beschränken und wählte natürlich seine Kader aus den Kreisen aus, die er am besten kannte.

Ein System gab es faktisch nicht. Beeinflußt durch die Wirkung der «Fünften Kolonne» in Spanien, begriff man die potentielle Bedeutung geheimdienstlicher Operationen gegen den Feind auch im britischen Militärdenken. Zwangsweise führte das anfangs zu halbherziger Improvisation. Die Sektion D wurde erneut dem skeptischen SIS unterstellt. Sie hatte die Aufgabe, mit viel Lärm verbundene waghalsige Aktionen zu planen. Nachteilig war, daß damit die subversive Propaganda streng geheim betrieben wurde und andere staatliche Institutionen im dunkeln tappten und einander behinderten. Es ist kaum verwunderlich, daß in den ersten Kriegsjahren die Ergebnisse minimal waren. Damit man nicht glaubt, daß ich übertreibe, führe ich ein Beispiel aus dem Buch des Obersten Bickham Sweet-Escott an, eines der befähigtsten und verständigsten Offiziere, der während des gesamten Krieges in der SOE arbeitete. Es erschien 1965 in London unter dem Titel: Baker Street Irregular.

Er schreibt, daß die Ergebnisse im Sommer 1940 nicht allzu beeindruckend waren. Seiner Meinung nach gab es nur einige erfolgreiche Operationen. Es existierte sogar eine – wenn auch kleine – Organisation auf dem Balkan, doch selbst dort gelang es nicht, irgend etwas Besonderes zu vollbringen. Die Versuche, auf dem Balkan Diversionsakte zu organisieren, verärgerten dagegen nur das Außenministerium. In Westeuropa waren die Erfolge, bedingt durch einige objektive Gründe, einfach kläglich, zumal der SIS zwischen dem Balkan und dem Kanal über keinen einzigen Agenten verfügte. Das ist seltsam, aber eine Tatsache.

Soweit der Hintergrund, auf dem sich die im vorangegangenen Kapitel beschriebenen Veränderungen vollzogen. Im übrigen war das nur ein kleiner Ausschnitt eines umfangreichen Reformprogramms. Im Juli 1940 legte Churchill Dr. Dalton, dem bereits erwähnten Minister für Wirtschaftssabotage, nahe, die Verantwortlichkeit für sämtliche gegen den Feind gerichtete Geheimdienstoperationen zu übernehmen. Daraufhin schuf Dalton eine Organisation, die sich Special Operations Executive (SOE) nannte. Ursprünglich war sie in drei Abteilungen untergliedert: SO-1 – für die ideologische Zersetzung, SO-2 – für die Sabotage und Diversion und SO-3 – für die Planung. Die Abteilung SO-1 wurde in Ausschuß für politische Kriegführung (Political Warfare Executive) umbenannt, während SO-2 die Bezeichnung der ursprünglichen gesamten Organisation erhielt – SOE. Der Kürze wegen werde ich sie im weiteren PWE und SOE nennen, wenngleich einige hier beschriebene Ereignisse vor der Namensänderung passierten. SO-3 brauche ich nicht mehr zu erwähnen, da diese Einrichtung sehr bald in den selbstproduzierten Aktenstößen ertrank und aufgegeben wurde.

Ich wunderte mich schon darüber, daß man so lange Geld einstecken kann, ohne zu arbeiten, als mich Colin Gubbins zu sich rief. Ihm oblag neben anderen Dingen die Ausarbeitung eines Lehrprogramms. Er hatte offensichtlich meinen Namen im Zusammenhang mit dem mißlungenen Experiment gehört, das in Brickendonbury unternommen worden war. Gubbins wurde gegen Kriegsende noch zu einer sehr bekannten Persönlichkeit. Ich erinnere mich gern an dieses erste Gespräch mit ihm, schon damals hatte ich ihn als einen Mann mit Zukunft erkannt. Selbst sein Arbeitszimmer zeugte von der Energie des Inhabers. Gubbins drückte sich knapp aus, sein Ton war freundschaftlich und wohlwollend. Einer meiner Freunde nannte ihn Whirling Willie, nach dem Namen eines Helden, der in einer beliebten Comics-Serie jener Zeit vorkam.

Gubbins fing damit an, daß er fragte, ob ich mich in der Propaganda auskenne. Ich wußte, daß er einsilbige Antworten liebte, und antwortete: «Ja.» Danach teilte er mir mit, daß er eine neue Lehreinrichtung großen Maßstabs einrichte. Dort würden Lehrgänge für Diversanten, Funker und Agenten durchgeführt. Außerdem wollte er zentrale Lehrgänge einrichten, in denen allgemeine Methoden der Sabotage und illegalen Tätigkeit gelehrt wurden. Eine dieser Methoden war die Hetzpropaganda, und Gubbins suchte einen geeigneten Lehrer. Ich sollte ein Lehrprogramm für dieses Fach entwerfen. Nachdem er mich zur Tür geleitet hatte, sagte er. «Machen Sie es kurz!»

Ich machte mich an die Arbeit, merkte aber bald, daß meine Kenntnisse dazu nicht ausreichten. Ich hatte keine direkten Erfahrungen in der modernen Massenbeeinflussung und kannte auch nicht die entsprechenden Propagandamethoden. Während meiner journalistischen Tätigkeit hatte ich lediglich gelernt, über Vorgefallenes zu berichten. Ich versuchte mich mit dem Gedanken zu trösten, daß es nicht wenige gute Propagandisten gegeben hat, die ebenfalls nichts davon verstanden, wie man beispielsweise Seife anpreist. Doch derartige Überlegungen halfen mir nicht, ich mußte mich wohl oder übel mit entsprechenden Fachleuten konsultieren. Bald wußte ich genug über Grundsätze der Massenbeeinflussung, daß ich darüber einige Lektionen hätte halten können. Meine Haupterkenntnis war, daß man sich auf die Fachleute nur in zwei Fragen verlassen kann: erstens, wenn sie vor dieser Beschäftigung warnen und zweitens, wenn sie sich über ihre schmutzigen Arbeitsmethoden bis ins einzelne auslassen.

Nach einigen Tagen wußte ich genug und konnte das von Gubbins benötigte Programm zusammenstellen. Um überzeugender zu sein, verwandte ich Beispiele aus der europäischen Politik, besonders aus der faschistischen. Ich straffte das Programm bis auf einen Umfang von anderthalb gewöhnlichen Manuskriptseiten und teilte Gubbins telefonisch mit, daß ich fertig sei. Innerhalb von fünf Minuten rief er selbst an und teilte mir mit, daß er noch am selben Abend im Zimmer von Charles Hambro eine Beratung angesetzt habe, um den Entwurf zu erörtern. Nach dem Fall Frankreichs war dies für mich die erste greifbare Sache im englischen Geheimdienst.

Gubbins hatte zur Beratung mehrere Mitarbeiter seines Stabes mitgebracht. Hambro begrüßte uns auf die ihm eigene sympathische Art und Weise, so daß wir uns ungezwungen fühlten. Während des Krieges hatte Churchill seine Freunde aus angesehenen Kreisen in hohe SOE- und SIS-Positionen gebracht. Dabei vergaß er auch seinen Bankier Charles Hambro nicht, der von 1942 bis 1943 die SOE leitete. Hambro nahm das von mir verfaßte Papier und verlas es laut, langsam und nachdenklich. Als er damit fertig war, bemerkte er, daß es sich hierbei um ein vernünftiges Dokument handele. Gubbins' Mitarbeiter nickten, wie auf Kommando, zustimmend mit ihrem Kopf, wobei sie eine ernste Miene machten. Sie sahen überhaupt wie Leute aus, die an den widerspruchslosen Gehorsam von Soldaten gewöhnt waren. Zu meiner Überraschung lächelte Gubbins vergnügt. «Es ist genau das, was ich mir wünschte», sagte er mit Nachdruck. «Genau das ... Was meinen Sie, Charles?» Hambro gab nichts Konkretes zur Antwort, vielleicht hatte er an etwas ganz anderes gedacht. «Machen Sie also das Programm fertig», schlug mir Gubbins vor. Damit war die Beratung beendet.

Jetzt hatte ich konkrete Verpflichtungen und das Recht auf

einen Arbeitsplatz in Gubbins' Einrichtung. Er befand sich nicht im Haus Nummer 64, sondern weiter oben in der Baker Street, in Richtung Regent's Park. Unverzüglich begann ich mein Programm auszuformulieren, wobei ich die Entwürfe bis zum Umfang ganzer Lektionen erweiterte. Und dennoch war ich nicht glücklich. Die neue Schule sollte in Beaulieu in der Grafschaft Hampshire, fern von London, untergebracht werden. Das hinderte mich sehr daran, meine anderen Ziele zu verfolgen. Manchmal wollte ich schon alles loswerden, doch mich hielten zwei Überlegungen zurück. Erstens mußte ich meine erreichte Position in der geheimen Welt wahren. Es wäre töricht gewesen zu kündigen ohne Aussicht auf eine andere Beschäftigung in derselben Sphäre. Zweitens schaden zusätzliche Kenntnisse nie, und ich verlöre nichts, wenn ich erführe, was in dem weitverzweigten Netz der Special Operations Lehranstalten vor sich geht. Ich blieb also und wartete ab.

Die Schulleitung würde mich sofort freigeben, sobald ich es wünschte. Ich wußte, daß aus mir kein guter Lektor würde. Seit dem vierten Lebensjahr stotterte ich, und manchmal wurde ich damit fertig, manchmal nicht. Außerdem quälten mich Zweifel hinsichtlich meines Lektionszyklus. Der Gedanke, über politische Wühlarbeit sprechen zu müssen, erschreckte mich nicht, gab es doch im damaligen England nur wenig Leute, die von dieser Sache einiges verstanden. Aber dennoch war meine Erfahrung auf diesem Gebiet nicht allzugroß. Mich beunruhigten meine höchst oberflächlichen Kenntnisse der Propagandamethoden. Flugblätter hatte ich bereits verfaßt, doch hatte ich keine Vorstellung davon, wie man sie druckte.

Bis zur Abfahrt nach Beaulieu war noch einige Zeit verblieben, die ich zu nutzen gedachte, um Wissenslücken zu schließen. Ich wollte so oft wie möglich Woburn Abbey besuchen, wo wie immer der träge Leeper im Ausschuß für politische Kriegführung die Sitzungen führte, wenn die Mitarbeiter der «schwarzen Propaganda» berieten. Vier Jahre später, im Sommer 1945, sollte ich ihn wiedersehen. Er hatte sich wenig verändert. Gelangweilt hockte Leeper in der britischen Botschaft in Athen, als es in Griechenland bereits brodelte. Mit Verwunderung bemerkte ich, wie sich Leeper erzürnen konnte. Man erzählte sich, daß es zwischen ihm und Dr. Dalton des öfteren Streitigkeiten gebe. Dalton selbst bestätigt das teilweise in seinen Memoiren.

In der Baker Street ließen sich mehr und mehr Bankiers, Geschäftsleute und Juristen nieder, während in Woburn Abbey die Meinungsmacher zu finden waren. Außerhalb von Leepers eigenem Heiligtum erinnerte vieles an die Filiale eines Werbeunternehmens. Die meisten Mitarbeiter verfügten meiner Meinung nach über jene Erfahrungen, an denen es mir am meisten mangelte. Es gab natürlich Ausnahmen, wie Dick Crossman, Con O'Neill, Sefton Delmer und Valentine Williams.

Zunächst verhielten sie sich mir gegenüber zurückhaltend, wie überall vor fremden Personen. Bald gewann ich aber das Vertrauen der Mitarbeiter, die sich dann entsprechend zu mir verhielten. Es war klar, daß sich die Geheimagenten in Europa mit Propaganda befaßten, ob wir dies wollten oder nicht. In dieser Situation schien es mir nützlich, wenn ich in Woburn, an der verantwortlichen Stelle für «schwarze Propaganda», als zur Mitarbeit bereiter Instrukteur mitmischen konnte. Nach einiger Zeit lud mich Leeper zum Essen ein. Der anwesende Valentine Williams bot mir an, mich in seinem Dienstwagen, einem Rolls Royce, nach London zurückzufahren. Ich hätte mich mit ihm gern über seinen Clubfoot, die Hauptgestalt einer Spionageserie, die von ihm stammte, unterhalten. Aber wir hatten gut gegessen, und er schlief den ganzen Weg über.

Es gab noch ein anderes – vielleicht noch wichtigeres – Problem, auf das sich meine Untersuchungen zu jener Zeit richteten. Es war richtig, daß man Agenten mit Propagandamethoden vertraut machte. Aber der Propagandainhalt war genauso wichtig. Ohne Zweifel würden die Agenten früher oder später ihre Anweisungen bekommen. Doch mußte man sie schon im voraus auf den Charakter ihrer künftigen Aufträge einstellen. Dies erforderte eine bestimmte politische Vorbereitung. Die Agenten mußten zumindest eine allgemeine Vorstellung von den politischen Plänen der britischen Regierung haben, wenn sie in ihrem Operationsgebiet eintrafen. In Woburn konnte man jedoch kaum Antworten auf solche Fragen erhoffen. Leeper und seine Leute beklagten sich selbst darüber, daß sie von London aus ungenügend politisch angeleitet wurden.

Ich wandte mich deshalb an Hugh Gaitskell, den ich schon aus der Vorkriegszeit etwas kannte, als wir die Probleme Österreichs diskutierten. Zu jener Zeit war Gaitskell der persönliche Sekretär von Dalton und erhielt sämtliche Informationen sozusagen aus erster Hand. Gaitskell hatte einen engen Kontakt zu Gladwyn Jebb, dem Dalton die Verantwortung für die Operationen übertragen hatte, die von der Baker Street ausgeführt wurden. Meist schlug Gaitskell vor, sich zum Essen in einem billigen Restaurant unweit des Berkeley Square zu treffen. Und dort diskutierten wir auch meine Probleme bei Kartoffelbrei mit Würstchen. Manchmal begaben wir uns nach dem Essen in das Büro von Gaitskell und konsultierten uns dort mit Jebb oder sogar mit dem Doktor selbst. Letzterer war stets bereit, uns zu empfangen und mit Whisky und Soda zu bewirten. Ich brüstete mich schon damit, in Gubbins einen Menschen von großem Format erkannt zu haben. Der Gerechtigkeit halber muß ich bekennen, daß ich an Gaitskell niemals die Fähigkeiten eines hervorragenden Vertreters der Regierungspartei, eines «Front Bench Man»[1], bemerkt hatte, wie sie sich in der Folgezeit offenbaren sollten.

Im großen und ganzen enttäuschten mich diese Begegnungen. Dalton hatte seine Scherereien mit dem Foreign Office. Damals wie heute konnte man leicht über den Standpunkt des Ministeriums reden. Doch gab es in Wirklichkeit dort eine Unmenge von Leuten und nicht wenig unterschiedliche Gesichtspunkte. Wenn man sämtliche Einwände gegen den einen oder anderen Aktionskurs in Betracht zog, dann blieb unterm Strich nicht mehr viel Aufregendes übrig. Meist stellte sich damals heraus, daß die Engländer einfach die Wiederherstellung des Status quo wünschten, wie er vor Hitler bestanden hatte: die Rückkehr zu einem Europa, in dem England und Frankreich ungestört mit Unterstützung reaktionärer Regierungen herrschten, die stark genug waren, die Ordnung unter ihren Völkern aufrechtzuerhalten und als «Cordon Sanitaire» gegen die Sowjetunion zu fungieren.

Ein solcher Standpunkt schloß freilich schon die bloße Existenz der SOE aus, deren Ziel es war – um mit den Worten Churchills zu sprechen –, Europa in Flammen zu setzen. Und dies ließ sich nicht erreichen, wenn man das Volk dazu aufrief, bei der Wiederherstellung der unpopulären und diskreditierten alten Ordnung mitzuwirken. Unerfüllbar war diese Aufgabe auch deshalb, weil die augenblicklichen Stimmungen in erheblichem Maße durch den gelungenen Überfall Hitlers auf Europa bestimmt wurden. Die Mitarbeiter des Ausschusses für Sonderoperationen

1 Im englischen Parlament sitzen auf den vorderen Bänken (Front Benches) die Vertreter der Regierungspartei.

konnten nur dann wirksam handeln, wenn sie den nach einigen Kriegsjahren vor sich gehenden Stimmungsumschwung in Europa voraussahen. Einen Umschwung, der kommen mußte, nachdem die nazistische Herrschaft die Menschen erbittert hatte und veranlaßte, ihre Zukunft in die eigenen Hände zu nehmen. Diese Stimmungen mußten einen revolutionären Charakter annehmen und eine Absage an das Europa der zwanziger und dreißiger Jahre bedeuten.

Dalton und Gaitskell sahen natürlich die Widersprüche zwischen den SOE-Aufgaben und dem Standpunkt des Foreign Office. Doch sie mußten umsichtig zu Werke gehen, da sie selbst keine klaren Alternativen besaßen. Beide verließen sich als «echte» Sozialisten auf die Tätigkeit der europäischen Gewerkschaften. Ob diese Gewerkschaften das Risiko eingehen würden, das eine Unterstellung unter den Befehl der englischen Regierung einschloß, war zweifelhaft, selbst wenn dieser Attlee, Bevin, Dalton und andere Sozialisten angehörten. Vielen schien es, daß sich das Großbritannien der Kriegszeit stark von dem eines Baldwin und Chamberlain unterschied. Doch war es nicht einfach eine andere Maske, hinter der sich der Verräter an Abessinien, Spanien und der Tschechoslowakei verbarg? Die Unfähigkeit der britischen Führer, eine wirklich revolutionäre Propaganda zu entfalten, bestätigte dies nur. Großbritannien litt während des gesamten Krieges an einer wenig geeigneten politischen Richtung. Viele Widerstandsorganisationen erhielten von ihm Geld und Waffen, doch hörten nur sehr wenige von ihnen auf die Stimme Londons. Die Widerstandsorganisationen wollten den Menschen ihren eigenen Weg in die Zukunft weisen, und das war nicht der Weg, den die britische Regierung für sich vorsah. Demzufolge stand dem relativen Erfolg, den die SOE auf dem Gebiet der materiellen Zerstörungen und Unruhestiftungen erzielte, ein politischer Mißerfolg gegenüber.

Ich möchte hier nicht von den Beschränkungen reden, die der SOE-Tätigkeit sowohl von außen als auch durch innere Schwächen auferlegt waren. Das erwähne ich nur deshalb, weil ich zeigen möchte, welche Zweifel mich als Lehrer in Beaulieu quälten. Deshalb befriedigte mich – trotz der guten Kollegen – die Tätigkeit an dieser Schule fast nicht. Wiederum konnte ich nicht mein Hauptziel verfolgen, und um meine Sache stand es nicht zum besten. Bei jeder passenden Gelegenheit fuhr ich nach London, meist unter dem Vorwand, Woburn aufzusuchen, um Verfahrensfragen zu erörtern.

Diese unbefriedigende Situation hing in keiner Weise mit meinen Kollegen in Beaulieu zusammen. Mit ihnen hatte ich Glück. Der Schuldirektor John Munn, ein junger Oberst, gehörte zu den vernünftigen Militärs, im Gegensatz zu den sturen, mystischen oder einfach dummen. Er schrie nicht auf seine Untergebenen ein und bekehrte sie auch nicht zu Joga. Dank der persönlichen Autorität, die er genoß, gelang es ihm, ein ziemlich bunt zusammengesetztes Mitarbeiterkollektiv zu vereinen. Er behandelte uns wie Erwachsene, während er Vorgesetzten gegenüber loyal-kritisch auftrat. Munns Stabschef war schon älter, er hatte bereits im ersten Weltkrieg gedient und bezeichnete sich gern als Mann der Sicherheit bis ins Mark, doch schien er nur wenig Mark in den Knochen zu haben. Ansonsten ging er uns nur selten auf die Nerven und spielte recht gut Klavier.

Der Chefausbilder Bill Brooker war ein ausgeprägter Charakter, der später eine glänzende Karriere in einer in Kanada eröffneten Schulfiliale machte. Er war ein beweglicher Verkäufertyp und verfügte über einen unerschöpflichen Vorrat an Witzen und Anekdoten, darunter einer ganzen Serie von Anekdoten in einem glänzenden Marseiller Jargon. Soweit mir bekannt ist, besaß er in der illegalen Arbeit keine Erfahrungen. Doch er vermochte zu den Schülern so zu sprechen, als hätte er stets im Untergrund gearbeitet. Das schlechte Ebenbild von Brooker war sein Assistent, der wie ein Krämer auftrat.

An der Schule wirkte auch ein ehemaliger Angestellter der Firma Wedgwoods, die Töpferwaren herstellte. Blaß und mit einem unsteten Blick, unterbrach er gewöhnlich sein langes Schweigen mit unerwarteten und vernichtenden Ausbrüchen. Ferner traf ich Trevor-Wilson, später Spezialist für die französische und chinesische Sprache, der zu einem brauchbaren Mitarbeiter in Hanoi wurde. Er fuhr oft von Beaulieu nach Southampton, um persönliche Dinge zu erledigen, über die er genüßlich lächelte, doch nichts erzählte. Einmal untersagte es ihm die Leitung, eine solche Fahrt im Dienstwagen zu unternehmen, so daß er den gesamten Hin- und Rückweg – fünfzehn oder zwanzig Meilen – zu Fuß zurücklegte. Das ganze Gegenteil von Trevor-Wilson war ein Vertreter der Buchmanisten, der mich unglücklicherweise zum Gesprächspartner erwählt hatte. Frank Nathan Daniel Buchman, amerikanischer Evangelist und Missionar, entfaltete im Jahre 1939 eine breite Kampagne zur moralischen Wiederaufrüstung Großbritanniens. Einst legte mir Trevor-Wilson seine Ansichten über den Geschlechtsverkehr dar, danach mußte ich ihm sagen, daß mir seine Frau leid tue. Daraufhin sahen wir uns nur noch beim Tischtennis. Trevor-Wilson spielte sehr elegant, unwillkürlich wurde ich jedesmal daran erinnert, daß die Menschen vom Affen abstammen.

Die Seele des ganzen Kollektivs war Paul Dehn. Besser als er vermochte keiner die Langeweile zu vertreiben und alle zu unterhalten. Im Innern seines Herzen war er ein ernster Mensch, der zur Romantik neigte. Äußerlich war er das Gegenteil. Seine Possen am Klavier verkürzten dem Lehrkörper die Sommernächte.

Ein weiterer Mitarbeiter, der nach dem Krieg zu großem Ansehen gelangte, war Hardy Amies. Er wurde königlicher Leibschneider. Amies war der erste und einzige Mensch dieses Berufes, mit dem ich zu tun hatte. Er fiel durch ein großes und elegantes Käppi aus grünem Tuch auf, das Offiziere des militärischen Geheimdienstes trugen.

Dehn war nicht oft in der Schule, weil er als Verbindungsoffizier zwischen ihr und dem Hauptquartier in der Baker Street fungierte. Eine seiner Hauptobliegenheiten bestand darin, von der übergeordneten Leitung Materialien zu bekommen, die für die Lehrtätigkeit brauchbar waren. Da in diesem frühen Stadium der Bedarf an solchen Materialien schier unbegrenzt war, verfügte Dehn über ein ziemlich breites Betätigungsfeld. Ich beneidete ihn mächtig. Seine Arbeit hätte mich weitaus mehr befriedigt.

Ich unterschied mich in erster Linie von meinen Kollegen dadurch, daß außer mir niemand Erfahrungen in der illegalen Arbeit hatte. Keinem anderen fiel es damals ein, die Stimme zu dämpfen, wenn ein Polizist vorbeikam. Später sah ich ein, daß es unter den gegebenen Umständen klüger war, noch unerfahrene Lehrkräfte auszuwählen. Erfahrene Geheimdienstmitarbeiter gab es nicht genügend. Sie waren praktisch nur vom SIS zu bekommen. Und hätte man sich damals an den SIS gewandt, dann hätte der natürlich, einer bewährten Praxis folgend, einfach die untauglichen Mitarbeiter, wenn sich solche überhaupt entbehren ließen, abkommandiert. Was wäre dann in den Händen solcher Leute wohl mit den Schülern geschehen? Im übrigen verstanden es unsere Lehrkräfte ausgezeichnet, ihr Lehrprogramm zu erfüllen; neben ihnen hätten sich einige der alten Geheimdienstler geradezu schwachsinnig ausgenommen. Die SOE kritisierte man viel auf Grund ihrer Pläne, der Operationen, der Sicherheit, aber Angriffe auf ihre Lehreinrichtungen hat es kaum gegeben.

Der zweite Umstand, der mich von den Kollegen in Beaulieu unterschied, war die Kleidung. Alle übrigen trugen Uniform. Peters und Gubbins ließen wiederholt durchblicken, daß es wünschenswert wäre, mich in die Armee aufzunehmen. Ein derartiger Schritt würde mich in der Bewegungsfreiheit beträchtlich einschränken, ohne daß er mir irgendwelche Vorteile verschafft hätte. Ich hielt es für das beste, wenn ich weder einwilligte noch ablehnte. Allmählich wuchs darüber Gras. Später, noch lange vor Kriegsende, begriff ich, wie richtig das gewesen war. Weder störten mich Träume von einer Beförderung noch der Neid der Kollegen, und auch höhere Offiziere anderer Dienste legten sich nie mit mir an.

Der Unterschied zwischen Beaulieu und Brickendonbury bestand darin, daß in Beaulieu tatsächlich gelehrt und unterrichtet wurde. Hier lernte ich zum Beispiel eine Gruppe Norweger kennen, die hervorragende Eigenschaften für die Diversion besaßen. Diese Gruppe schaffte es nach einigen Ausbildungswochen, während einer Nachtübung vollzählig und unbemerkt an ein Ziel zu gelangen, das sich in der obersten Etage eines Gebäudes in Sandringham befand. Die Norweger durchstreiften einen dichten Hain, der mit Alarmvorrichtungen und Fallen durchzogen war, die der Übungsleiter angebracht hatte, und passierten unentdeckt einen offenen Garten, den Mitglieder des Lehrkörpers eifrig kontrollierten. Ich selbst befand mich auf Patrouille und konnte schwören, daß kein einziger Mensch durchgekommen war.

In Beaulieu lernten auch meine alten spanischen Freunde aus Brickendonbury, die auch die Möglichkeit bekommen sollten, sich etwas zu betätigen. Schon nach dem ersten Gespräch mit ihnen nannten sie mich «el comisario politico», politischer Kommissar. Möglicherweise handelte es sich um dieselben Spanier, denen mein alter Kollege Peter Kemp an den Ufern des Sees Loch Morar, nahe bei Arisaig, begegnet war. In seinem Buch «No Colours or Crest» – «Ohne Fahne und Erkennungszeichen» – schrieb er über sie, daß das eine abscheuliche Mörderbande wäre und sie es vermieden, mit ihnen Kontakt aufzunehmen. Ein bemerkenswertes Beispiel intuitiven Urteils! Ich denke anders über

Spanien und die Spanier als Kemp, der während des Bürgerkriegs auf der Seite Francos kämpfte. Und ich kann gut seine Erschütterung bei der ersten Begegnung mit dem Leiter der Spanienabteilung der SOE, Hugh Quennell, verstehen. Meine persönliche Meinung ist die, daß die Spanier, nachdem sie von der britischen Regierung fast ein ganzes Jahr zurückgehalten worden waren, sehr wohl das Recht hatten, jeden beliebigen Menschen in einer englischen Offiziersuniform umzubringen. Doch sie bewahrten Zurückhaltung.

Voller Trauer erinnere ich mich an eine Gruppe von Holländern, die am ersten Lehrgang der Schule teilnahm. Zu viele von ihnen wurden infolge einer gescheiterten Operation in den sicheren Tod geschickt. Der ehemalige Abwehroffizier Giskes hat darüber geschrieben, wie die Deutschen in Holland einen SOE-Funker faßten und ihn zwangen, die Verbindung mit England aufrechtzuerhalten. Infolgedessen geriet von den Holländern eine Gruppe nach der anderen in die Hände des Gegners. Bei der späteren Untersuchung stellte sich heraus, daß es zwar dem gefangenen Funker gelungen war, der Zentrale ein Signal über sein Schicksal zu übermitteln, doch seine Information wurde offenbar falsch interpretiert oder einfach ignoriert.

Bald nach der Schuleröffnung schickten Alberto Tarchiani und seine Freunde eine Reihe italienischer Antifaschisten zu uns, die sie in Indien in Lagern für italienische Kriegsgefangene geworben hatten. Sie hatten mit dem englischen Offizier, dem sie anvertraut wurden, kein Glück. Dieser beherrschte die italienische Sprache ausgezeichnet, doch gehörte er zu jenen, die ihre Untergebenen gern anschreien. Ich dachte oft ohne besonderes Mitgefühl, daß er früher oder später ein Stilett zwischen die Rippen bekommt.

In Beaulieu bildeten wir auch zwei Franzosen aus. Ihnen war irgendein Sonderauftrag erteilt worden, den sie sorgfältig verbargen. Der eine gehörte zu den Rechten, der andere zu den Linken, doch beide waren von fürchterlichem Haß auf Vichy erfüllt. Sie wurden meine besten Schüler und gaben nach zwei Wochen ausgezeichnete Flugblätter heraus. Ich erwähne das deshalb, weil die Franzosen beinahe die einzigen waren, die sich Politik und Propaganda gegenüber aufgeschlossen zeigten. Die anderen waren besseres SOE-Material: kühne, formbare Leute, die zur Ausführung jedes Auftrags bereit waren, ohne sich um die Folgen für das künftige Europa Gedanken zu machen.

Ich persönlich war für den SOE eigentlich schlechtes Material, da mich gerade das Schicksal Europas vorrangig bewegte. Die militärische Lage wurde immer angespannter. Die griechische Armee hatte bei den Kämpfen mit den italienischen Truppen auf albanischem Boden im Frühjahr fast die gesamte Kampffähigkeit eingebüßt. Nach der jugoslawischen Aprilrevolution, die sich der SOE teilweise als sein Verdienst anrechnete, unsere Leute befanden sich zwar dort, also post hoc, ergo propter hoc[1], erfolgte der Überfall auf Jugoslawien und die Besetzung Griechenlands. Darauf ging Kreta verloren, für das Großbritannien hätte genügend Mittel bereitstellen müssen. Die weitere Kontrolle über die Bucht Kolpos Soudas wäre ein wesentlicher Ersatz für den Verlust des Balkans gewesen. Doch solche Fragen ließen sich schlecht in einer Atmosphäre erörtern, in der die tatsächliche Lage dadurch verdeckt wurde, Haltung zu bewahren. Allmählich zeichneten sich bedeutsamere Ereignisse ab.

Eines Morgens brachte mir meine Ordonnanz eine Tasse Tee und weckte mich mit den Worten: «Er ist nach Rußland gegangen, Sir.» Ich gab dann zwei ziemlich oberflächliche Lektionen über Propagandamethoden und ging mit den anderen Lehrern in die Kantine. In dieser verworrenen Situation waren alle von Zweifeln gequält. Auf welche Seite sollte man sich stellen, wenn Satan gegen Luzifer zu Felde zog? «Ich befürchte, daß dies das Ende für die Russen bedeutet», sagte Munn nachdenklich. Viele stimmten mit ihm überein, einige äußerten sogar Schadenfreude. Der Geist der Finnlandfreiwilligen war immer noch lebendig. Die Diskussion legte sich bald, als wir erfuhren, daß sich am Abend Churchill mit einer Rede an die Nation wenden werde. Für den einfachen Engländer war es immer noch das Vernünftigste zu warten, bis sich der Premierminister äußerte.

Churchill löste das Problem. Nach seiner Rede war die Sowjetunion bereits ein Verbündeter. Die Mitarbeiter der Schule hießen dies gut, und alles nahm wieder seinen gewohnten Lauf. Doch nach einigen Tagen beunruhigten wir uns erneut, weil aus London kompetente Einschätzungen der Widerstandsfähigkeit der Roten Armee gegenüber Deutschland durchsickerten. Die Abteilung «Rußland» des Geheimdienstes im Kriegsministerium schwankte zwischen drei und sechs Wochen. Die SOE- und SIS-Spezialisten vertraten etwa die gleiche Meinung. Die optimi-

1 Hier in dem Sinne gebraucht, daß «danach» nicht «deshalb» bedeutet.

stischste Prognose, die ich in jenen Tagen hörte, stammte vom Brigadegeneral Scaife, der in der PWE tätig war. Er meinte, daß sich die Sowjetarmee mindestens drei Monate und möglicherweise noch viel länger hielte. Wie Evelyn Waugh einmal schrieb, traf er damit genau ins Schwarze.

Ich mußte so rasch wie möglich von den Rhododendren Beaulieus wegkommen, ich mußte einen geeigneten Platz finden. Bald bot sich eine vielversprechende Möglichkeit. Bei meinen gelegentlichen Fahrten nach London besuchte ich meist Tommy Harris in Chesterfield Gardens, wo er inmitten seiner Kunstschätze in einer gehobenen Atmosphäre lebte und teure Weine schätzte. Harris vertrat die Meinung, daß ein guter Tisch nicht von Weinflecken verdorben werden könne. Ich sagte bereits, daß Harris, nachdem die Schule in Brickendonbury aufgelöst worden war, zum MI5 gehörte. Ich glaube, im Juli fragte er einmal, ob mich eine Arbeit interessiere, für die gute Kenntnisse Franco-Spaniens erforderlich seien. Er erklärte mir, daß es sich um keine Arbeit im MI5, sondern im SIS handele.

Um den Sinn des Angebots zu verstehen, muß ich einiges kurz erklären, was in den folgenden Kapiteln ausführlich behandelt werden soll. Der SIS leitete die gesamte Geheimdienstarbeit auf ausländischem Territorium: sowohl die Spionage als auch die Gegenspionage. Das MI5 befaßte sich mit den Fragen der Gegenspionage und der Staatssicherheit in England und in allen überseeischen britischen Besitzungen. Die Gegenspionageabteilung des SIS, die als Fünfte Sektion bekannt wurde, und MI5 bildeten faktisch zwei Seiten derselben Medaille. Die Hauptaufgabe der Fünften Sektion bestand darin, rechtzeitig in den Besitz von Informationen über Spionageoperationen zu kommen, die von außen gegen Großbritannien vorbereitet wurden. Es liegt auf der Hand, daß eine zuverlässige und rechtzeitige Warnung seitens der Fünften Sektion MI5 helfen mußte, die Sicherheit des Landes zu gewährleisten.

Nach den Worten von Harris erfüllte die Fünfte Sektion diese Aufgabe unzureichend. MI5 übte auf den SIS entschlossenen Druck aus und verlangte, daß die Fünfte Sektion die Arbeit verbessere, wobei es sogar drohte, selbst ins Auslandsgeschäft einzusteigen. Natürlich wäre nur die Regierung imstande gewesen, die Funktionen vom MI5 derartig zu erweitern. Doch einige Mitarbeiter waren bereit, diese Fragen bis zu den höchsten Instanzen vorzutragen. Der SIS gab daher dem Druck vom MI5 nach und erweiterte beträchtlich das Budget der Fünften Sektion für zusätzliche Mitarbeiter.

Da die faschistischen Geheimdienstoperationen größtenteils von der Iberischen Halbinsel aus unternommen wurden, plante man die größte Aufstockung – von zwei auf sechs Offiziere – für die Untersektion, die sich mit Spanien und Portugal befaßte. Harris teilte mir mit, daß der Chef der Fünften Sektion, Felix Cowgill, einen Spanienkenner suche, der eine vergrößerte Untersektion leiten könne. Wenn ich zustimme, würde Harris meine Kandidatur mit großen Erfolgsaussichten vorschlagen.

Dieses Angebot wollte ich annehmen, doch bat ich Harris um einige Tage Bedenkzeit, falls sich irgendwelche Hinderungsmomente ergäben. Jedenfalls mußte der Entschluß sorgfältig überdacht werden. Die Fünfte Sektion befand sich in St. Albans. Das war zwar kein idealer Platz, doch weitaus besser als der in Beaulieu. Die neue Arbeit erforderte es, auch zu anderen Mitarbeitern der Abteilungen des SIS und des MI5 persönliche Kontakte herzustellen. Mir war klar, daß auch das Foreign Office – ganz zu schweigen von den Ministerien der Teilstreitkräfte – sich für mich interessieren würden. Zufällig erfuhr ich, daß die SIS-Archive ebenfalls in St. Albans, in einem der Fünften Sektion nahegelegenen Gebäude untergebracht waren. Meine neue Tätigkeit entsprach immer noch nicht meinem eigentlichen Ziel. Spanien und Portugal lagen weit abseits von meinen tatsächlichen Interessen. Doch dasselbe traf in weit höherem Maße auf Beaulieu zu.

Nach einigen Tagen sagte ich zu Harris, daß ich ihm danke und sein Angebot annehme. Zunächst weckte er das Interesse seines Chefs, Dick Brooman-White, der damals die Iberische Sektion vom MI5 leitete. Später wurde er ein enger Freund. Ich neige dazu, daß sich Dick White, als verantwortlicher Mitarbeiter des MI5 und beinahe einziger Mensch mit passablen persönlichen Beziehungen zu Cowgill, offiziell an die Fünfte Sektion wandte. Dick White, auch «Big Dick», darf nicht verwechselt werden mit Dick Brooman-White, dem «Little Dick». Der erstere wurde später SIS-Chef, während der letztere Parlamentsmitglied der Konservativen Partei für den Wahlbezirk Rutherglen wurde. Es dauerte dann auch nicht allzulange, da rief mich Cowgill selbst an und schlug ein Treffen vor.

Währenddessen bemühte ich mich, von Beaulieu loszukommen. Ich verpatzte absichtlich zwei Lektionen, nach denen niemand mehr behaupten wollte, ich sei unersetzbar. Munn akzeptierte meinen Entschluß mit dem ihm eigenen Mitgefühl und Verständnis. Er bat mich lediglich auszuharren, bis ich einen Ersatz gefunden hätte. Glücklicherweise fand ich schnell jemanden. Derselbe Hazlitt, der an der Seite des Kommandeurs Peters so tapfer die angeblichen deutschen Fallschirmspringer in Brickendonbury empfangen hatte, war ohne Posten.

Bis zur endgültigen Übergabe vergingen noch zwei bis drei Wochen. In dieser Zeit stattete ich Cowgill einen Besuch ab. Viele Formalitäten waren damals nicht zu erledigen. Ich mußte kein offizielles Einstellungsgesuch einreichen, und Cowgill brauchte keine formelle Einwilligung zu geben. Nichtsdestoweniger setzte er mir während unseres langen Gesprächs an jenem Abend auseinander, welches meine Obliegenheiten im Rahmen des SIS als Ganzes sein werden. Da seine Ausführungen streng geheim waren, faßte ich sie als eine offizielle Bestätigung auf. Ich war fest angestellter Mitarbeiter des SIS.

SIS – ein schmutziges Geschäft hinter solidem Aushängeschild

Im September 1941 wechselte ich von der SOE zum SIS über. Eine energische Dame, die etwa ein Jahr nach mir einen ähnlichen Schritt vollzog, freute sich darüber, sie meinte: «Wenn ich schon dazu verurteilt bin, mich in einem schmutzigen Geschäft zu betätigen, dann ist es besser, dies unter einem soliden Aushängeschild zu tun.» Ich hätte das schon früher bestätigen können. Sicher wäre es unvernünftig gewesen, die neuen Mitarbeiter zu unterschätzen, die der SOE in der Baker Street zuströmten. Zudem verfolgten sie durchaus achtenswerte Ziele. Etliche gaben ihre behaglichen Diensträume in der City und im Temple auf und lebten fortan von angespannter Improvisation und strebten danach, in ganz Europa Mißwirtschaft und finanzielles Chaos zu säen. So wurden aus Wildhegern ausnahmslos Wilddiebe. Es war sehr lustig zu beobachten, wie die Ideen und Pläne entstanden, doch es war schwer, vom Luftfahrtministerium und von der Admiralität ein zusätzliches Flugzeug oder ein Schiffchen zu erbitten. Die SOE mußte sich erst bei den konservativen Ämtern und Diensten Großbritanniens durchsetzen.

Der SIS veränderte sich ebenfalls; sein Apparat blähte sich auf. Trotzdem war es dem SIS bis jetzt nicht gelungen, den zunehmenden Bedarf der einzelnen Ministerien an Geheiminformationen zu befriedigen. Doch der britische Geheimdienst besaß ausreichende Erfahrungen und einen Apparat, der seiner Struktur entsprach. Eine Erweiterung seines Mitarbeiterstabes veränderte seinen Charakter wenig. Unter Druck stellte der SIS Vertreter des Foreign Office und der Ministerien der Teilstreitkräfte ein. Von ihnen hinterließ nur Patrick Reilly merkliche Spuren.

Im Jahre 1944 war Reilly Hauptberater des Foreign Office beim SIS, in den fünfziger Jahren britischer Botschafter in Moskau und später in Paris.

Der Geheimdienst verkraftete sogar solche heiklen Importe wie Graham Greene und Malcolm Muggeridge, die beide nur zur Erheiterung des Dienstes beitrugen. Einmal mußte ich Graham Greene in Schutz nehmen, als er einen Verweis erhielt, weil der von ihm nach den Azoren entsandte Agent nach der anglo-amerikanischen Besetzung nicht in der Lage gewesen war, Kontakt herzustellen, wodurch der SIS gegenüber MI5 in eine peinliche Lage geriet. Schließlich fühlte ich festen Boden unter den Füßen und machte mich an die eigentliche Arbeit.

Damals befand sich das SIS-Zentrum in den Broadway Buildings, gegenüber der Metrostation St. James Park. Doch während des Krieges reichte die ursprüngliche Residenz nicht mehr aus. Die Fünfte Sektion und das Zentralarchiv (Central Registry) wurden nach St. Albans verlegt. Andere kleinere Abteilungen waren über London und die umliegenden Grafschaften verstreut. In St. Albans wohnte ich bei einem sehr reichen Mann namens Barnet. Der Reichtum war nicht das einzige Laster dieses Mannes. Täglich brachte man ihn im Rolls Royce zum Bahnhof, während zur selben Zeit seine Frau den Zucker verschloß und die Marmeladengläser zählte, damit sie nicht vom Dienstpersonal stibitzt wurden. Glücklicherweise fand ich bald ein geeignetes kleines Haus am äußersten Stadtrand. Dort störte mich niemand. Nach einigen Tagen kaufte ich bei einem Mann in der Nähe der Bushaltestelle einen Fasan. Der Mann erklärte mir, daß er zuweilen auch Hühnchen habe. Seit dieser Zeit war ich recht gut versorgt.

Auf den folgenden Seiten wird viel vom SIS die Rede sein, und der Leser wird ein allgemeines, wenn auch keineswegs erschöpfendes Bild erhalten. Dazu möchte ich aber einige grundlegende Angaben über Struktur und Arbeitsweise des SIS vorausschicken, um von Anfang an das Verständnis meiner Geschichte zu erleichtern. Ich weiß, daß jeder Gesamtüberblick zwangsläufig eine gewisse Vereinfachung mit sich bringt. Den Briten wird nachgesagt, daß sie zur Improvisation neigen, das spiegelt sich tatsächlich im SIS wider. Der britische Geheimdienst erinnert an ein altes Haus, dessen Silhouette spätere Anbauten verhüllen.

Der SIS ist der einzige britische Dienst, der bevollmächtigt ist, in fremden Staaten mit illegalen Mitteln geheime Informationen zu sammeln. Dieses Monopol wird mitunter von einigen begeisterten Amateuren gebrochen. Werden dann solche Alleingänge ruchbar, zieht dies im besten Falle einen sarkastischen zwischenbehördlichen Briefwechsel nach sich, im schlimmsten Fall führt es zu einer ernsten Auseinandersetzung mit der Regierung in Whitehall. Der Geheimdienst unterscheidet sich gerade durch seine «illegalen Mittel» von anderen Einrichtungen, die sich ebenfalls mit dem Sammeln von Informationen befassen, zum Beispiel vom diplomatischen Dienst und von der Presse, obgleich gewisse Staaten diesen feinen und mitunter auch recht illusorischen Unterschied nicht anerkennen. Wie auch immer dieser Unterschied beschaffen sein mag, in der Praxis gibt es ihn doch. Der SIS wird als einzige Institution aus Geheimfonds gespeist, über deren Verbrauch niemand ausführlich Rechenschaft geben muß.

Gewöhnlich werden diese Fonds dazu verwendet, um in den Besitz von Informationen zu gelangen, die man auf legalem, gesetzlichem Wege nicht beschaffen kann.

Der SIS stützt sich auf ein Netz von Agenten meist ausländischer Herkunft. Diese Agenten arbeiten unter der direkten oder indirekten Kontrolle einer als Residentur bekannten SIS-Agentur. Sie ist in der jeweiligen britischen Botschaft untergebracht und somit vor dem Zugriff staatlicher Machtorgane durch diplomatische Konvention geschützt. Die Motive der Agenten sind sehr unterschiedlich, sie reichen von Vaterlandsliebe bis zur reinen Gewinnsucht. Die meisten erhalten dafür Geld, wenngleich es auch nicht immer sehr viel sein mag. Der SIS bevorzugt bezahlte Agenten, da diese willfähriger sind. Ein unbesoldeter Agent fühlt sich unabhängiger und kann größere Unannehmlichkeiten bereiten. Ein solcher Mensch verfolgt ganz bestimmt eigene politische Ziele und wird durch seine Offenheit nicht selten zum Stein des Anstoßes. So äußerte sich beispielsweise ein SIS-Mitarbeiter über das deutsche Ehepaar Vermehren, das während des Krieges in Istanbul zu den Engländern überlief: «Sie haben so verdammt viel Gewissen, daß man nie weiß, was sie als nächstes tun werden.»

Die von den Agenten gesammelten Informationen gelangen – direkt oder über Nebenkanäle – zu der jeweiligen SIS-Residentur, die die Agenten angeworben hat. Dort schätzen sie als Diplomaten getarnte SIS-Mitarbeiter ein. Sind sie wichtig genug, werden die Informationen mit entsprechenden Kommentaren nach London übermittelt. Gewöhnlich leitet man sie auf diplomatischen Kanälen weiter, das heißt über Funk oder in der Diplomatenpost, je nach Dringlichkeit. In der von mir beschriebenen Zeit benutzte man für den Residenten noch immer weitgehend die Tarnung, wie sie in der Vorkriegszeit üblich war: Er war Leiter der Paßabteilung in der Botschaft. Damit besaß er das gesetzliche Recht, die Leute auszufragen, die sich um Visa bewarben. Doch diese Tarnung blieb nicht lange ein Geheimnis. Ich werde noch auf modernere Tarnungsformen eingehen.

Die Londoner Zentrale des SIS war nach den Aufgaben strukturiert. Es gab Abteilungen, die beschafften Informationen, andere analysierten und bewerteten sie. Diejenigen, die die Informationen beschafften, waren verpflichtet, diese zunächst einer sorgfältigen Prüfung zu unterziehen, bevor sie das Material an bestimmte staatliche Einrichtungen weiterleiteten. Gemäß diesem Prinzip gliederte sich der Geheimdienst in zwei Sektionsgruppen: in die G-Sektionen und die Sektionen, die Informationen weiterleiteten (Circulating Sections). Die G-Sektionen leiteten die ausländischen Residenten an und kontrollierten deren Operationen. Jede Sektion war für eine bestimmte geographische Region verantwortlich, die eine für Spanien und Portugal, eine andere für den Nahen Osten, eine dritte für den Fernen Osten usw. Die informationsweiterleitenden Sektionen beurteilten die empfangenen geheimdienstlichen Nachrichten und schickten sie weiter. Später übermittelten diese Sektionen die Bewertungen, die von den staatlichen Einrichtungen abgegeben wurden und ihre eigenen Schlußfolgerungen dazu den G-Sektionen. Die informationsweiterleitenden Sektionen waren nicht nach dem territorialen Prinzip, sondern nach Sachgebieten gebildet worden. Die einen befaßten sich mit politischen Fragen, die anderen mit Informationen, die das Heer, die Kriegsmarine, die Wirtschaft oder sonstige Probleme betrafen.

Die Fünfte Sektion, in der ich gelandet war, nahm in vieler Hinsicht eine Sonderstellung ein. Der Bezeichnung nach war sie jene Sektion, die Material verteilte und sich mit Gegenspionage befaßte. Doch während analoge Sektionen es mit gewöhnlichen staatlichen Institutionen, zum Beispiel mit dem Foreign Office, der Admiralität und sonstigen Einrichtungen mit einem begrenzten Informationsbedürfnis in bezug auf Geheimdienstoperationen, zu tun hatten, war Hauptabnehmer der Fünften Sektion das MI5, selbst eine Geheimorganisation. Eigentlich hätte das zum gegenseitigen Einvernehmen und zu einer engen Zusammenarbeit führen müssen. In Wirklichkeit war jedoch das Gegenteil der Fall. Erst gegen Kriegsende kam es zu einer gewissen Harmonie. Teilweise waren persönliche Beziehungen schuld daran, die sich durch die Schwierigkeiten der Kriegszeit, ganz zu schweigen von der Kriegshysterie, verschlechterten. Ein zweiter Grund waren prinzipielle Meinungsverschiedenheiten, wie man die Wirkungssphären beider Organisationen abgrenzen solle. Einige Mitarbeiter vom MI5 behaupteten, die Gegenspionage sei unteilbar und darum hätten sie einen Anspruch auf sämtliche Informationen der Fünften Sektion. Cowgill, der für die Fünfte Sektion sprach, lehnte hingegen diesen Standpunkt ab und erklärte, daß MI5 nur jene Informationen bekommen müsse, die die Sicherheit des britischen Territoriums unmittelbar berührten. Cowgill war dabei überzeugt, daß nur ihm allein das Recht zustehe zu entscheiden, ob bestimmte Informationen für die Sicherheit Großbritanniens von Belang seien. Er unterstellte dem MI5, daß er einen eigenen Gegenspionageapparat für die Arbeit im Ausland aufbauen wolle. Cowgill dagegen wurde vom MI5 beschuldigt, er halte unter dem Vorwand, die Informationen des SIS absichern zu müssen, wichtige Informationen zurück. Diese Reibereien brachten mich mehrfach in eine peinliche Lage, weil meine Sympathien in diesem Streit gewöhnlich auf seiten vom MI5 waren. Um überflüssige Komplikationen zu vermeiden, mußte ich wiederholt Informationen an MI5 mündlich weitergeben.

Diese ungesunde Atmosphäre bedingte noch eine weitere Eigentümlichkeit der Fünften Sektion. Zu Kriegsbeginn waren die Anforderungen der Ministerien gegenüber dem SIS sehr umfangreich und dringend. Einflußreiche Leute im SIS waren der Meinung, daß in der Kriegszeit eine offensive Aufklärung die allein ernst zu nehmende Form der Spionage sei. Daher konzentrierten sich die SIS-Residenturen im Ausland immer mehr darauf, Informationen zu beschaffen, die von den Streitkräften benötigt wurden. Dabei ging es vorrangig um Angaben über Truppenbewegungen, die Konzentration der Seestreitkräfte, das Luftwaffenpotential, die Bewaffnung usw. Der Gegenspionage standen nur begrenzte Mittel zur Verfügung, und MI5 beklagte sich mit Recht darüber, daß nicht nur die Fünfte Sektion gewisse Angaben zurückhalte, sondern der SIS überhaupt zuwenig Informationen beschaffe, die die Gegenspionage benötige. Die letztgenannte Anschuldigung vermochte Cowgill nicht zu ignorieren, da dies auch seiner eigenen Auffassung entsprach. Er hatte jedoch nicht die Befugnis, SIS-Mittel für die Gegenspionage abzuzweigen. Cowgill umging es deshalb und schickte seine Leute in die ausländischen Residenturen. Formal waren diese Mitarbeiter der Gesamtleitung und -kontrolle durch die G-Sektionen unterstellt, doch wegen der großen Überlastung dieser Sektionen empfingen sie ihre täglichen Instruktionen von der Fünften Sektion. Für Spanien und Portugal war ein gewisser Fenwick zuständig, früher im Ölgeschäft tätig. Ohne viel Umstände zu machen, willigte er ein, unsere Gegenspionagefachleute nach Madrid, Lissabon, Gibraltar und Tanger zu entsenden, wo er sie nach einigen Wochen praktisch vergessen hatte. Alles lief glatt, von Zeit zu Zeit stattete ich Fenwick einen Höflichkeitsbesuch ab, wobei ich, nach seinen eigenen Worten, mit ihm ein Kotelett kaute. Bald hatte sich die Fünfte Sektion, die ebenfalls Informationen verteilte, faktisch bestimmte Funktionen einer G-Sektion angeeignet. Ihre Entwicklung wurde von einigen SIS-Abteilungen scheel angesehen. Eine derartige Stellung war jedoch Cowgill durchaus willkommen, weil er ein übriges Mal behaupten konnte, daß die Gegenspionage eine Kunst sei, die nur Begnadeten zugänglich wäre und viel Weisheit verlange, wie sie den gewöhnlichen Geheimdienstleuten abgehe. So schirmte er sich gegen Kritik aus den Reihen des SIS ab. Leider konnte er vom MI5 keine solche Toleranz erwarten.

Ich sagte bereits, der SIS war die einzige Institution, die zur illegalen Informationssammlung bevollmächtigt wurde, daraus folgt aber nicht, daß nur er sich allein mit der Beschaffung geheimdienstlicher Angaben befaßte. Aus abgefangenen Funksprüchen läßt sich eine enorme Menge von Geheimmitteilungen gewinnen, ohne dabei nationales oder internationales Recht zu verletzen. Jeder beliebige Funkspruch muß aber erst dechiffriert werden. In Großbritannien wurde das während des Krieges von der Government Code & Cipher School (GC/CS) besorgt, die sich in Bletchley befand. Sie erledigte diese Arbeit zum Teil mit großem Erfolg. Ich überlasse es den Eingeweihten zu beurteilen, um wieviel größer diese Erfolge gewesen wären, wenn die Intrigen an dieser Schule auf ein Minimum reduziert worden wären. Das gleiche trifft auf die meisten staatlichen Einrichtungen Großbritanniens zu, ganz zu schweigen von den Universitäten in der Friedenszeit.

Welchen Platz nahm nun in der Welt des Geheimdienstes die Fünfte Sektion ein? Als Teil des SIS war diese Sektion dafür zuständig, in fremden Staaten mit nichtlegalen Mitteln Informationen auf dem Gebiet der Gegenspionage zu sammeln. Am meisten war an ihren geheimdienstlichen Nachrichten MI5 interessiert, weil es für die Sicherheit des britischen Territoriums verantwortlich zeichnete. Das MI5 benötigte rechtzeitig die Angaben, die über diese Aktivitäten anderer Staaten Aufschluß gaben. An gewissen Angaben der Fünften Sektion waren auch andere Behörden interessiert. Das Foreign Office zum Beispiel wollte wissen, welche Möglichkeiten die neutralen Staaten den faschistischen Geheimdiensten boten.

Anfangs ergänzte die Funkaufklärung die Tätigkeit der Fünften Sektion, indem sie die Funksprüche des Gegners auffing und durch die erwähnte Schule entschlüsseln ließ. Im Verlauf des Krieges wurden die Rollen vertauscht: Die geheimdienstliche Tätigkeit der Fünften Sektion im Ausland diente faktisch nur dazu, die Lücken in dem außerordentlich weitgespannten Bild zu schließen, das an Hand der von der Funkaufklärung gelieferten Angaben gezeichnet wurde.

Es ist an der Zeit, jene Leute zu charakterisieren, von denen viele eine beachtliche Rolle spielen. Wie bereits erwähnt, war Felix Cowgill Chef der Fünften Sektion. Er war aus der indischen Polizei kurz vor Kriegsbeginn in den SIS gekommen und hatte rasch Karriere gemacht. Seine intellektuellen Fähigkeiten waren dürftig. Ihm mangelte es offensichtlich an Phantasie, er achtete nicht auf Details, und auch die Sphäre, in der sich der SIS bewegte, kannte er nicht. Seine ausgeprägteste und positivste Eigenschaft war neben dem persönlichen Charme seine unbändige Arbeitswut. Jeden Abend ging er mit einer prall gefüllten Aktentasche nach Hause und saß bis spät in die Nacht hinein über den Papieren. Freitags arbeitete er gewöhnlich die ganze Naeht hindurch und leitete am nächsten Morgen trotz Müdigkeit ordentlich wie immer die Sitzung der Untersektionschefs. In den Beratungen rauchte Cowgill in der Regel eine Pfeife nach der anderen, die er an einem Aschenbecher ausklopfte. Seine Mitarbeiter verteidigte er bisweilen mit so übermäßigem Eifer, daß viele von ihnen auf ihrem Posten verblieben, obwohl sich längst herausgestellt hatte, daß sie faul und unfähig waren. Außerhalb seiner Sektion wurde Cowgill zunehmend mißtrauischer und widerborstiger und neigte dazu, in den Handlungen der anderen stets einen Versuch zu sehen, sein Tätigkeitsfeld einzuengen und seine Autorität zu untergraben. Als ich in die Fünfte Sektion eintrat, hatte es Cowgill bereits mit dem MI5, aber auch mit der RSS, der GC/CS sowie mit einigen anderen SIS-Abteilungen verdorben. Das Haus in St. Albans, in dem die Fünfte Sektion untergebracht war, befand sich bald in einer Art Belagerungszustand; Cowgill genoß geradezu die Isolierung, glaubte, über den Dingen zu stehen, und brandmarkte alle Opponenten als politische Wirrköpfe.

Aus diesem Grunde verschlechterten sich Cowgills Beziehungen zu vielen hervorragenden Persönlichkeiten zusehends. Bei der Dechiffrierung der Funksprüche, die von der deutschen Abwehr stammten, war die Sektion hauptsächlich von Page und Palmer abhängig, die an der Oxforder Universität einen Namen hatten und Mitarbeiter der GC/CS waren. In der Funkaufklärung wirkte noch eine bedeutendere Gruppe von Oxford-Absolventen: Hugh, Trevor-Roper, Gilbert Ryle, Stuart Hampshire und Charles Stuart. Herbert Hart, der ebenfalls aus Oxford kam, war Cowgills Gegner im MI5. Übrigens war mit Victor Rothschild, dem Antisabotage-Experten, auch die Universität Cambridge vertreten. All diese Leute waren Cowgill geistig überlegen, und einige von ihnen konnten es auch in der Kampflust mit ihm aufnehmen. Von Trevor-Roper zum Beispiel konnte man keineswegs sagen, er sei ein schwächlicher Akademiker. Es kam so weit, daß Cowgill einmal drohte, ihn vor das Kriegsgericht zu bringen. Man muß Cowgill unbedingt Ausdauer bescheinigen. Er kämpfte mit dieser Gruppe fast fünf Jahre lang, ohne einzusehen, daß der Kampf aussichtslos war. Cowgill brauste auf, schimpfte mit dem einen oder anderen Mitarbeiter, um dann mit sanfter Stimme, aus der ein gewisser Triumph herauszuhören war, zu murmeln: «Und jetzt setzen wir den Kampf gegen die Deutschen fort!»

Die Meinungsverschiedenheiten hingen vor allem mit den Materialien zusammen, die aus abgefangenen Funksprüchen des deutschen Geheimdienstes stammten. Als diese Frage das erste Mal auftauchte, entschied der Chef des SIS, daß die Kontrolle darüber der Fünften Sektion obliege. Die Entscheidung war begründet, und niemand konnte dagegen etwas einwenden. Einwände lösten nur die Cowgillschen Methoden aus. Der hatte sofort begriffen, daß er einen Trumpf in die Hand bekommen hatte, und von Anfang an wahrte er ihn eifersüchtig, wobei er manchmal sogar eine wertvolle Information zurückhielt. Seine Gegner warfen ihm vor, daß er zu strenge Beschränkungen einführe, während Cowgill sie, zumindest potentiell, anklagte, die Sicherheit der Informationsquellen nicht zu wahren. Nach einem Streit mit Cowgill erklärte Dick White, der damalige Sekretär des MI5-Direktors, daß er einen Alptraum gehabt habe: Man bot Geheimdienstmaterialien an Zeitungskiosken zum Verkauf an.

Die Beziehungen Cowgills zu den anderen SIS-Abteilungen brachten Schwierigkeiten anderer Art. Während er sonst der Meinung war, man bringe seinen Handlungen übermäßig großes Interesse entgegen, glaubte er hier, man mißachte seine Sektion, man räume ihr nicht den gebührenden Platz ein. Das lag daran, daß in der Kriegszeit die offensive Aufklärung fast die ganze Energie des SIS beanspruchte. Die Gegenspionage, deren Akzent auf der Verteidigung lag, war zu einem Aschenbrödeldasein verurteilt. Maßgeblichen Einfluß hatte daran der damalige Referent des SIS-Chefs, Claude Dansey. Dieser bejahrte Gentleman mit höchst beschränktem Horizont betrachtete die Gegenspionage während des Krieges als nutzlose Kraftvergeudung und ließ keine Gelegenheit aus, dies auch zum Ausdruck zu bringen. Seine Spezialität waren verletzende kleine Bemerkungen, die ohne einen ersichtlichen Grund nur Verärgerung auslösten.

Schließlich mußte sich der stellvertretende SIS-Chef, Valentine Vivian, damit befassen. Er arbeitete zunächst in der indischen Polizei und leitete vor dem Krieg die Fünfte Sektion. Vivians Glanzzeit war, wenn es sie überhaupt gab, längst vorüber. Er war hager und schlank, seine Haare waren sorgfältig onduliert und seine Augen immer feucht. Er duckte sich unter den anzüglichen Bemerkungen Danseys und schüttelte nur betrübt den Kopf, wenn er wieder einmal, was sehr oft vorkam, eine Niederlage erlitten hatte. Bereits vor meinem Eintritt in die Fünfte Sektion nahm Cowgill Vivian schon nicht mehr ernst, und er verbarg das auch nach außen hin nicht. Vivian war es nicht zuzuschreiben, wenn Gowgill schließlich den Kampf um höhere Finanzzuweisungen für die Fünfte Sektion gewann. Vivian grämte sich nur. Eigentlich müßten die Gefühle eines solch hilflosen Menschen in einem Buch wie diesem überhaupt nicht erwähnt werden. Doch sie sollten für meine Karriere innerhalb des SIS noch eine entscheidende Rolle spielen.

Es verging mehr als ein Jahr, bevor sich die Rivalität auf höchster Ebene direkt auf mich auswirkte.

Ich selbst bemühte mich, meine Aufgaben schnell zu erfassen und dabei gleichzeitig tief in die Materie einzudringen. Ich wurde kaum angeleitet, und vieles verdankte ich meiner Chefsekretärin, einem erfahrenen Mädchen, das bereits vor dem Krieg im Geheimdienst tätig gewesen war. Mit ihrer Hilfe konnte ich dic schwierigsten Klippen umschiffen. Das Arbeitspensum war enorm. In der Iberischen Untersektion waren sechs Mitarbeiter tätig. Früher hatten diese Arbeit zwei zu leisten. Wir wurden buchstäblich von der eingehenden Post überschwemmt. Wie viele Mitarbeiter bearbeitete ich Berge von Papier und nahm davon noch eine dicke Aktentasche voll mit nach Hause, um abends weiterarbeiten zu können. Am nächsten Tag trafen neue Meldungen und Informationen aus Madrid, Tanger und Lissabon ein. Uns flossen Ströme von Dokumenten aus anderen SIS-Abteilungen und Briefe vom MI5 zu. Einmal in der Woche erhielten wir niederschmetternd schwere Postsäcke von der Pyrenäenhalbinsel, wo die SIS-Vertreter dennoch noch immer im dunkeln tappten. Auf jede brauchbare Information, die uns irgendeinen Nutzen brachte, kamen Dutzende, die uns nach verschlungenen Wegen in eine Sackgasse führten.

Ich erlebte so etwas gleich zu Beginn meiner Tätigkeit. Ein SIS-Agent in Madrid hatte das Tagebuch eines gewissen Alcazar de Velasco, eines besonders widerwärtigen Falangisten aus dem spanischen Pressebüro, entwendet. Im Tagebuch hatte de Velasco ganz offen vermerkt, daß er im Auftrag der deutschen Faschisten ein Netz von Agenten aufgebaut habe, wobei er genau Namen, Adressen und Aufträge an sie aufführte. Nach einigen Wochen

Arbeit stellte sich dann aber heraus, daß das Tagebuch zwar das Werk von Alcazar de Velasco war, jedoch nur dazu diente, von den Deutschen Geld zu erpressen.

Einen Nutzen brachte der Diebstahl des Tagebuches doch noch. Die britische Aufklärung hatte schon lange den in London arbeitenden spanischen Journalisten Luis Calvo in Verdacht, daß er nach Spanien für den Gegner nützliche Informationen übermittele. Calvo war im Tagebuch als Agent des von Alcazar de Velasco aufgebauten Netzes erwähnt, wobei wir davon ausgehen mußten, daß auch diese Eintragung falsch sein konnte. Calvo wurde verhaftet und in Ham Common in strenge Untersuchungshaft eingeliefert. Es wurde kein physischer Zwang auf ihn ausgeübt, um ihn weichzumachen. Er wurde lediglich völlig entkleidet dem Kommandanten des Untersuchungszentrums, Stephens, vorgeführt. Stephens begleitete jede seiner Fragen mit einem Hieb seiner Reitpeitsche gegen seine Stiefel. Man hatte die nervliche Verfassung Calvos richtig bewertet. Erschrocken von dem leichtsinnigen Verrat seines Landsmannes und zweifellos auch von der Peitsche, berichtete er über seine Tätigkeit. Dies reichte aus, um ihn den Krieg über ins Gefängnis zu stecken.

Außerdem wurde im Tagebuch in kompromittierender Weise auch der spanische Presseattaché in London, Brugada, alias «Peppermint», erwähnt. Er versuchte, um jeden Preis einen Skandal zu vermeiden, deshalb willigte er bereitwillig in eine Zusammenarbeit ein, als ihm Mitarbeiter im MI5 in delikater Form zu verstehen gaben, daß das Tagebuch dem Foreign Office einen plausiblen Vorwand liefern könnte, ihn als Persona non grata zu erklären. Praktisch hat Brugada jedoch keine besonders wichtigen Spionageaufträge für MI5 ausgeführt. Er sorgte jedoch für genügend Klatsch über Großbritannien besuchende Spanier.

Bald konnte die Sektion einen größeren Erfolg für sich verbuchen, obwohl ich sämtliche Regeln verletzte und eine Verwirrung anrichtete, die sich erst nach dem Kriege löste. Die Sektion erhielt einen abgefangenen Funkspruch, aus dem hervorging, daß auf dem spanischen Dampfer «Cabo de Hornos» von der deutschen Abwehr zwei Agenten nach Südamerika geschickt würden. Mit einer Sorglosigkeit, wie man sie allzuoft bei Mitteilungen der Abwehr feststellte, wurden ihre vollen Namen durchgegeben. Der eine von ihnen, ein gewisser Leopold Hirsch, reiste mit seiner Frau und seiner Schwiegermutter. Der andere hieß Gilinski. Kurz bevor sie an Bord gingen, wurde ein zweiter Funkspruch abgefangen, dessen Inhalt unklar war. Er stammte von der deutschen Residentur in Bilbao. In ihm wurde bestätigt, daß Hirsch und seine «Orki»-Begleiter zur Abreise nach Trinidad bereit seien. Uns interessierte das Wort «Orki». Was konnte es bedeuten? Vielleicht handelte es sich um eine trotzkistische Gruppe, die von den Deutschen gegen den russischen Verbündeten Großbritanniens eingesetzt werden sollte? Wir überprüften sämtliche Passagiere, die mit der «Cabo de Hornos» reisten. Dabei fanden wir mindestens ein Dutzend Leute, deren Karriere für mögliche Kontakte mit Renegaten sprach. Etwa die Häfte von ihnen waren Schurken genug, um für Canaris zu arbeiten.

Ich beriet mich mit Cowgill und forderte einen Offizier des Sicherheitsdienstes in Trinidad auf, die Eheleute Hirsch, Gilinski sowie einige weitere festzunehmen. Dabei war ich überhaupt nicht befugt, irgendwelche Leute verhaften zu lassen. Ich konnte lediglich MI5 einen Hinweis geben, über das Kolonialministerium den Gouverneur von Trinidad anzuweisen, die Dinge «an Ort und Stelle zu prüfen», um erst dann eventuell dem örtlichen Offizier des Sicherheitsdienstes eine entsprechende Order zu erteilen. Zum Glück war dieser Offizier ein Enthusiast und handelte ohne überflüssige Rückfragen. Noch größeres Glück hatte ich, daß Hirsch schnell gestand und erklärte, daß er niemals wirklich die Absicht gehabt hätte, für die Deutschen zu arbeiten, sondern den Auftrag nur angenommen hätte, um aus Europa herauszukommen. In der Euphorie, die durch diesen «Triumph» hervorgerufen wurde, beachteten wir zunächst nicht, daß es uns in keiner Weise gelungen war, die übrigen Festgenommenen der Spionage zu bezichtigen. Ihr Gepäck wurde durchsucht, doch man stellte nur fest, daß alle mehr oder weniger Schmuggel betrieben hatten, so daß wir jedenfalls einige formale Gründe für ihre Festnahme besaßen.

Des Rätsels Lösung fand man etwa ein Jahr später. Ein Angestellter meiner Untersektion, der abgefangene Funkmeldungen bearbeitete, hatte plötzlich folgenden Einfall. Er setzte sich telefonisch mit Palmer von der GC/CS in Verbindung und bat ihn, noch einmal den betreffenden Funkspruch aus Bilbao zu überprüfen. Konnte nicht versehentlich das Wort «Orki» an die Stelle des Wortes «Drei» geraten sein? Die Antwort Palmers ließ nicht lange auf sich warten. Ja, es handelt sich um das Wort «Drei», und Palmer wollte es nicht in den Kopf, daß seine Dechiffrierer sich so geirrt hatten. So waren nicht Hirsch und seine «Orki»-Begleiter, sondern Hirsch und seine «drei Begleiter» gemeint, nämlich seine Frau, seine Schwiegermutter und Gilinski. Später, als sich die englische Regierung mit den Ansprüchen der Passagiere wegen unbegründeter Inhaftierung befassen mußte, war ich bereits außerhalb des Gefahrenbereiches. Ich befaßte mich mit der «Entsendung» englischer Agenten von der Istanbuler Basis aus in die Sowjetunion und andere sozialistische Staaten.

Bisher ging es um das Abfangen von Funksprüchen. Es existierten jedoch noch andere – wenn auch aus geheimdienstlicher Sicht weniger ergiebige – Formen. So erbrachte zum Beispiel die Postzensur ein oder zwei interessante Resultate. Ferner wandte man raffinierte Methoden an, um an die Diplomatenpost heranzukommen. Das funktionierte aber nicht gegen die Deutschen und Italiener, denn deren Post ging natürlich nicht über britisches Territorium. Doch die Post der neutralen Staaten und der kleineren Verbündeten, wie Polen und der Tschechoslowakei, wurde zu einer angestammten Beute. Die Operationen dazu waren meist recht kompliziert.

Vor allen Dingen mußte der Kurier auf irgendeine Weise dazu gebracht werden, sein Gepäck in britische Obhut zu geben. Das war nicht so schwierig, weil in vielen Ländern der Kurierdienst mangelhaft organisiert war und manchmal auch die Kuriere nicht gerade die Diszipliniertesten waren. In jener Zeit war Großbritannien vom Kontinent abgeschnitten. Die gesamte Diplomatenpost wurde deshalb per Flugzeug befördert. Verzögerungen im Abflug waren nichts Außergewöhnliches, und einen passenden Vorwand fand man immer. Nachdem ein Kurier am Flughafen angekommen war, teilte man ihm in der Regel mit, das Wetter sei ungünstig oder am Flugzeug wäre ein technischer Mangel festgestellt worden. Beides bedeutete eine unbestimmt lange Wartezeit. Der Kurier hatte zu wählen: entweder auf dem Flugplatz auf seinem Gepäck zu sitzen oder sich in die nächste Stadt zu begeben und dort mit den kleinen Annehmlichkeiten eines Provinzhotels vorliebzunehmen. Unter diesen Umständen machte der Sicherheitsoffizier des Flugplatzes dem Kurier den freundlichen Vorschlag, die Post in seinem Safe aufzubewahren. «Ich werde sie, old boy, in Ihrem Beisein verstauen, und es wird bei Ihrer Rückkehr alles in Ordnung sein», sprach der Offizier. Es ist erstaunlich, wie viele Kuriere an diesen primitiven Köder anbissen und sich unbeschwert anderen Freuden zuwandten, für die der Sicherheitsoffizier im Bedarfsfall mit Vergnügen sorgte.

Hatte er sich entfernt, informierte der Offizier die schon wartenden Experten und übergab ihnen das Gepäck. Zunächst wurde jedes Gepäckstück sorgfältig in Augenschein genommen, jeder Knoten und jedes Siegel abgemessen, kopiert und fotografiert, nötigenfalls sogar chemisch analysiert. Danach wurden die Knoten aufgemacht, die Siegel aufgebrochen, die Dokumente entnommen und fotografiert. Dann kam die schwierigste Aufgabe: die Post genauso wieder zusammenzustellen, wie sie gewesen war, die Knoten und Siegel bis ins kleinste Detail so anzubringen wie vorher. An die sowjetische Post kam niemand heran. Das hatte zwei Gründe: Einmal wurde das Gepäck ständig von zwei Kurieren begleitet, einer hielt sich also ständig bei der Post auf, zum anderen bestand die Gefahr, daß sich in der Post für allzu Neugierige eine Bombe befand. Dafür wurde die diplomatische Korrespondenz der südamerikanischen Staaten, der Spanier, Portugiesen, Tschechen, Polen, Griechen, Jugoslawen und vieler anderer regelmäßig durchschnüffelt.

Trotz außerordentlicher Vorsichtsmaßnahmen kam es mitunter zu Zwischenfällen. Einmal hatten sich an einem polnischen Gepäckstück nach der Behandlung die roten Siegel violett gefärbt, und die ursprüngliche Farbe ließ sich nicht wiederherstellen. Mit Bedauern mußte der polnischen Regierung mitgeteilt werden, daß ihr Gepäck verlorengegangen sei. Zum Glück hatten die Polen die Beförderung des Gepäcks den Engländern anvertraut, da sein Inhalt offenbar nicht besonders wertvoll war. Es wäre äußerst peinlich gewesen, hätte diese Post ein polnischer Kurier begleitet.

Anfang 1942 verwandelte sich das schwache Rinnsal der vom faschistischen Geheimdienst abgefangenen Funksprüche in einen breiten Strom. Dies war hauptsächlich das Verdienst von Dilly Knox, dem es gelungen war, die von der Abwehr benutzte Chiffre zu entschlüsseln. Die Funkaufklärung brachte mitunter Interessantes über Abwehroffiziere an den Tag. Da gab es zum Beispiel die «Affäre» des deutschen Polizeihundes Axel. Man hatte ihn wahrscheinlich von Berlin nach Algeciras gebracht, um den dortigen Abwehrstützpunkt gegen britische Agenten abschirmen zu helfen. Bevor der dort eingetroffen war, richtete Madrid ein warnendes Telegramm an den Leiter der Abwehrstelle in Algeciras,

Albert Carbe alias César. «Seien Sie vorsichtig mit Axel. Er beißt.» Nach einigen Tagen antwortete Algeciras mit folgender lakonischer Meldung: «César im Krankenhaus. Er wurde von Axel gebissen.»

Bald konnte sich die Fünfte Sektion ein vollständiges Bild von der Tätigkeit faschistischer Spione auf der Halbinsel machen. Man kannte die tatsächlichen Funktionen der meisten Offiziere der Madrider Residentur und ihrer vielen Filialen: in Barcelona, Bilbao, Vigo, Algeciras usw. Als bereits ausreichend viele Informationen gesammelt worden waren, kam es zu einem unangenehmen Zwischenfall, der noch einmal demonstrierte, wie gefährlich es sein kann, wenn sich zwei getrennte Organisationen mit denselben Problemen auseinandersetzen. Ich sagte bereits, daß die Militärattachés in den britischen Botschaften nicht geheimdienstlich tätig waren. Es gab jedoch Ausnahmen. So verfügte zum Beispiel der britische Marineattaché in Spanien, Captain Hillgarth, dank der persönlichen Bekanntschaft mit Churchill über einen Geheimfonds für illegale Aktivitäten. Der einzige Mensch im SIS, mit dem Hillgarth Kontakte unterhalten durfte, war der SIS-Chef persönlich. Auf diese Weise sollte die absolute Geheimhaltung gesichert werden, da die Quellen Hillgarths besonders heilig und unantastbar waren. Das hatte zur Folge, daß bei Hillgarth langsam Anzeichen von Größenwahn auftraten. Schon sein Deckname «Armada» wies darauf hin.

Eines Tages bat mich Cowgill, mit dem Chef eine Verabredung zu treffen, um eine wichtige Meldung von «Armada» zu erörtern. Die Meldung betraf die Deutschen in Spanien. In jenen Tagen bekam ich den Chef selten zu Gesicht, und ich fühlte mich in seiner Gegenwart etwas bedrückt. Doch dieses Mal befand er sich in einer heiteren Stimmung. Er meinte, er sei in mein «Revier» eingedrungen und betriebe ein wenig Gegenspionage in Spanien. Er habe «Armada» dazu ermächtigt, für eine sehr hohe Summe detaillierte Angaben über die leitenden faschistischen Abwehroffiziere in Spanien zu beschaffen. Der Chef ließ mich ein kurzes Telegramm lesen, in dem etwa ein Dutzend Namen mit spärlichen Zusatzangaben vermerkt waren: Gustav Lenz – Kopf der Residentur, Hans Gude – Verantwortlicher für die Marineaufklärung usw.

Etwas taktlos bemerkte ich, daß die in der Meldung enthaltenen Informationen den Tatsachen entsprächen. Der Chef zog die

Augenbrauen hoch und wollte wissen, woher mir bekannt sei, daß diese Angaben den Tatsachen entsprechen? Ich antwortete, daß wir bereits über solche Informationen verfügten. Dann wollte er hören, was mir noch bekannt sei. Sehr vieles! Warum sei er nicht darüber in Kenntnis gesetzt worden? Wir stellten doch monatlich einen Bericht über unsere Tätigkeit zusammen und würden ihm jedesmal eine Kopie zustellen. In diesem Moment offenbarte er, daß er im allgemeinen ein anständiger Mensch war.

«Mein lieber Philby», sagte er mit dem ihm eigenen flüchtigen Lächeln, «Sie glauben doch wohl nicht, daß ich alles lese, was man mir auf den Tisch legt?» Wir legten fest, bei «Armadas» Quelle um weitere Informationen nachzusuchen, doch daraus wurde nichts. Ich geriet in Wut, als ich kurz darauf erfuhr, um was für eine wertvolle Quelle es sich handelte. Der Informant war ein hochgestellter Beamter der spanischen Generaldirektion für Sicherheitsfragen. Ihm mußte tatsächlich ein sehr hoher Preis bezahlt worden sein, während ich um fünf Pfund Sterling zusätzlich im Monat für Agenten, die uns regelmäßig – wenn auch keine so spektakulären – Informationen zukommen ließen, zu kämpfen hatte.

Soviel dazu, wie wir uns Informationen beschafften. Ebenso wichtig und manchmal weitaus schwieriger war es, diese Informationen auch weiterzuleiten und auszuwerten. Allmählich kam ich zu der Überzeugung, daß wir hier neue Wege beschreiten mußten. Es genügte nicht, einfach das MI5 von der bevorstehenden Ankunft faschistischer Agenten in Großbritannien in Kenntnis zu setzen oder gelegentlich solche Agenten in Trinidad dingfest zu machen. Derartige Informationen ließen sich ganz sicher auch dazu verwenden, um Aktionen des Gegners in Spanien zu behindern. Dieser Gedanke deckte sich auch mit der Auffassung meiner sowjetischen Genossen.

Ich wurde darin noch bestärkt, da sich die Angaben mehr und mehr häuften, daß die Deutschen in Spanien Operationen unter Einsatz modernster technischer Mittel vorbereiteten. Die Abwehr gab diesem Unternehmen die Codebezeichnung «Bodden». Die Codebezeichnung ergab sich aus der geographischen Lage des Greifswalder Boddens. Dort befand sich bei dem Ort Peenemünde die Raketenversuchsanstalt der deutschen Wehrmacht. Ich verglich diese Angaben mit zusätzlichen Nachrichten, die besagten, daß «Bodden»-Experten sich mit ihrer Technik in Algeciras konzentrierten. Damit war uns klar, daß irgendwelche, mit der Meerenge von Gibraltar zusammenhängende Ereignisse heranreiften. Wir konsultierten uns daher mit Dr. Jones, dem Leiter der Wissenschaftlichen Abteilung des SIS. Nach dem Studium der Unterlagen erklärte dieser mit ziemlicher Bestimmtheit, daß alles darauf hinweise, daß man dort Geräte installiere, die alle nachts passierenden Schiffe aufspürten. Unsere Nachschublinien im westlichen Mittelmeer wären damit unmittelbar gefährdet gewesen. Den faschistischen Agenten in Spanien mußte ein Schlag versetzt werden.

Ich hatte bereits wiederholt darüber nachgedacht, wie die SOE den Deutschen in Spanien beikommen könnte. Doch ließ ich diese Gedanken immer wieder fallen. Selbst wenn die Mittel der SOE für entsprechende Operationen ausgereicht hätten, die Idee eines ungehindert in Spanien operierenden Supermanndoppelgängers hätte niemand von uns begrüßt, zumal die herrschenden spanischen Kreise gegen Großbritannien eingestellt waren. Als wirksamste Maßnahme faßte ich eine diplomatische Aktion ins Auge. Die Briten hatten Grund genug, der spanischen Regierung das Mißfallen darüber auszudrücken, daß sie auf ihrem Territorium dem deutschen Geheimdienst Handlungsfreiheit einräumte. Ein entschiedener Protest war deshalb durchaus angebracht. Natürlich bildete ich mir nicht ein, daß General Franco irgendwelche Maßnahmen gegen seine deutschen Freunde ergreifen würde. Doch zweifelte ich andererseits nicht im geringsten daran, daß er die Agenten freundschaftlich vor dem britischen Geheimdienst warnen würde. Dabei fällt mir ein Ausspruch von General Westmacott, dem Direktor des Sondergeheimdienstes, aus dem Buch von Compton Mackenzie «Water on the Brain» ein, das 1954 in London erschien. Er schreibt, daß letztlich der ganze Sinn des Geheimdienstes darin besteht, daß er geheim sein muß. Man konnte getrost annehmen, daß Gustav Lenz, der Leiter der faschistischen Spionage in Spanien, furchtbar erschüttert sein würde, wenn man ihm bewiese, daß seine Geheimnisse schon keine Geheimnisse mehr waren.

Zunächst mußte Cowgill davon überzeugt werden, daß sich die Operation lohne. Die von den Briten erhobenen Anschuldigungen mußten sich hauptsächlich auf die von der Funkaufklärung beschafften Informationen gründen, die Cowgill sogar gegenüber den anderen englischen Organisationen eifersüchtig hütete. Mein

Vorschlag lief darauf hinaus, der unfreundlich gesinnten spanischen Regierung ein entsprechendes Dokument in der Hoffnung zu überreichen, daß davon der Gegner Kenntnis erhalten würde. Cowgill akzeptierte meinen Vorschlag und unterbreitete dem Chef mein Projekt. Auch er billigte es, ohne unsere Quellen zu kennen. Glücklicherweise war zu jener Zeit der Verbindungsmann zwischen dem Foreign Office und dem SIS, Peter Loxley, ein Mensch mit ebensoviel Energie wie Charme. Er setzte sich intensiv für das Vorhaben ein. Bald erhielt Sir Samuel Hoare, der damalige britische Botschafter in Madrid, die Order, bei General Franco entschiedenen Protest einzulegen. Der Botschafter sollte dazu den Spaniern ein Exemplar des von mir verfaßten Memorandums übergeben.

Es fällt schwer, über Sir Samuel Angenehmes zu schreiben. Doch der Wahrheit zuliebe muß ich anerkennen, daß er diesen Auftrag ausgezeichnet gemeistert hat. Der Botschafter steckte die verantwortlichen Mitarbeiter seines Apparates in Paradeuniform und stellte sie vollzählig dem spanischen Staatsoberhaupt vor. Was er damals Franco sagte, ist bis jetzt nicht bekannt, doch die Ergebnisse übertrafen alle Erwartungen. In den darauffolgenden zwei bis drei Tagen wurden zwischen Madrid und Berlin fieberhaft Funksprüche ausgetauscht. Dabei ergriffen die Deutschen kurzfristig die verschiedensten unnötigen Sondermaßnahmen. Der endgültige Sieg kam in Form eines kategorischen Befehls aus Berlin nach Madrid: «Operation ‹Bodden› völlig einstellen!» Wir fingen jedoch weiterhin Funksprüche ab und entschlüsselten sie: Unsere Hauptinformationsquelle war also nicht enttarnt worden.

Ermutigt durch diesen Erfolg, leiteten wir eine analoge Aktion gegen Hitlers Agenten in Portugal ein, doch hier waren die Ergebnisse mäßig. In Spanien bestanden klare Fronten: General Franco hatte sich schließlich selbst als Verbündeter unseres Gegners bezeichnet. Mit wenigen Ausnahmen sympathisierten seine höchsten Beamten aufs wärmste mit den Achsenmächten. In Spanien konnten wir ziemlich sicher sein, daß wir stets unseren Feinden schadeten, wohin wir auch schlugen. Das Foreign Office zeigte Spanien gegenüber weniger Zurückhaltung als sonst und fürchtete sich auch nicht, wenn es dafür gewichtige Gründe gab, sich mit Franco anzulegen. Von nachrichtendienstlicher Seite aus hatten wir in Anbetracht der wenigen Freunde, die wir in Spanien besaßen, kaum mit Vergeltungsmaßnahmen zu rechnen.

In Portugal war die politische Situation alles andere als klar, nämlich fürchterlich kompliziert und verworren. Freilich sympathisierte Salazar mit den Achsenmächten, doch er war weitaus vorsichtiger als sein spanisches Pendant, der Diktator Franco. Er wahrte eine neutrale Position. Aus Furcht, die Salazarsche Politik des Gleichgewichts zu stören, enthielt sich das Foreign Office entschlossener Aktionen, konnte doch Salazar seine Politik zum Nachteil Großbritanniens verändern. Aus der Sicht der Geheimdienstleute sah die Sache etwas anders aus. Wir wußten, daß einige höhere portugiesische Staatsbeamte Gelder sowohl von den Deutschen als auch vom SIS bezogen. Für wen sie mehr arbeiteten, ließ sich schwer sagen, wenn überhaupt jemand aus dieser verworrenen Lage Nutzen zog. Doch mir lag keineswegs daran, daß diese Beamten zu uns mit der Forderung kamen, ihnen das Gehalt zu ersetzen, das sie im Falle einer Vertreibung der deutschen Zahlmeister einbüßten.

All dies bestimmte Inhalt und Form der Proteste des Foreign Office. Besuche der höchsten Botschaftsangestellten in voller Paradeuniform hätten dem verschlagenen Salazar nicht imponiert. Der britische Botschafter, Sir Ronald Campbell, brachte diese Fragen gewöhnlich in einem gemütlichen Treffen mit dem portugiesischen Außenminister Sampaio zur Sprache, der bei seinen Antworten nicht weniger diplomatisches Geschick an den Tag legte. Er meinte, daß es schlecht sei, wenn die Deutschen, wie dies im Protest heißt, die Neutralität der Portugiesen mißbrauchten. Doch wie sicher seien unsere Quellen? Er gerate selbst in große Schwierigkeiten, wenn er Informationen des Geheimdienstes einzuschätzen habe. Und überhaupt sei dies ein außerordentlich heikles und kompliziertes Problem. Er habe gehört, daß andere Staaten in ihrer illegalen Tätigkeit auf portugiesischem Boden den Deutschen in nichts nachstünden. Würde die portugiesische Regierung irgendwelche Maßnahmen gegen die Deutschen ergreifen, müßte sie das auch gegenüber anderen Staaten machen. Ein Beharren auf diesen Fragen würde die Portugiesen in ein furchtbares Dilemma stürzen. Natürlich werde er, Sampaio, den Protest von Sir Ronald unverzüglich an Salazar weiterleiten, doch er persönlich bezweifele, daß jener irgend etwas unternehme, ohne diese vielschichtige Problematik auf das gründlichste geprüft zu haben. Nachdem er sich so gewandt aus der Affäre gezogen hatte, vollendete Sampaio seine Ausführungen mit dem lakonischen Satz: «Wozu befassen sich die kriegführenden Staaten mit Spionage? Würden sie sich mit aller Kraft auf die Gegenspionage konzentrieren, hätte niemand etwas einzuwenden.»

Obwohl der Leiter der britischen Gegenspionageorganisation in Lissabon ein außerordentlich fähiger und feinfühliger Mensch war, endeten viele unserer portugiesischen Unternehmen mit einem recht fragwürdigen Ergebnis. Da war zum Beispiel der betrübliche Fall des englischen Kaufmanns Stilwell, der viele Jahre in Portugal gelebt hatte. Auf ihn kam der SIS in einer Zeit, da wir über die faschistische Spionage in Portugal noch sehr wenig wußten und die von uns entdeckten Agenten überschätzten. Darunter befand sich ein gewisser Weltzien, ein Kaufmann, den wir als einen ziemlich maßgebenden Mann betrachteten. Unter großen Anstrengungen gelang es uns, aus seinem Kontor eine Karteikarte zu entwenden.

Wir glaubten, ins Schwarze getroffen zu haben. Die Eintragungen auf der Karte ließen eindeutig erkennen, daß Stilwell in letzter Zeit regelmäßig Geld von Weltzien erhalten hatte. Doch damit war keineswegs unser Problem gelöst. Diese Karte konnte eine Fälschung sein. Einigen von uns kam die Tatsache eigenartig vor, daß wir schon mit der ersten Karte aus Weltziens Kartei den Volltreffer erzielt hätten. Ein bis zwei Jahre später, als der SIS schon mehr Erfahrungen besaß, hätten wir nicht mehr so schnell unsere Schlußfolgerungen gezogen. Aber damals hatten wir noch zuwenig Spione ausfindig gemacht, und wir brannten darauf, möglichst viele von ihnen zu erwischen. Zudem interessierte uns dieser mysteriöse Weltzien dermaßen, daß selbst die Fünfte Sektion ein Risiko einging, nur um mehr über ihn zu erfahren.

Stilwell wurde deshalb aufgefordert, nach England zurückzukehren. Dort wurde er verhaftet und am nächsten Morgen zum Verhör gebracht. Er bewahrte Haltung und gab seiner Empörung Ausdruck. Die Karteikarte beeindruckte ihn in keiner Weise. Stilwell benahm sich wie einer, der sich nichts vorzuwerfen hatte. Er wurde wieder freigelassen. Das Geheimnis der Karteikarte lüfteten wir nicht. Daraufhin wollte man in den Besitz der gesamten Weltzienschen Kartei kommen. Doch der war auf der Hut, und der Überfall scheiterte. Kurz darauf stellte sich heraus, daß Weltzien nur eine Randfigur war.

Bevor ich Portugal verlasse, muß ich noch eine Glanzleistung erwähnen. Aus Portugal war eine gewisse Dame in England eingetroffen. Uns war bekannt, daß sie mit Deutschen, darunter auch mit Geheimdienstoffizieren, Kontakt gehabt hatte. Bei der Leibesvisitation und der Gepäckdurchsuchung war ein kleines Tagebuch gefunden worden, in dem sich teils mysteriöse Abkürzungen fanden. Der Vernehmer ging mit ihr Eintragung für Eintragung durch, doch die Dame war außerordentlich schlagfertig und behauptete felsenfest, daß diese Notizen in keiner Beziehung zu ihren deutschen Bekannten stünden. Aufgebracht versuchte nun der Vernehmungsbeamte einen letzten Schlag anzubringen: «Erlauben Sie, Mrs., daß ich Ihre Aufmerksamkeit auf Ihre Eintragung folgenden Datums lenke: ‹Saß den ganzen Tag auf meinem fanny[1]›.»

Nach einer vielsagenden Pause fuhr er fort: «Nun, wer war Fanny? In welcher Beziehung stand sie zu Ihnen? Und warum saßen Sie auf ihr?» Solch unsagbare Dummheit wirkte sogar auf jene Dame. Sie bekannte alles, wenn auch etwas anderes herauskam, als man erwartete. Tatsächlich hatte sie intime Beziehungen zu Deutschen in Estoril, doch schadeten diese in keiner Weise den englischen Kriegshandlungen.

Etwa um jene Zeit geriet ich beinahe in Bedrängnis. Ich erwähnte bereits, daß sich das Zentralarchiv mit den SIS-Akten in nächster Nähe von Glenalmond befand. Bill Woodfield, der Archivleiter, wurde bald mein Freund. Er hatte, wie ich, eine Schwäche für blaßroten Gin und besaß außerdem eine Vorliebe für zotige Anekdoten. Wir trafen uns oft, um über alle möglichen Intrigen zu plaudern, über die er ganz gut informiert war. Diese freundschaftlichen Beziehungen waren äußerst nützlich, da ich die Archivakten wesentlich schneller und leichter bekam als viele meiner Kollegen. Dem Archiv mangelte es an Arbeitskräften, und die vorhandenen Mitarbeiter hatten oftmals keine ausreichende Qualifikation.

Dort gab es eine Serie von Aktenbündeln, die die Bezeichnung «Source-books» oder Quellenbücher trugen. Sie enthielten Namen und Charakteristiken von SIS-Agenten, die im Ausland operierten. Zuerst war ich an Informationen über Agenten interessiert, die auf der Pyrenäenhalbinsel tätig waren. Doch das Studium der «Source-books» für Spanien und Portugal war nur ein Anfang. Ich begann, sie beharrlich durchzuarbeiten, und war da-

1 Wortspiel: fanny bedeutet Gesäß, während Fanny ein Mädchenname ist.

bei bestrebt, soviel wie möglich über die Tätigkeit des gesamten SIS zu erfahren. Als ich zu den Source-Büchern kam, die sich auf die Sowjetunion bezogen, stellte sich heraus, daß sie aus zwei Bänden bestanden. Ich arbeitete sie durch und brachte sie in der üblichen Weise ins Archiv zurück.

Ungefähr nach einer Woche rief mich Bill an und bat mich, den zweiten Band davon abzugeben. Nachdem ich mich bei meiner Sekretärin erkundigt hatte, rief ich zurück und sagte, daß gemäß unseren Unterlagen der betreffende Band an dem und dem Tage ans Archiv zurückgegeben wurde. Da die Suche im Archiv aber weiterhin erfolglos blieb, bezweifelte Bill unsere Angaben und verlangte eine abermalige Überprüfung. Ich suchte nochmals, doch ohne Erfolg. Einige Male traf ich mich mit Bill abends zu einem Glas Gin, um mit ihm das geheimnisvolle Verschwinden des genannten Buches zu besprechen. Bill erklärte, er habe nach den geltenden Vorschriften seinem Vorgesetzten unverzüglich Meldung über den Verlust zu erstatten. Es gelang mir aber, ihn dazu zu bewegen, damit noch einige Tage zu warten. Meine Unruhe wuchs. Ich bezweifelte, daß der Chef für meinen außergewöhnlichen Eifer Verständnis zeigen würde, denn dieses Quellenstudium gehörte nicht zu meinem Aufgabengebiet. Und nun war auch noch der Band verschwunden.

Doch alles wandte sich plötzlich zum Guten. Bill rief mich an und sprach mir sein tiefes persönliches Bedauern aus. Wie sich herausstellte, hatte eine seiner Sekretärinnen im Interesse der Platzeinsparung beide Bände zu einem Band vereinigt. Dann war sie an Grippe erkrankt und fehlte einige Tage. Als sie wieder zur Arbeit erschien, klärte sich alles auf. Gnädig nahm ich die Entschuldigung an und schlug Bill vor, die Sache beim Gin zu beenden. Mit ihm ertränkten wir die qualvolle Erinnerung.

Der britische und alliierte Geheimdienstkomplex

Cowgill liebte eine lockere Arbeitsatmosphäre in der Fünften Sektion. Alle sprachen sich mit ihrem Vornamen an. Mitunter schien es, daß man sich gleich hinsetzen werde, um miteinander gemütlich Karten zu spielen. Manchmal war dies ärgerlich, doch mehr überwogen die Vorteile. Nie bereitete es Schwierigkeiten, zu erfahren, womit sich die Mitarbeiter befaßten: Was der eine wußte, wurde allen bekannt. Eine solche Situation ließ mir volle Bewegungsfreiheit. Cowgill interessierte sich nicht dafür, wann und wie ich meine Arbeit erledigte. Für ihn war es wichtig, daß sie erledigt wurde. Er kam nicht mit kleinlichen Fragen. Praktisch konnte ich zu jeder beliebigen Zeit nach London mit der Begründung aufbrechen, die Kontakte mit den SIS-Sektionen in den Broadway Buildings, mit dem MI5 und mit anderen interessierten Regierungsstellen zu pflegen. Meist fuhr ich einmal in der Woche nach London und nahm auch stets eine Tasche voller Dokumente und eine lange Besuchsliste mit. Ich war einverstanden, im Broadway ein- oder zweimal im Monat den Nachtdienst zu übernehmen. Dies war besonders von Nutzen, weil die nachts aus allen Enden der Welt eintreffenden Telegramme ein zusätzliches Licht auf die Geheimdiensttätigkeit warfen. So war ein Aktenbündel für mich besonders interessant. Es enthielt die über SIS-Kanäle laufenden Telegramme an die britische Militärmission in Moskau.

Der Broadway war ein finsteres Gebäude, ein Labyrinth mit hölzernen Trennwänden und Milchglasfenstern. Für die acht Etagen gab es einen uralten Lift. Bei einem meiner ersten Besuche befand sich mit mir im Lift ein Mitarbeiter, zu dem sich der Fahrstuhlführer besonders ehrerbietig verhielt. Der Unbekannte musterte mich mit einem raschen Blick und kehrte sich dann ab. Er war elegant angezogen, und doch wirkte auf mich vor allem seine Blässe: das blasse Gesicht, die blassen Augen und die silbrig glänzenden, spärlichen Haare. Als er in der vierten Etage ausstieg, erkundigte ich mich, wer dies gewesen sei. «Wie, Sir, das wissen Sie nicht? Das ist doch der Chef!» antwortete verwundert der Fahrstuhlführer.

Zu jener Zeit kannte ich ihn kaum. Er hieß Stewart Menzies, war Oberst und später Generalmajor. Menzies war von 1939 bis 1953 Chef des SIS. Das Papier, auf das er schrieb, war leuchtend blau, die Tinte, die er benutzte, grün. Er hatte eine furchtbare Handschrift. Bevor er SIS-Chef wurde, hatte Menzies die Vierte Sektion geleitet, die sich mit Militärspionage befaßte. Als offizielle Bezeichnung führte er die Buchstaben «CSS», doch konnte er in der Korrespondenz mit auswärtigen Residenturen drei beliebige aufeinanderfolgende Buchstaben benutzen, ABC, XYZ usw.

Außerhalb des SIS nannte man ihn stets C. Diese Bezeichnung hatte sich noch aus den Tagen von Captain Mansfield Cumming erhalten, dem ersten Chef des Geheimdienstes. Darauf beschränkten sich meine Kenntnisse vom Chef. Im Verlauf der Zeit sollte ich ihn wesentlich besser kennenlernen. Ich möchte schon hier sagen, daß ich mich mit Sympathie und Achtung an ihn erinnere, freilich nicht der Eigenschaften wegen, auf die er so stolz war.

Neben Fenwick, einem angenehmen, aber unfähigen Geschäftsmann, der die Residenturen in Madrid, Lissabon, Tanger und Gibraltar recht nebelhaft verwaltete, war David Boyle einer der ersten, mit denen ich in Broadway in engen Kontakt kam. Er gehörte zu den engsten Freunden des Chefs, war verantwortlich für die Verteilung der Informationen, die durch das Öffnen der Diplomatenpost beschafft worden waren, und er wachte über die Einhaltung der Konspiration dieser Informationen. Man sagte ihm nach, daß er dem Chef sehr nahestehe und Einfluß auf die Geheimdienstpolitik habe. Ich war entschieden gegen ihn eingestellt, da ich viel Schlechtes von ihm gehört hatte. Man nannte ihn den «katzbuckelnden Jesus». Meine ersten Eindrücke bestätigten leider die Gerüchte, die über ihn verbreitet wurden. Boyle hatte Eigenschaften, die mir am meisten mißfielen. Es wäre jedoch ungerecht, wollte man ihn egoistisch oder einen Angeber nennen. Boyle verstand es, das Wohlwollen verantwortlicher Mitarbeiter des Foreign Office für sich einzunehmen, was ich bald zu bewundern begann. Von Bedeutung für mich war, daß er nicht in der Lage war, Geheimdienstmaterialien richtig einzuschätzen. Er verließ sich mehr und mehr auf meine Meinungen, obwohl er doppelt so alt war wie ich. Trotzdem hatten wir gute persönliche Beziehungen. Manchmal fand ich so in den Diplomatenkoffern neben Nichtigkeiten und Gewäsch hervorragende Informationen. Boyle hat natürlich niemals für sich das Recht in Anspruch genommen, mit grüner Tinte zu schreiben: Er schrieb mit violetter Tinte.

Über Boyle lernte ich den bekannten Colonel Claude Dansey kennen. Vor dem Krieg hatte er die sogenannte Organisation «Z» geschaffen, die von Basen in der Schweiz nach Deutschland eindringen sollte. Nach dem Fall Frankreichs waren die Verbindungskanäle dieser Organisation weitgehend gelähmt. In der Schweiz verblieb lediglich der fähige Offizier Van Der Heuvel, von dem man erzählte, daß er aus einer Grafenfamilie des Heiligen Römischen Reiches stamme. Man möge mir verzeihen, wenn ich seinen Namen unkorrekt wiedergebe, doch möchte ich behaupten, daß ich bei weitem nicht der einzige bin, der diesen Namen nicht richtig schreibt und ausspricht. Als ich eines Tages mit ihm im Restaurant «Garrick» verabredungsgemäß speisen wollte, hatte der Portier Mühe, mich zu verstehen, wen ich treffen möchte. «O-o-o!» rief er schließlich, «Sie meinen Herrn Vannoovl?» Erst dann wies er mir den Weg.

Dansey hielt nichts von der Gegenspionage und war allgemein durch eine unnötige Rauflust bekannt. Mich verwunderte deshalb seine Höflichkeit. Später erkannte ich, daß Dansey nach außen hin stets gefällig wirkte. Sehr unpersönlich war er bei Telefongesprächen und im Schriftverkehr. Am besten konnte man in seinem eigenen Zimmer mit ihm verhandeln. Dort ließ er vernünftig mit sich reden. Fortan beachtete ich das, und die Schwierigkeiten mit ihm hörten auf, ausgenommen jene Fälle, in denen ich mit unbeteiligtem Gesicht zuhören mußte, wie er über Valentine Vivian, den Boss meines Bosses, seine Witze riß. Zum Glück kreuzten sich unsere Wege nicht allzuoft, so daß er mich aus der Liste seiner Gegner strich.

Mit Vivian traf ich mich so oft wie möglich. Für die unmittelbaren Tagesfragen war er unnütz, weil er Dansey und sogar seinen Untergebenen Cowgill grenzenlos fürchtete. Vivian war jedoch gescheiter als die beiden anderen und machte sich mehr Gedanken. Er war ein ausgezeichneter Kenner der Geschichte des SIS, dessen Politik und seiner Persönlichkeiten sowie der Beziehungen zwischen dem SIS und der Abteilung MI5. Vivian war für einen korrekten Arbeitsstil, und von ihm erfuhr ich weit mehr über die Schwerfälligkeit der Staatsmaschinerie als von den ungeduldigen Fürsprechern «sofortiger Ergebnisse» à la Dansey und Cowgill. Vivian sollte mir später behilflich sein, den Posten, nach dem es mich noch am meisten gelüstete, im SIS zu erlangen, obwohl ich mir das anfangs kaum vorstellen konnte. Cowgill mußte es bitter bereuen, daß er ihn voreilig als eine Null angesehen hatte.

Von den Broadway Buildings durch den St. James Park war es zum MI5-Hauptquartier in St. James Street damals ein Katzensprung. Enorm war der Unterschied im Arbeitsstil. Selbst der Eingang zum MI5-Gebäude machte einen günstigeren Eindruck als die düstere Vorhalle im Broadway. Das wurde bestätigt, wenn man weiter nach oben kam. Die Büros sahen auch wie Büros aus. Die Tische waren nicht mit Akten überschwemmt: Höchstens ein halbes Dutzend saubere Briefordner zur Bearbeitung – das war alles. Dies hatte natürlich auch seine Nachteile. In der Fünften Sektion beklagten wir uns gewöhnlich über die überflüssigen Details, mit denen die MI5-Mitarbeiter ihre langen Briefe einzuleiten pflegten. Nichtsdestoweniger spürte man im MI5 eine berufliche Kompetenz, worin der Broadway nicht mithalten konnte. Mag sein, daß, worüber sich Cowgill oft beklagte, MI5 überbesetzt war, doch dafür wußten dort die meisten Offiziere, was sie zu tun hatten und wie man es machen mußte, das konnte man von vielen Mitarbeitern im Broadway nicht sagen.

Doch das war nicht immer so. Nach dem Fall Frankreichs sah sich MI5 einer Situation gegenüber, auf die es ganz und gar nicht vorbereitet war. Gerüchte tauchten auf, daß in Großbritannien eine «Fünfte Kolonne» bestehe. Im Verlaufe vieler Monate nach Dünkirchen wurden die Polizei und MI5 mit Meldungen über Lichtsignale, geheimnisvolle Fremde, in Schenken vernommene Reden in ausländischem Akzent überschwemmt. Dies brachte die gesamte Arbeit durcheinander. Ich besuchte MI5 erstmalig im Herbst 1940 zusammen mit Commander Peters, als die Abteilung provisorisch in dem Londoner Gefängnis Wormwood Scrubs untergebracht war. In den Akten herrschte eine völlige Unordnung. Stöße ungelesener Korrespondenz häuften sich auf dem Fußboden, und die Mitarbeiter bekannten, daß sie nicht imstande seien, auch nur einen Teil davon durchzuarbeiten, geschweige denn zu beantworten. Glücklicherweise waren alle diese Briefe nur Ballast: Ein deutsche «Fünfte Kolonne» gab es in Großbritannien nicht.

Ein gewisser Horrocks wurde beauftragt, in dieses Chaos Ordnung zu bringen. Man hatte ihn speziell für diesen Zweck aus der City geholt. Nach einem Jahr Arbeit hatte er die Aufgabe bewältigt. Horrocks befaßte sich mit den allgemeinen Verwaltungsfragen, während ich mich für die Archive interessierte. Das MI5-Archiv befand sich in einem neuen Gebäude des Blenheim Palastes. Hier war kein Vergleich mit St. Albans möglich. Jede beliebige Information ließ sich leicht in den akkurat geführten Akten und Karteien finden. Genügend Archivkräfte gewährleisteten eine methodisch richtige und hinreichend schnelle Arbeit. Mit Bewunderung und Neid erfuhr ich, daß die meisten der im Archiv tätigen weiblichen Angestellten den Inhalt der Ordner, für die sie verantwortlich waren, genauso gründlich kannten wie die zuständigen MI5-Mitarbeiter. Als ich diese Frage in delikater Weise vor Woodfield anschnitt, gab er zur Antwort, daß man ihm den Stellenplan skrupellos eingeschränkt habe und es sich sowieso nicht lohne, den Einzelheiten soviel Aufmerksamkeit zu schenken.

In meiner Arbeit hatte ich meistens mit der sogenannten Abteilung «B» vom MI5 zu tun. Hier liefen die Geheimdienstmaterialien ein und wurden gesichtet. Gewöhnlich wurden die weiteren «Aktionen» festgelegt. Unter «Aktionen» verstehe ich in diesem Zusammenhang nur Maßnahmen zur Bearbeitung und Auswertung der empfangenen Informationen und nicht solche Maßnahmen wie Verhaftungen. Denn wie der SIS hatte auch MI5 keine Exekutivgewalt. MI5-Mitarbeiter konnten lediglich den jeweiligen Organen Empfehlungen geben, Verhaftungen vorzunehmen. Obwohl dies in der Praxis kaum von Bedeutung war, zumal die MI5-Empfehlungen stets befolgt wurden, wurde dieser Unterschied in der Theorie doch formal streng und gewissenhaft beachtet.

MI5 wirkte auf britischem Territorium und war deshalb verpflichtet, die Landesgesetze streng einzuhalten. Es konnte – und kann – bestimmte Gesetzesübertretungen verlangen, und diesen Forderungen wurde häufig stattgegeben. Doch dafür war eine Billigung der Regierung erforderlich, meist durch eine vom Innenministerium erteilte Vollmacht. Damit konnte MI5 zum Beispiel darangehen, die Telefongespräche von Privatpersonen, ausländischen Botschaften und Büros der Kommunistischen Partei abzuhören. Äußerste Vorsicht mußte aber gewahrt werden, denn bei Fehlern gab es Anfragen im Parlament sowie Lärm in der Presse. Für eine Geheimorganisation war das recht unangenehm.

Für den SIS waren keine derartigen Folgen zu befürchten. Niemand hinderte die Geheimdienstleute, wenn sie bei Operationen die Gesetze anderer Staaten verletzten. In solchen Fällen war nur der diplomatische Dienst der Leidtragende; er sah sich gezwungen, Mißverständnisse aufzuklären bzw. alles zu leugnen.

Die in der Kriegszeit vom MI5 geleistete gute Arbeit ist seinen zeitweiligen Mitarbeitern zu verdanken. Besonders wertvoll erwiesen sich Hart, Blunt, Rothschild, Mastermann und andere. Einen bedeutenden Beitrag leisteten auch Juristen. Nach dem

Kriege kehrten die meisten dieser hellen Köpfe zu ihren früheren Beschäftigungen zurück.

Die Abteilung «B» leiteten zwei professionelle Geheimdienstler, die während des gesamten Krieges von ihren Untergebenen geachtet wurden. Beide spielten in meinem Werdegang eine bestimmte Rolle, weshalb ich über sie einiges mehr sagen werde.

Chef der Abteilung «B» war Guy Liddell. «Ich wurde im irischen Nebel geboren», sagte er einmal zu mir. «Manchmal scheint es mir, daß ich aus ihm nie herauskomme.» Tatsächlich machte Liddell anfangs den Eindruck eines lächerlichen Menschen mit langer Leitung. Gewöhnlich murmelte er seine Gedanken hörbar vor sich hin, als ob er der Wahrheit auf die Spur kommen wollte, wobei sein Gesicht ein friedliches, unschuldiges Lächeln annahm. Doch hinter der äußerlichen Schwerfälligkeit Liddells verbarg sich ein feiner und besonnener Verstand, der fähig war, genau Fakten zu speichern. Liddell war ein fähiger Leiter, von dem ein junger Mensch lernen konnte. Er konnte stets seine Arbeit beiseite legen, um uns anzuhören und über neue Probleme nachzudenken.

Dennoch endete die Karriere Liddells mit einer Enttäuschung. Chef des MI5 war während des Krieges Charles Petrie, ein ehemaliger Polizeiangehöriger aus Indien, ein charmanter Mann, der große Autorität genoß. Als er in Pension ging, gab es wohl keinen in der Abteilung «B», der nicht für Liddell als Nachfolger gestimmt hätte. Auch anderswo hatte Liddell viele Freunde. Doch die Regierung berief auf diesen Posten Percy Sillitoe, der gleichfalls Polizeiangehöriger war, allerdings aus England stammte. Dieser besaß nicht das Ansehen von Petrie und verfügte auch nicht über den Charme des Vorgängers.

Liddell war enttäuscht und nicht nur aus persönlichen Gründen. Für ihn gehörte das MI5 zum Geheimdienst und unterstand nicht der Polizei. Spionagebekämpfung ist nicht gleichzusetzen mit dem Kampf gegen Kriminalität. Spione werden von ausländischen Regierungen mit enormen Mitteln unterstützt, wohingegen Verbrecher nicht über derartige Möglichkeiten verfügen. Die Regierung meinte jedoch, daß die Ernennung eines erfahrenen Polizisten, dem man die Verfahrensregeln von Whitehall beigebracht hatte, weniger bedenklich sei. Liddell wurde zum stellvertretenden MI5-Chef ernannt, für ihn war das beleidigend. Ich bin sicher, daß Leute, die sich dafür interessierten, sich über die Niederlage Liddells gefreut hatten. Einer von ihnen wußte es.

Der persönliche Referent Liddells in der Abteilung «B» war Dick White. White, ein ehemaliger Lehrer, gehörte schon vor dem Krieg zum MI5. Er war ein bescheidener Mensch, immer bereit, als erster zuzugeben, keine herausragenden Eigenschaften zu besitzen. Seine Schwäche bestand in der Neigung, jedem Menschen, der mit ihm sprach, beizupflichten. Er überließ die Arbeit den Unterstellten und setzte seine Leiterqualitäten dafür ein, daß in der Arbeit der Abteilung die Harmonie nicht gestört wurde. White war einer der wenigen MI5-Offiziere, die bis zum Ende passable persönliche Beziehungen zu Cowgill unterhielten. Seine Fähigkeit, Ressortstreitigkeiten zu vermeiden, wurde letztlich belohnt. Als Liddell zum Stellvertreter aufrückte, wurde White Leiter der Abteilung «B». Doch es ging noch weiter. Nach der Pensionierung von Menzies rückte White zum SIS-Chef auf. Glücklicherweise mußte Dansey nicht mehr mit ansehen, daß ein Spezialist für Gegenspionage, wenn auch rücksichtsvoll, den SIS beherrschte. Wäre Dansey nicht vorher gestorben, hätte dies allein gereicht, ihn umzubringen.

Ich knüpfte weiter Beziehungen zum MI5 und hatte gegen Kriegsende viele persönliche Freunde in der St. James Street. Immer waren Streitigkeiten zwischen Cowgill und unseren Partnern vom MI5 zu glätten. Da von den anderen kaum einer die Initiative in dieser Beziehung übernehmen wollte, ergriff ich sie. Außerdem hatte ich noch andere Pläne. Ganz unorthodox ließ ich meinen Freunden vom MI5 gewisse Informationen zukommen. Dafür wurde ich oftmals fürstlich entlohnt.

Zu einem größeren Gefecht kam es im Jahre 1943. Ich stellte mich insgeheim auf die Seite vom MI5, als es gegen Cowgill ging. Die Frage betraf den Standort der Fünften Sektion. Sie befand sich in St. Albans, teilweise wegen des Platzmangels im Broadway und teilweise auch deshalb, weil man ihre Archive vor deutschen Bombenangriffen schützen wollte. Als Woodfield die Archive nach St. Albans bringen ließ, siedelte Cowgill ebenfalls über, damit sich, wie er sagte, eine Gegenspionageorganisation in der Nähe befand. Der wirkliche Grund war jedoch der, daß er sein kleines Imperium fernab von behördlichen Intrigen an einem Ort errichten wollte, wo man ihn möglichst wenig störte. Doch die großen Abstände zwischen den Bombenangriffen nahmen seinen

Argumenten die Überzeugungskraft. Dazu kam, daß es in London eine Menge freier Räume gab. Wir hatten keinen Grund, sie nicht zu nutzen.

Indes bestand MI5 weiter auf einer engeren Zusammenarbeit mit der Fünften Sektion. Seine Leitung bewies unentwegt die Vorzüge der «Nähe». Dieses Wort tauchte immer häufiger in dem Briefwechsel zwischen Petrie und Menzies auf. Und in der Tat, bei allen nicht von der Hand zu weisenden Bequemlichkeiten, die der telefonische Verkehr bot, die Zusammenarbeit zwischen zwei Organisationen mußte sich effektiver gestalten, wenn sie nicht so weit voneinander entfernt waren. Und gerade dies wünschte Cowgill nicht. Er glaubte, daß er und sein Apparat in London ihre Energie für Intrigen vergeuden müßten und den Anfeindungen von Liddell und Co. hilflos ausgeliefert sein würden. Am meisten befürchtete Cowgill, daß ihm die Kontrolle aus den Händen gleiten könnte. Für meinen Teil hatte ich mich schon vorbehaltlos für eine Rückkehr nach London entschieden. Engere Kontakte zu geheimdienstlichen und anderen staatlichen Einrichtungen konnten für mich nur nützlich sein, um den britischen Geheimdienst allseitig kennenzulernen. Und nur das zählte für mich!

Cowgill überschätzte seine Kräfte in der gegebenen Situation. Er entschied sich für eine freie Abstimmung, indem er allen Mitarbeitern in St. Albans die Möglichkeit bot, sich für oder gegen eine Übersiedlung nach London auszusprechen. Dabei beging er noch einen anderen Fehler, indem er seine Entscheidung Dritten mitteilte, so daß sich die Abstimmungsergebnisse schon nicht mehr verbergen ließen. Da alle frei abstimmten, konnte ich einiges vorbereiten. Und dabei ließ ich auch keine der Sekretärinnen aus, von denen viele durch das Klosterleben in den dem Fiskus gehörenden Unterkünften unzufrieden waren. Die Abstimmungsergebnisse waren für Cowgill niederschmetternd. Über zwei Drittel der Mitarbeiter sprachen sich für London aus. Obwohl zwar diese Abstimmung nicht die entscheidende Rolle spielte, hatte sie doch die starre Haltung Cowgills unterminiert. Nach einigen Wochen quartierten wir uns in einem Gebäude in der Ryder Street ein, das zwei Minuten vom MI5-Quartier und fünfzehn vom Broadway lag, wenn man sie zu Fuß erreichen wollte. Wenn wir früh zur Arbeit kamen, konnten wir von den Fenstern aus sehen, wie die Londoner Nachtbar «Quaglino» gerade von den Überresten des vorausgegangenen Abends befreit wurde. Wir waren ausgerechnet in einer Periode verstärkter Bombenangriffe, des «little blitz», in London eingetroffen.

Jetzt will ich ein etliche Monate zurückliegendes Ereignis beschreiben, das auf den britischen Geheimdienst sehr nachhaltig wirkte. Die Amerikaner tauchten auf. Vor dem Krieg hatten die USA keinen regulären Spionagedienst im Ausland. Das Federal Bureau of Investigation (FBI), das Bundeskriminalamt in den USA, war nur für die innere Sicherheit verantwortlich. Geheime Informationen aus anderen Ländern stammten in begrenztem Maße aus einer außerplanmäßigen Tätigkeit amerikanischer Militärattachés und anderer Diplomaten, die in diesen Dingen weniger zurückhaltend waren als die Vertreter anderer Staaten, die für die Erledigung der schmutzigen Arbeit reguläre Geheimdienste besaßen. Heute weiß man aus Veröffentlichungen recht gut, daß 1940 in New York das Koordinierungszentrum «British Security Coordination» gegründet wurde, das unter Leitung von William Stephenson stand. Offiziell war dieses Zentrum geschaffen worden, um die amerikanischen Lieferungen nach Großbritannien abzusichern, weil man annahm, daß sich eine beträchtliche Zahl von Personen deutscher Abstammung in den USA mit Sabotage befaßte. Diese Vermutung erwies sich als unrichtig. Aber Stephenson, der als ein Freund Churchills über mehr reale politische Macht verfügte als irgendein anderer britischer Geheimdienstoffizier, fand bald ein neues Betätigungsfeld für seine unbändige Energie. Vor allem behinderte er die Versorgungstransporte in die Achsenmächte und ihren Umschlag auf neutrale Schiffe. Es mag sein, daß das genannte Zentrum mehr Diversionen organisierte als die gesamte deutsche Kolonie in den Vereinigten Staaten. Doch eigentlich wollte Stephenson die Amerikaner davon überzeugen, daß für die USA die Zeit gekommen sei, an einen eigenen Geheimdienst zu denken.

Wie viele andere, meinte auch Stephenson, daß sich der Aufbau eines solchen Dienstes nicht länger hinausschieben ließe. Wenn die Engländer rechtzeitig ihre Hilfe anböten, dann konnten sie dafür geheimdienstliche Informationen erwarten, die dank den großen USA-Ressourcen reichlich fließen würden. Dann könnte der SIS über die amerikanischen Botschaften sogar in jenen Ländern an Informationen herankommen, in denen keine britischen Vertretungen mehr waren, wie im Frankreich Vichys, in den Balkanländern und selbst in Deutschland. Stephenson selbst gab sich nicht mit zweitrangigen Dingen ab. Er verstand es, diese Angelegenheit Roosevelt selbst vorzutragen und den Präsidenten davon zu überzeugen, daß er und die hinter ihm stehenden Einrichtungen, nämlich SOE, MI5 wie auch der SIS, über große Erfahrungen verfügten, die sich weitergeben ließen. Somit war bereits in dem Moment, als das Office of Strategic Services (OSS), das Büro für strategische Forschung, mit General Donovan an der Spitze geschaffen wurde, auf höchster Ebene die engste Zusammenarbeit mit den Briten vereinbart. Ob sich während des Krieges der Austausch britischer Erfahrungen gegen amerikanische Ressourcen auszahlte, sei dahingestellt. Letzten Endes jedoch wurde der SIS in die Rolle eines Juniorpartners versetzt. Und das blieb für viele Jahre traurige Wirklichkeit. Als daher später die 1947 gegründete Geheimdienstzentrale der USA, die Central Intelligence Agency (CIA), der USA-Regierung empfahl, sich mit Ngo Dinh Diem einzulassen, und nach den Ereignissen in der Schweinebucht zur Zielscheibe des Spotts wurde, konnte der SIS nur hilflos dreinschauen.

Der damalige FBI-Chef, Edgar Hoover, stand Stephenson skeptisch gegenüber. Stephensons versteckte Anspielung, daß das FBI mit der Sabotage auf amerikanischem Boden nicht fertig werde, hatte den maßlos eitlen Hoover zutiefst verletzt. Hoover geriet in Wut, wenn Stephensons starke Boys die Besatzungen von Schiffen mit Warenlieferungen nach den Achsenmächten durchprügelten oder betrunken machten. Der wahre Grund für Hoovers argwöhnischen Groll war, daß er gegen Stephenson nichts ausrichten konnte. Hoover sah voraus, daß die Gründung des OSS endlose juristische Streitigkeiten nach sich ziehen würde. Das OSS mußte zwangsläufig mit dem FBI rivalisieren. Damit war das FBI-Monopol auf dem Gebiet der Geheimdiensttätigkeit zerstört. Die Schaffung dieser Einrichtung war die einzige ernsthafte Niederlage, die Hoover in seiner politischen Karriere hinnehmen mußte. Er konnte Stephenson sowieso niemals verzeihen, daß dieser für das OSS die Rolle einer Hebamme und eines Kindermädchens gespielt hatte.

Die auf höchster Ebene getroffenen Entscheidungen sickerten allmählich nach unten durch und erreichten auch St. Albans. Unser erster Besucher aus den USA war ein gewisser Kimball vom FBI, der kurz nach Pearl Harbor eintraf. Er sprach im Maschinengewehrtempo und warf der Marine, dem Heer, dem State Department und dem Weißen Haus vor, daß sie die Warnungen des FBI vor einem bevorstehenden Angriff der Japaner in den Wind geschlagen hatten. Eigentlich informierte er nur darüber, daß Hoover einen Verbindungsoffizier in London ernannt habe, der als Attaché für juristische Fragen an der USA-Botschaft die Zusammenarbeit mit MI5 und SIS herstellte. Nach Kimballs Abreise meinte Cowgill spöttisch, daß Hoover offenbar Stephenson umgehen wolle. Berechtigter als sonst sah Cowgill in Hoover einen von jenen Leuten, die den Geheimdienst als Sprungbrett benutzten, um ihre politischen Ziele durchzusetzen. Außerdem müsse man sämtlichen Vorschlägen von Hoover mißtrauisch, wenn nicht gar ablehnend begegnen.

Der benannte Attaché war Arthur Thurston, ein durch und durch kompetenter Fachmann, mit dem zusammenzuarbeiten es ein Vergnügen war. Meine Loyalität zu Cowgill wurde auf eine harte Probe gestellt, denn ich hatte allen Grund, mit Thurston gute Beziehungen zu pflegen, und er freute sich darüber, mit mir geschmuggelte Informationen austauschen zu können. Thurston war zu intelligent, um es lange bei Hoover auszuhalten; er zog den politischen Dschungel von Indiana vor.

Das OSS blieb hinter dem FBI nicht zurück. Nach Vorgesprächen, die auf höchster Ebene mit Donovan, Bruce und anderen geführt wurden, schickte man uns eine kleine Gruppe von Verbindungsleuten. Sie wurde von Norman Pearson geleitet, einem Dichter aus Yale. Er war ein geselliger Typ und verfügte über einen unerschöpflichen Anekdotenvorrat. Diese Gruppe hatte eine verworrene Vorstellung von unserem Beruf, und die Geheimdienstmitarbeiter ließen keine Gelegenheit aus, zu erklären, daß sie von uns lernen möchten. Ich mußte offenbar die zwischenbehördliche Politik noch nicht begriffen haben, denn ich war sehr überrascht über das Vertrauen, das Cowgill den Amerikanern schenkte. So konnten sie ungehindert die Akten der Sektion benutzen, darunter auch die Materialien der Funkaufklärung, obgleich er sie dem FBI ungern und dann nur stark frisiert überließ. Nicht leicht zu begreifen war es, warum dem FBI Informationen vorenthalten wurden, die man andererseits von einem Dienst nutzen ließ, der nach den eigenen Worten von Pearson aus einer «Horde von Dilettanten und Taugenichtsen» bestand.

Mit der Zeit klärte sich der Sachverhalt auf. Hoover wollte tatsächlich ohne Stephenson zum Ziel kommen. Ihm behagte das britische Zentrum für Sicherheitskoordinierung nicht, und er wollte diesem die Flügel beschneiden. Deshalb bestand auch der direkte Kontakt zur Fünften Sektion in London. Außerdem wollte Hoover den Kontakt zum MI5 ausbauen. MI5 war, ähnlich der Sicherheitsabteilung des FBI, eine reine Gegenspionageorganisation. Es konkurrierte mit dem SIS und Hoover mit dem OSS. Da MI5 auf britischem Territorium operierte, konnte es in der Vorstellung Hoovers dem FBI nicht schaden. Damit verfolgte Hoover ein doppeltes Ziel: das Zentrum für die Zusammenarbeit aus den USA nach Großbritannien zu verlegen und sich dem MI5 soweit wie möglich zu nähern.

All dies mißfiel Cowgill außerordentlich. Er wollte den gesamten Informationsaustausch zur Gegenspionage mit den Amerikanern selbst abwickeln. Da er dies nicht schaffte, reduzierte er den Austausch zwischen FBI und MI5 auf ein Minimum. Der vorgebliche Grund für seine Haltung war die Befürchtung, MI5 könnte dem FBI vom SIS stammende Informationen ohne gebührenden Schutz der SIS-Quellen übergeben. So etwas ist nie aufgetreten, doch unter den Bedingungen des Krieges wirkten derartige Argumente. Cowgill selbst hat das mit seinem liberalen Verhalten zum OSS in aufschlußreicher Weise demonstriert. Das Büro für Strategische Forschung erhielt von Cowgill selbst Informationen mit delikatem Inhalt. Er sah im OSS ein geschmeidiges Instrument, das sich für seinen Kampf sowohl gegen das FBI als auch MI5 ausnutzen ließ. Die Stärke der Cowgillschen Positionen in dieser Beziehung lag auf der Hand: Wie Hoover auch wettern mochte, in Großbritannien konnte keiner anfechten, daß ein Kontakt zwischen Cowgill und OSS notwendig war. Ein Versuch, dies beispielsweise von seiten MI5 aus zu unternehmen, hätte bedeutet, daß sich MI5 der von Pearson gegebenen OSS-Charakterisierung anschloß.

Inzwischen war ich auf der Pyrenäenhalbinsel tätig. Für mich entstanden durch das OSS nur neue Schwierigkeiten. Viel Zeit ging dadurch verloren, daß wir unsere Informationen den Neuankömmlingen übergeben mußten. Das begann bereits mit der Ernennung des ersten OSS-Mitarbeiters in Lissabon. Einer der ersten war ein gewisser Ray Olivera, der bald eine traurige Berühmtheit erlangte. Er erschien unangemeldet beim SIS-Vertreter und wollte mit ihm zusammenarbeiten. Dieser verlangte natürlich sein

Beglaubigungsschreiben. Als Antwort öffnete Olivera einen Reisekoffer, der voller Dollarscheine war.

Die Ankunft Oliveras löste bei den Mitarbeitern der USA-Botschaft große Verwirrung aus. Gleich nach dem Kriegseintritt Amerikas hatte der Militärattaché in Lissabon, Colonel Solberg, damit begonnen, über Spanien Agenten in das okkupierte Europa zu entsenden. Der Marineattaché befaßte sich mit der Flotte, und irgendein anderer hatte bereits die Wirtschaftsspionage in Angriff genommen. An Olivera wollte niemand seinen Geheimdienstbereich abtreten. Schließlich entschied George Kennan, der damals Berater in der Lissaboner USA-Botschaft war, daß es das beste sei, für einen ständigen Informationsfluß zu sorgen, und überließ Olivera die Gegenspionage.

Große Erfolge waren ihm jedoch nicht vergönnt. Er machte sich schnell in Lissabon unbeliebt, und man löste ihn ab. Sein Nachfolger wurde ein gewisser Di Lucia, der dem SIS ebenfalls bald immense Unannehmlichkeiten bereitete. Innerhalb kurzer Frist stellte er, ohne jeden Nutzen, eine Kartei von über mehreren tausend Verdächtigen zusammen. Mitarbeiter der Fünften Sektion fanden heraus, daß einer seiner Hauptinformanten eine zwielichtige Figur war, die in Portugal unter dem Namen Alexander auftrat. Aus den Unterlagen der Funkaufklärung wußten wir, daß dieser Informant auch für die Faschisten arbeitete. Außerdem war uns bekannt, da auch tschechoslowakische Diplomatenpost kontrolliert wurde, daß dieser Alexander für Oberst Pan arbeitete, der damals die tschechische Aufklärung in Lissabon vertrat. Wir benötigten einige Monate, um uns ein Verfahren auszudenken, wie wir ohne Preisgabe der Informationsquelle Pan warnen konnten. Doch Oberst Pan lehnte es ab, diese aufrichtigen Warnungen zur Kenntnis zu nehmen. «Was für ein sturer Mensch!» bemerkte einmal Dick White verärgert nach einer erfolglosen Begegnung mit ihm. Das Maß war jedenfalls voll, als Di Lucia mit dem faschistischen Agenten Alexander zusammenarbeitete. Nach endlosen Warnungen unsererseits entschied das OSS, daß Di Lucia wie Olivera gehen mußte. Danach bat das OSS um Qualitätsmerkmale, die ein OSS-Vertreter an diesem Ort benötige. Die Antwort erfolgte umgehend: «Egal, sollen sie einen Mann namens Smith schicken.» Entgegen dem Wunsch Cowgills zeigte ich Pearson das Telegramm. Er machte ein Gesicht, als hätte er den Witz begriffen.

In der zweiten Hälfte des Jahres 1942 wurde uns mitgeteilt, daß eine Landung in Nordafrika unmittelbar bevorstehe. Die Fünfte Sektion mußte die entsprechenden Armeestäbe rechtzeitig mit Informationen versorgen. Geheimnachrichten sollten sich auf die Aktivitäten von Canaris, des italienischen militärischen Geheimdienstes in Nordafrika sowie der mit ihnen sympathisierenden Teile der Geheimdienste des Vichy-Regimes beziehen.

Cowgill erblickte darin sowohl Schwierigkeiten als auch neue Möglichkeiten. Die Schwierigkeiten lagen in der Geheimhaltung der Informationsquellen bei der Übergabe der Unterlagen an die Armeestäbe. Cowgill vermochte den Beweis anzutreten, daß dies nur zu machen war, wenn man den Stäben aus Mitarbeitern der Fünften Sektion gebildete Gruppen oder speziell ausgebildete Leute zuteilte. Nachdem er in diesem Punkt gesiegt hatte, konnte Cowgill ohne Mühe fordern, daß sich die neuen Verpflichtungen nur erfüllen ließen, wenn wesentlich mehr finanzielle Mittel zur Verfügung gestellt würden. In dieser Schlacht siegte er. Cowgill konnte seinen Stellenplan aufstocken und vielen Mitarbeitern das Gehalt erhöhen.

Unser Apparat erweiterte sich und gab mir die Möglichkeit, mich mit zwei angenehmen Menschen näher bekannt zu machen. So kam Graham Greene aus Freetown zurück, wo er vermutlich die Intrigen Vichy-Frankreichs überwachen sollte. Er möge mir die offene Feststellung verzeihen, daß ich mich an keine glänzende Leistung seinerseits in Westafrika erinnern kann. Es mag sein, daß die Franzosen keine Intrigen inszenierten. Ich entsinne mich allerdings an eine Beratung, auf der sein Vorschlag erörtert wurde, ein wanderndes Bordell einzurichten, das die Franzosen und zwei vereinsamte Deutsche demoralisieren sollte, die man verdächtigte, britische Schiffe in Guinea auszuspionieren. Der Vorschlag wurde völlig ernst diskutiert. Man hat ihn nur deshalb verworfen, weil es unwahrscheinlich war, auf diesem Wege zu Informationen zu kommen. Greene teilte man meiner Untersektion zu. Ich vertraute ihm Portugal an. Ihm bereitete es viel Vergnügen, das OSS aufs Korn zu nehmen, und seine scharfen Kommentare zu der eingegangenen Korrespondenz bildeten für alle eine Zerstreuung.

Ungefähr um die gleiche Zeit erschien Malcolm Muggeridge. Er wirkte stets wie ein entrüsteter und bestürzter Mensch. Man hatte ihn zunächst sehr weit weg nach Lourenço Marques geschickt. Sein Hauptgegner war der italienische Konsul Campini, der über die Aktivitäten der britischen Schiffe eifrig berichtete. Ich freute mich, als das Interesse der Sektion an Campini erloschen war und Muggeridge zurückkam. Er erhielt den Auftrag, sich mit den französischen Angelegenheiten zu befassen. Seine widerspenstige Opposition gegenüber der Tagespolitik, wie sie auch sein mochte, vermittelte unserem Leben etwas Humanes.

Einige Zeit nach der Invasion Nordafrikas bat mich Cowgill, für dieses Gebiet die Verantwortung zu übernehmen. Früher war die Französische Sektion dafür zuständig gewesen. Aus zum Teil unerklärlichen Gründen meinte man jedoch, daß die Leitung durch mich nur von Vorteil sein könnte. Ohne Zögern nahm ich diesen Vorschlag an. Zu jener Zeit vermochten wir den deutschen Geheimdienst in Spanien und Portugal ziemlich in die Enge zu treiben; wir ergriffen regelmäßig faschistische Agenten, und ich hatte keine Ursache, zusätzlichen Verpflichtungen aus dem Wege zu gehen. Mir war es recht, näher an die aktive Kriegführung heranzukommen. Die Erweiterung meines Tätigkeitsbereiches zu jener kritischen Zeit ließ mich hoffen, daß in dem Maße, wie die Armeen der Verbündeten vorrückten, der Kreis meiner Obliegenheiten größer wurde. Diese Hoffnung erfüllte sich im Laufe der Zeit.

Meine neuen Verpflichtungen waren eher mit der Politik als mit Aufklärungsarbeit verknüpft. Die erwähnten Sondergruppen für Gegenspionage, die in entsprechender Zusammensetzung den Armeestäben zugeteilt wurden, erhielten die Bezeichnung Special Counter-Intelligence Units oder SCI-Einheiten. Dieser Terminus war ohne Zweifel darauf zurückzuführen, daß das Oberkommando von einem Amerikaner geführt wurde. Uns wurden auch neue Stempel mit dem Siegel «Top Secret» anstatt «Most Secret» ausgehändigt. Beides bedeutete «Höchste Geheimstufe», nur bei «Top Secret» handelt es sich um die amerikanische und bei «Most Secret» um die englische Bezeichnung. All dies war nur das Vorspiel zu späteren Ereignissen, aber damals waren die naiven Engländer noch von dem «edlen» Eisenhower beeindruckt.

Hauptsächlich hatte ich mit den Franzosen zu tun. Einige Zeit lang ordnete man der Fünften Sektion einen gaullistischen Offizier für Gegenspionage namens Passy zu, dessen Funktionen höchst unklar waren. Ihm wurde die beste Sekretärin mit der Begründung zur Verfügung gestellt, daß sie Französisch spreche. Im übrigen wahrten wir Distanz. Es läßt sich schwer sagen, warum

Cowgill gegenüber Passy, dem Leiter der gaullistischen Spionageorganisation «Bureau Central de Renseignements et d'Action», zurückhaltend auftrat. Dafür empfing er, nachdem sich die politische Situation drastisch verändert hatte und die eben noch verfeindeten Darlan und Giraud Freunde geworden waren, den Major der Gegenspionage Vichys Paillole mit offenen Armen. Paillole machte tatsächlich einen sehr angenehmen Eindruck, und an seiner feindlichen Einstellung gegenüber den Achsenmächten war nicht zu zweifeln. Trotzdem begriff ich nicht, warum Cowgill ihn gegen alle und alles in Schutz nahm. Möglicherweise konnte sich Cowgill nicht anders verhalten. Was sich aus der Angelegenheit, wenn sie überhaupt gelöst wurde, ergab, weiß ich nicht. Zu jener Zeit mußte ich mich bereits mit Italien auseinandersetzen.

Die Übergabe Nordafrikas und Italiens durch Cowgill in den Jahren 1942 bis 1943 an mich vergrößerten meinen Kompetenzbereich. Sie ließ in mir den Gedanken aufkommen, endlich im Geheimdienst Karriere zu machen. Dies bestätigte sich bald nach unserer Übersiedlung nach London. Bis dahin wurde Cowgill bei seiner selten vorkommenden Abwesenheit durch seinen Stellvertreter Ferguson vertreten. Ferguson, ein schon krankhaft unentschlossener Mensch, war ebenfalls aus der indischen Polizei in die Sektion gekommen. Einmal mußte sich Cowgill für zwei bis drei Wochen zu einem offiziellen Besuch in die USA begeben. Noch am Vorabend der Abreise wies er an, daß während seiner Abwesenheit Ferguson ihn in Verwaltungsangelegenheiten vertreten werde, während ich als Stellvertreter für alle Geheimdienstangelegenheiten zuständig sei. So gab man mir erstmalig amtlich zu verstehen, daß ich mich auf der Stufenleiter nach oben befand. Armer Cowgill!

Immer weiter nach oben

Ein kluger Mitarbeiter vom MI5 schrieb einmal auf ein Dokument: «Diese Angelegenheit ist außerordentlich wichtig, und sie muß daher möglichst auf niedriger Ebene behandelt werden.»

Ich hatte während meiner Zeit als Stellvertreter Cowgills genügend Anlaß, über diesen Ausspruch nachzudenken. Der größere Teil der laufenden Arbeiten war relativ einfach. Offensichtlich kamen die Leiter der anderen Untersektionen mit ihren Aufgaben zurecht und bedurften nicht sonderlich meiner Anleitung. Kompliziert wurde es mit Cowgills eigentlichen Angelegenheiten, hier geriet ich sofort in ein furchtbares Durcheinander. Vor allem waren es die zahlreichen behördlichen Intrigen, die die Geheimdienstarbeit beeinflußten. Ein solches Durcheinander konnte für mich unangenehm werden.

Einige Wochen vor seiner Abreise hatte Cowgill die Leiter der Untersektionen zu einer Sonderberatung zusammengerufen. Er informierte uns, daß er mit Claude Dansey an einer Aktion arbeite. Cowgill maß dieser Aktion eine sehr hohe politische Bedeutung bei, so daß er es für nötig hielt, selbst mit daran beteiligt zu sein. Wir sollten eine allgemeine Vorstellung davon bekommen, falls sich Ansatzpunkte in unserer Arbeit dazu ergeben. Cowgill machte aber nur einige höchst unklare Andeutungen. Offenbar war er sehr übermüdet, weil er zusammenhanglos sprach und wir nur mit Mühe den Sinn seiner Ausführungen erfassen konnten. Wir verstanden lediglich, daß irgendwelche gegnerischen Kräfte einen gigantischen Plan vorbereiten oder schon vorbereitet hatten. Inhalt und Ziel des Planes seien bislang unbekannt. «Ich persönlich meine», sagte Cowgill abschließend, wobei er plötzlich lebhaft wurde, «daß der Plan in irgendeiner Beziehung zu den Arabern steht. Wann immer ich in diese Sache hineinschaue, sehe ich Araber!» Wiederum hatten wir es mit dem Spionageromanagenten Richard Hannay zu tun!

Ein, zwei Stunden später hatte ich bereits die Angelegenheit vergessen. Doch Cowgill erinnerte daran, als er mich unmittelbar vor der Abreise instruierte. Er zog aus seinem persönlichen Safe einen dicken Hefter hervor, übergab ihn mir und bat darum, daß ich mich in seiner Abwesenheit mit diesen Materialien beschäftige. «Schau dir an, was ich hier gemacht habe», fügte er hinzu. Cowgill äußerte weiter, daß ich mit Dansey in Verbindung bleiben müsse, da jener persönlich an dieser Angelegenheit interessiert sei. Da ich das geringschätzige Verhalten Danseys zur Gegenspionage kannte, war ich sehr überrascht. Mir kam es merkwürdig vor, daß sich zwischen Dansey und Cowgill in dieser Frage so enge Beziehungen herausgebildet hatten, doch zog ich es vor, lieber nicht danach zu fragen. Möglicherweise hatte sich Cowgill zu isoliert gesehen und in dieser Situation sogar Dansey als Verbündeten akzeptiert. Vielleicht gingen sie auch gemeinsam gegen Vivian und MI5 vor, behördliche Intrigen gehörten mit zur Geheimdiensttätigkeit. Als ich die Akte öffnete, wurde mir sofort klar, warum Dansey die Sache so anzog. Ich las alles mit zunehmendem Interesse. Hier werde ich die ganze Geschichte chronologisch erzählen und nicht in der Reihenfolge der Dokumente. Ich brauchte selbst einige Zeit, um das Knäuel zu entwirren und alles zu verstehen.

Gegen Ende des Jahres 1943 wurde offensichtlich, daß die Achsenmächte unterliegen werden. Viele Deutsche begannen zu überlegen, ob es sich lohne, Hitler weiterhin die Treue zu halten. Infolgedessen tauchten bei alliierten Vertretungen immer häufiger Überläufer auf, die Vorschläge zur Zusammenarbeit unterbreiteten und um politisches Asyl baten. Diesen Vorschlägen und Asylersuchen gegenüber mußte man sich aus verschiedenen Gründen vorsichtig verhalten. So konnte Himmler unter der Maske von Überläufern auch Spione zu uns entsenden. Die Engländer ihrerseits wollten der sowjetischen Führung keinen Grund für die Annahme geben, daß sie mit den Deutschen in Verhandlungen träten. Kurz, die Atmosphäre war voll von gegenseitigem Mißtrauen der Alliierten, die befürchteten, daß irgendeiner der Partner mit den Deutschen einen Separatfrieden abschließen könnte. Schließlich durfte man auch jene nicht ermutigen, die sich in letzter Minute bekehren ließen, nur um dem Kriegstribunal zu entgehen. Allen britischen Vertretern wurden strenge Anweisungen erteilt, keinem Deutschen irgendwelche Zusagen zu machen, ohne sich vorher mit London zu konsultieren.

Einmal erschien ein Deutscher, der sich als ein verantwortlicher Mitarbeiter des deutschen Auswärtigen Amtes ausgab, in der britischen Mission in Bern und ersuchte um eine Zusammenkunft mit dem Militärattaché. Der Deutsche erklärte, daß er aus seinem Berliner Ministerium einen Koffer voller Dokumente mitgebracht habe. Als der Attaché diese schwindelerregende Erklärung vernommen hatte, setzte er den Besucher unverzüglich vor die Tür. Die nachfolgenden Versuche, mit dem Missionschef zusammenzutreffen, endeten in der gleichen Weise. Eine solche Haltung britischer offizieller Vertreter darf man nicht verurteilen, weil es damals kaum möglich war, daß sich irgend jemand erkühnte, die deutsche Grenzkontrolle mit einem Koffer zu passieren, der wertvolle Dokumente enthielt.

Der Deutsche ließ jedoch nicht locker. Nachdem er in der britischen Mission abgeblitzt war, versuchte er sein Glück bei den Amerikanern. Ihre Vorschriften waren offenbar elastischer als die unseren. Ein Sekretär der Mission, der fand, daß man sich mit dieser Mantel- und Degengeschichte befassen sollte, verwies den Besucher an Mr. Allen Dulles – «vier Türen weiter auf der linken Seite». Dulles, der damals Leiter der OSS-Vertretung in der Schweiz war, fragte, nachdem er die Geschichte des Unbekannten angehört hatte, ob er den Inhalt des Koffers sehen dürfe. Ohne zu schwanken, stellte er fest, daß es sich um echte Dokumente handelte. All dies versetzte Dulles in eine solch lyrische Stimmung, daß er sofort eine offizielle Meldung nach Washington vorbereitete. «Könnten Sie nur diese Dokumente in ihrer unberührten Frische sehen!» schrieb er. Die Dokumente wurden kopiert und nach Washington geschickt. In loyaler Weise wurden sie auch dem SIS zur Verfügung gestellt. Sobald die Dokumente die Schweiz verlassen hatten, schickte man sie zunächst Dansey. Ich sagte bereits, daß Dansey schon in der Vorkriegszeit ein großes Interesse an der Schweiz zeigte. Später wurde daraus schon eine maßlose Besessenheit. Er entrüstete sich, daß sich das OSS in der Schweiz niedergelassen hatte, und ließ keine Gelegenheit verstreichen, die Arbeit von Dulles herabzusetzen. Der Anblick der Berliner Dokumente, von denen er wußte, daß sie in die Hände von Dulles gelangt waren, wirkte schockierend auf ihn, davon zeugen auch seine schriftlichen Kommentare. Aber Dansey überwand in der Regel schnell einen Schock. Das konnte es nicht geben, daß Dulles ihm ein derartiges Material vor der Nase wegschnappte! Für ihn war das Material eine offensichtliche Desinformation, und Dulles war dem wie ein Gimpel auf den Leim gegangen.

Das zu beweisen, gehörte mit zu den Aufgaben der Gegenspionage. Deshalb lud Dansey Cowgill zu einer gemeinsamen Beratung ein. Darüber existiert kein Protokoll, aber sicher ist, daß Cowgill begriff, daß es auch in seinem Interesse liege, die in den Händen von Dulles befindlichen Dokumente als unecht hinzustellen. Cowgill studierte die Dokumente weder bei ihrem Empfang noch später. Er war zu beschäftigt und zu übermüdet, außerdem zwangen ihn die Verhältnisse, Dansey in die Hände zu arbeiten. Cowgill hatte sich fast vollständig von Vivian entfernt, und seine Beziehungen zum Chef sahen nicht so aus, wie er sich dies wünschte. Dagegen hatte Dansey zum Chef sehr enge Beziehungen, so daß er sich mit dem Beweis, daß Dulles hereingelegt worden war, auch einen eigenen Nutzen versprach.

Dieses Bild konnte ich mir mit Mühe an Hand der systemlosen Korrespondenz zwischen Dansey und Cowgill machen. Etwa um diese Zeit reifte in mir ein Plan, an den ich vorsichtig herangehen mußte. Ich wollte außerordentlich gern den Posten einnehmen, der bald frei würde. Dabei konnte ich es mir nicht erlauben, meine Beziehungen zu jemandem zu verderben, der mir dabei behilflich sein konnte. Cowgill, Vivian, Dansey, MI5, das Foreign Office und der Chef – sie alle gehörten in diesen Kreis. Es war ungemein schwierig, von meinem relativ niedrigen Posten aus ihre Reaktion zu bestimmen, wenn ich meinen Plan umsetzen würde. Ich wußte, daß politische Manöver zwar zu schnellen Ergebnissen führen können, doch diese erweisen sich nur dann als stabil, wenn sie sich auf eine solide und gewissenhafte Arbeit stützen. Darum studierte ich das Dulles-Material gründlich und schätzte es genau ein. Ob es nun echt oder falsch war, ich wollte dies auch aussprechen. Sollte jedoch das Studium der Dokumente keine vollkommen eindeutige Schlußfolgerung zulassen, würde ich die politischen Aspekte dieser Angelegenheit erneut überdenken und erst dann entscheiden, auf wessen Seite ich mich stellte.

Die meisten Dokumente waren Telegramme, die das Auswärtige Amt von seinen Auslandsvertretungen erhielt. Zunächst mußte ich überprüfen, ob unsere Entschlüsselungsexperten nicht von der Funkaufklärung Telegramme erhalten hatten, die sich mit den Materialien von Dulles deckten. Aus der Akte war nicht zu ersehen, daß dieser Vergleich vorgenommen worden war. Dansey und Cowgill hatten nur flüchtig die Dokumente durchgesehen, um zweifelhafte Stellen und Widersprüche herauszufinden. Da ich mit Dansey engen Kontakt halten sollte, überlegte ich lange Zeit, ob ich ihn darüber informiere, daß ich mich an die Dechiffrierer wenden wollte. Ich mußte annehmen, daß Dansey gegen diesen Vorschlag war. Als ich noch einmal die Akte durchging, fiel mir eine für Cowgill bestimmte Randbemerkung von ihm auf: «Wird Ihnen für Aktionen überlassen, die Sie für nötig halten.» Damit hatte ich genügend Gründe, um nach eigenem Ermessen vorzugehen.

Unsere kryptographische Organisation, die Government Code & Cipher School, bestand damals praktisch aus zwei Abteilungen. Die eine, sie unterstand Commander Travis, befaßte sich mit dem

Nachrichtenverkehr der Geheimdienste, die andere, unter Commander Denniston, mit diplomatischen Dokumenten. Da es sich bei den Materialien um Dokumente des deutschen Auswärtigen Amtes handelte, mußte ich mich an Denniston wenden. Ich wählte etwa ein Dutzend Telegramme aus, die der deutsche Militärattaché in Tokio per Funk und verschlüsselt an den deutschen Generalstab gesandt hatte. In ihnen wurden detaillierte Angaben über die Einsatzstärke der japanischen Streitkräfte und eine Bewertung der japanischen Vorhaben für die Zukunft übermittelt. Falls sie echt waren, stellten sie sehr wichtige Dokumente dar.

Nach zwei Tagen rief mich Denniston an. Er war erregt und teilte mir mit, daß drei Telegramme exakt mit von ihnen aufgefangenen und bereits entschlüsselten Funksprüchen übereinstimmten. Die übrigen waren sehr nützlich, um den deutschen diplomatischen Code zu brechen. Denniston wollte wissen, ob ich ihm nicht noch weitere von diesen Dokumenten zur Verfügung stellen könnte. Der Bitte kam ich gern nach. Als etwa ein Drittel der Dokumente geprüft war und sich darunter kein gefälschtes befand, sah ich mich verpflichtet, diese Materialien als echt zirkulieren zu lassen. Demgemäß übergab ich sie unseren Sektionen, die mit den Ministerien der Teilstreitkräfte und dem Foreign Office kooperierten, wobei ich bewußt die Bedeutung der Dokumente herabspielte. Ich wollte nicht, daß Dansey vorzeitig erfuhr, welche ungewöhnlichen Dinge vor sich gingen.

Die Vertreter des Heeres, der Luftstreitkräfte und der Marine reagierten prompt. Sie baten inständig, ihnen mehr solcher Informationen zukommen zu lassen. Das Foreign Office antwortete gelassen, doch ebenfalls sehr höflich. Ich bat die Leiter der zuständigen Sektionen, schriftliche Gutachten über diese Dokumente einzuholen. Denniston wurde von mir ersucht, eine Einschätzung anzufertigen, die aus kryptographischer Sicht die Echtheit der Dokumente bestätigte. Gleichzeitig bereitete ich mich auf eine Auseinandersetzung mit Dansey vor. Ich mußte handeln, bevor andere ihn in Kenntnis setzten. Erst wollte ich ihm sämtliche Papiere zu diesem Vorgang zusenden, um ihn darauf vorzubereiten. Doch dann verwarf ich diesen Gedanken, weil ich wußte, daß sie Dansey nicht lesen würde. Daraufhin fragte ich nicht ohne Bangen nach, wann ich bei ihm vorsprechen könnte.

Das Gespräch dauerte eine halbe Stunde und war sehr unangenehm. Etwas anderes hatte ich auch nicht erwartet. Dansey war wütend. Doch er wurde schnell wieder sachlich, da er, im Gegensatz zu mir, die Unterlagen nicht studiert hatte. Der Bericht Dennistons kühlte Dansey ebenfalls ab. Wut packte ihn erneut, als er die lobenden Kommentare der Ministerien las. Während der Unterredung konnte er sich nur schwer beherrschen. Selbst wenn die Dokumente echt seien, was ginge daraus hervor? Ich würde das OSS ermutigen, in der Schweiz alle Grenzen zu überschreiten und Verwirrung in die Geheimdienstangelegenheiten zu tragen. Wer weiß, welchen Schaden es damit anrichten könne. Mit derartigen Fragen dürften sich nur erfahrene Leute befassen, die es verständen, die Fallgruben zu umgehen. Wenn man so das OSS ermuntert, dann könne man sich ausrechnen, wann sein gesamtes Netz zerstört sei.

Als Dansey seine Tiraden beendet hatte, fragte ich ihn höflich, was diese Sache eigentlich mit dem OSS zu tun habe. Die Dokumente seien doch nicht als OSS-Materialien kursiert. Selbst unsere eigenen Sektionen, die Geheiminformationen versenden, wüßten nicht, was das OSS mit dieser Sache zu schaffen habe, von den Ministerien gänzlich zu schweigen. Für sie seien das unsere Materialien, und sie bäten uns, sie einsehen zu dürfen. Auch das Lob gelte uns. Als ich mit meinem Gestammel am Ende war, starrte mich Dansey mit einem langen, durchdringenden Blick an. «Machen Sie weiter», sagte er schließlich. «Sie sind nicht der Dummkopf, für den ich Sie bis jetzt hielt.»

Als Cowgill zurückkam, brachte ich das Aktenbündel und berichtete ihm von allem. Auf seine sofortige ängstliche Frage hin, wie sich Dansey dazu stelle, erklärte ich ihm, daß ich ihn konsultiert habe und er meine Handlungen billige. Cowgill atmete erleichtert auf und gab mir die Akten mit der Bemerkung zurück, weiter daran zu arbeiten. Erstaunlicherweise war damit die Angelegenheit nicht abgeschlossen. Unser deutscher Freund erwies sich als unerschrocken und sprach noch einige Male in Bern mit seinem unschätzbaren Koffer vor.

Inzwischen verlief die Tätigkeit meiner Untersektion, die gegen die deutsche Spionage auf der Pyrenäenhalbinsel, in Nordafrika und in Italien gerichtet war, durch einen zunehmenden Informationsstrom erfolgreich. Die deutschen Agenten wurden mit schöner Regelmäßigkeit aufgegriffen, und soweit mir bekannt ist, schlüpfte uns kein einziger wichtiger Vogel durch die Maschen. Vor allem auch deshalb, weil wir einen wichtigen Trumpf in den

Händen hatten. Wir lasen regelmäßig die deutschen Funksprüche und kannten damit ihre Absichten. Obwohl die spanische Regierung den deutschen Geheimdiensten breite Operationsmöglichkeiten schuf und Salazar ihnen Gastfreundschaft gewährte, zeigten sich nur sehr wenige Spanier und Portugiesen bereit, für den Faschismus den Kopf hinzuhalten. Wenn sich jemand einverstanden erklärte, für die Deutschen Aufträge zu übernehmen, dann gewöhnlich nur, um aus Europa herauszukommen oder nach Großbritannien zu gelangen.

Ernesto Simoes war dafür ein typisches Beispiel. Der faschistische Geheimdienst hatte Simoes in Lissabon für die Arbeit in England angeworben. Seine Instruktionen befanden sich auf Mikraten, die in die Kleidung eingenäht waren. Eine Verbindung sollte mit ihm auf dem Postweg erfolgen. Wir stimmten uns mit MI5 ab und vereinbarten, Simoes einige Zeit ungehindert operieren zu lassen. Daran knüpfte ich die Hoffnung, daß er uns eventuell auf die Spur von anderen Agenten bringt. Simoes traf auf keinerlei Hindernisse, man half ihm sogar unbemerkt, in einem Werk für Flugzeugteile in Luton Arbeit zu finden. Diese Informationsmöglichkeit mußte für einen Agenten durchaus interessant genug sein, während andererseits die Gefahr nicht allzugroß war, wenn von seinen Beobachtungen zufällig die eine oder andere durchgesickert wäre. Simoes wurde bei einem Ehepaar einquartiert. Der Mann arbeitete im selben Werk. So wurde der Agent überwacht und außerdem seine Post einer Kontrolle unterzogen.

Nach einigen Tagen lebte Simoes bereits nach einem bestimmten Rhythmus. Sobald die Sirene ertönte, verließ er mit seinem Quartierherrn die Fabrik und geleitete ihn in die nächste Kneipe. Danach eilte er, so schnell er konnte, nach Hause und entfernte sich bis zum nächsten Morgen nicht wieder von dort. Wir fanden heraus, warum es Simoes so eilig hatte, nach Hause zu kommen. Nach einer sorgfältigen Beobachtung fand man eine völlig zufriedenstellende Erklärung. Jeden Abend beglückte er die Wirtin mit seinen Liebesdiensten, warum ausgerechnet unter dem Küchentisch, war unergründlich, doch die Beobachter behaupteten dies, aß danach mit Appetit zu Abend und legte sich schlafen.

Nach einigen Wochen wurde Simoes von uns inhaftiert. Er kam in das «scharfe» Untersuchungszentrum von Ham Common und wurde von Tommy Harris verhört. Im Grunde konnte Harris kaum wirklich scharf sein, doch hier bemühte er sich, sein Bestes zu geben. Er erklärte Simoes, daß er sich in einem Gefängnis des britischen Geheimdienstes befände, daß er außerhalb der Reichweite des Gesetzes stehe, daß der portugiesische Konsul nichts von seinem Aufenthaltsort wisse und ihn auch nie erführe. Außerdem, daß er hier sein ganzes Leben zubringen müsse, wenn man es ihm schenke, und daß man ihn verhungern lassen, schlagen und erschlagen könne, ohne daß jemand davon Kenntnis erhielte. Die einzige Rettung sei für ihn ein volles Geständnis seiner Spionage. Harris sagte noch vieles in der gleichen Art und Weise, bis seine Phantasie erschöpft war. Er bekannte später mir gegenüber, er habe ein solch blutrünstiges Bild gemalt, daß er selbst Angst bekommen hätte.

Mit wachsender Ungeduld vernahm Simoes das alles, wobei er von Zeit zu Zeit gereizt erklärte, daß er etwas zu essen haben wolle. Nach etwa einer Stunde verlangte er Papier und Stift. Dann kritzelte Simoes auf zwei Seiten Angaben über die Lissaboner Kontakte mit dem Nazigeheimdienst nieder. Auch über den Inhalt der Instruktionen und Mikrate sagte er aus. Simoes versicherte, daß er nicht den geringsten Wunsch verspürt habe, sich Gefahren auszusetzen, und daß es seine einzige Absicht war, während des Krieges in England gut zu verdienen, was ihm aber ohne fremde Hilfe nicht gelungen wäre. Seine Angaben deckten sich in allen Details mit dem, was wir bereits selbst wußten. Nachdem er fertig war, warf er den Stift hin und fragte herausfordernd: «Geben Sie mir jetzt etwas zu essen?»

Eine andere Sache, in die ebenfalls ein Portugiese verwickelt war, ist insofern aufschlußreich, da sie zeigt, wie wir uns manchmal aus der Patsche helfen mußten, wenn wir etwas auf Informationen hin unternahmen, die aus besonders heiklen Quellen stammten. Rogerio Peixoto de Menezes, ein Mitarbeiter des portugiesischen Außenministeriums, war an die portugiesische Botschaft in London entsandt worden. Die Engländer erfuhren, und zwar wiederum aus aufgefangenen deutschen Funksprüchen, daß man ihn noch in Lissabon für die Abwehr geworben hatte. Er hatte den Auftrag, allgemeine Geheiminformationen zu sammeln, die – unter Benutzung von Geheimtinte – über die Diplomatenpost der Portugiesen an Deckadressen in Lissabon gesandt werden sollten.

Die portugiesische Post wurde regelmäßig, bevor sie Großbritannien verließ, kontrolliert. Nach einigen Wochen fand man in der Diplomatenpost ein Kuvert für eine der Deckadressen von Menezes. Die Meldung war mit einfacher Geheimtinte geschrieben worden. Recht einfältig wurde in ihr der moralische Zustand der Engländer eingeschätzt, über die Flakbatterien im Hyde Park berichtet und manch andere Nebensächlichkeit mitgeteilt. Doch selbst so ein kleines Licht wie Menezes konnte irgendwann einmal auf etwas Wichtiges stoßen, und deshalb mußten wir seiner Tätigkeit ein Ende setzen.

Die diplomatische Immunität schützte Menezes. Deshalb mußte zunächst der portugiesische Botschafter, Senhor Monteiro, überzeugt werden, daß Menezes auf einen solchen Anspruch zu verzichten habe. Unser einziger Beweis gegen Menezes war aber durch nichtdiplomatische Mittel zustande gekommen, und dies hielt die britische Gegenspionage von entschiedenen Schritten ab. Schließlich wurde der Brief dem portugiesischen Botschafter gezeigt. Der Brief sei von einem britischen Agenten in Lissabon eingegangen, wurde ihm mitgeteilt. Nachdem Monteira den Brief gelesen hatte, mußte er die Immunität für Menezes aufheben. Menezes wurde angeklagt. Er machte während der Verhandlung einen erbärmlichen Eindruck, so daß einige von uns sogar bis unmittelbar vor der Urteilsverkündung Gewissensbisse verspürten, zumal man ihn auch hätte zum Tode verurteilen können. Glücklicherweise zeigte sich der Richter nachsichtig, wohl auch deshalb, weil die Briten nicht die Absicht hatten, die Portugiesen zu reizen. Die Sache hatte jedoch ein unangenehmes Nachspiel. In einem chiffrierten Telegramm mit den Kommentaren zum Prozeß, das wir ebenfalls lasen, legte Botschafter Monteiro die britische Version von der Art und Weise, wie der Brief in die Hände der Engländer gefallen sei, dar. Im Anschluß daran erklärte er, daß es im Umgang mit der Diplomatenpost möglicherweise zu einer «Indiskretion» gekommen sei.

Die Anwesenheit neutraler Diplomaten in Großbritannien bereitete den britischen Sicherheitsorganen ständig Schwierigkeiten. Schon frühzeitig wurden sie durch den spanischen Botschafter Herzog von Alba darauf aufmerksam gemacht. Die Briten hatten zur spanischen Diplomatenpost ständig Zugang und erfuhren auf diese Weise, daß Alba nach Madrid periodisch qualitativ hervorragende Berichte über die politische Situation im Land sandte. Für die Briten gab es keinen Zweifel, daß das spanische Außenministerium seine deutschen Verbündeten davon in Kenntnis setzte. Deshalb waren diese Berichte ein wirklich ernster Informationsabfluß. Doch daran ließ sich nichts ändern. Beweise dafür, daß der Herzog sich seine Informationen auf unerlaubtem Wege verschaffte, lagen nicht vor. Alba verkehrte mit informierten Leuten und übermittelte einfach das ihm Gesagte, das er mit eigenen scharfsinnigen Kommentaren versah. Einmal wollten Mitarbeiter vom MI5 Alba zur Desinformation ausnutzen. Doch seine Informanten bekleideten etwas zu hohe Posten. Es befanden sich darunter solche Leute wie Brendan, Bracken, Beaverbrook und sogar Churchill höchst persönlich. Sie ließen sich doch wohl schwerlich zu einer Täuschung des spanischen Granden herab. Wir mußten die Sache bleibenlassen. Hoffentlich waren die Berichte Albas in einem englandfreundlichen Ton abgefaßt, und Hitler glaubte diesem unverbesserlichen Anglophilen nicht allzu sehr. Schließlich war Alba auch Herzog von Berwick.

Das Ziel ist erreicht

Ich deutete bereits an, daß ich gute Chancen hatte, auf der Dienstleiter emporzusteigen. In diesem Zusammenhang fällt mir eine Episode ein, die ich gern wiedergeben möchte. Die erste Möglichkeit einer erfolgreichen Karriere im SIS ergab sich mit einem vakanten Posten in einem speziellen Tätigkeitsbereich, den ich mir nicht entgehen lassen durfte.

Schon lange bevor der Krieg mit Deutschland zu Ende ging, lenkte die SIS-Führung ihre Aufmerksamkeit auf den künftigen Gegner. Zwischen den beiden Weltkriegen war der größere Teil der Geheimdienstressourcen dafür verwendet worden, in die Sowjetunion einzudringen und Großbritannien vor dem zu schützen, was man gemeinhin «Bolschewismus» nannte. Als an der Niederlage der Achsenmächte nicht mehr zu zweifeln war, kehrten die Gedanken des SIS in die alten, gewohnten Bahnen zurück. Ein bescheidener Anfang war der, daß man die kleine Neunte Sektion schuf, die die früheren Berichte über die Sowjetunion auswerten sollte. Zum Leiter der Sektion hatte man einen MI5-Mitarbeiter namens Currie ernannt. Currie näherte sich bereits dem Pensionsalter und kannte außerdem nicht die Besonderheiten der SIS-Arbeit. Zudem hinderte die strenge Geheimhaltung ihn daran, die nötigen Dokumente und Unterlagen zu bekommen. Alle hatten jedoch begriffen, daß die Ernennung von Currie nur eine vorübergehende Lösung war und er durch einen SIS-Kader ersetzt werden würde, sobald sich die Arbeit gegen Deutschland umfangmäßig verringerte.

In den folgenden Wochen sprach ich mit meinem Verbindungsmann über die Zukunft der Neunten Sektion. Wir analysierten die Situation bis in alle Details. Zwei Lösungen boten sich an: Im Falle seiner Pensionierung konnte Currie entweder ersetzt werden, oder die Neunte Sektion wurde mit der Fünften Sektion vereinigt. Cowgill zweifelte nicht daran, daß man sich für die zweite Lösung entscheiden würde. Er sprach begeistert von der Zeit, in der wir den alten Currie los seien und die Tätigkeit gegen den Kommunismus neu aufziehen könnten. Cowgills Annahme war nicht unberechtigt. Nach der Niederlage der Achsenmächte würde der SIS-Stellenplan drastisch gekürzt werden. Es war unwahrscheinlich, daß unter den neuen Bedingungen beide Sektionen der Gegenspionage bestehenbleiben würden: die eine für die sehr wichtigen sowjetischen und die andere für sonstige Angelegenheiten. Beide Sektionen würden bestimmt zusammengelegt werden, und dann wäre Cowgill als der Dienstälteste unbestritten der Anwärter auf den Leiterposten.

Meinen Verbindungsmann interessierte, ob man nicht mich für einen leitenden Posten in dieser Sektion vorschlage. Ich gab zur Antwort, daß dies wahrscheinlich der Fall sein werde. «Aber mit Sicherheit läßt es sich nicht sagen?» drängte er. Doch eine zuverlässige Antwort konnte ich ihm nicht geben. Zu viele Gerüchte existierten im Broadway über die Nachkriegsreorganisation, und es ließ sich unmöglich vorhersagen, wie die Geheimdienstfonds in Friedenszeiten aussehen würden. Genausogut konnte ich auch ins Ausland geschickt werden, um Erfahrungen an der Basis zu sammeln. Wir diskutierten dieses Problem bei mehreren Treffs. Schließlich stellte mir der sowjetische Kontaktmann eine direkte Frage. Wie würde ich mich verhalten, wenn der Posten des Sektionsleiters nicht Cowgill, sondern mir angeboten werde. Ich antwortete, daß ein derartiger Aufstieg mir die Möglichkeit gäbe, den Gang der Dinge stärker zu beeinflussen, auch was meine künftigen Ernennungen anginge. Mein Verbindungsmann zur sowjetischen Zentrale zeigte sich von meiner Antwort sichtlich befriedigt und gab mir die Hoffnung, daß er bis zum nächsten Treff genauere Instruktionen für mich habe.

Ich erhielt eindeutige Instruktionen. Die Zentrale teilte mit, daß ich alles, wirklich alles, daransetzen sollte, um zum Leiter der Neunten Sektion ernannt zu werden, ganz gleich, ob man sie mit der Fünften Sektion vereine oder nicht. Cowgill mußte von der Bühne abtreten. Ich versuchte einzuwenden, daß ich gerade dadurch, daß ich mich aus den Intrigen heraushielt, Zugang zu vielen Geheimdienstsachen erhielt. Doch dieses Argument wirkte nicht überzeugend. Die neuen Möglichkeiten rechtfertigten zeitweilige Abstriche an meinem guten Ruf. Außerdem würde Cowgill nach einigen Monaten vergessen sein und auch die Art und Weise, wie er aus dem Dienst ausschied. Das mochte stimmen, doch verspürte ich dennoch Gewissensbisse. Ich achtete Cowgill und war ihm in vieler Beziehung zu Dank verpflichtet. Aber er war ein Hindernis auf meinem Wege und mußte weichen. Bliebe er, würde kein weiterer ernsthafter Konkurrent für den Posten des Leiters der Neunten Sektion auftauchen, genauso wie ich andererseits mit keinem Rivalen rechnen müßte.

Obwohl meine Abneigung gegenüber Intrigen nicht entscheidend war, ließ die Zentrale dennoch meine Überlegungen nicht unbeachtet. Mir wurde empfohlen, die Kampagne gegen Cowgill sehr vorsichtig zu führen. Die Einzelheiten überließ man mir; ich erhielt nur allgemeine Hinweise. So sollte ich keinerlei offene Aktionen unternehmen, damit ich im Falle eines Scheiterns beweisen könne, daß mir der Posten aufgezwungen worden sei. Bei der Kampagne sollte jeder Schritt möglichst von einer anderen Person ausgehen. Ich mußte Verbündete finden, am besten unter den zahlreichen Gegnern Cowgills. Ich hatte damit die besten Aussichten auf einen Erfolg, besonders auch, weil es sich bei Cowgill um einen stolzen und ehrgeizigen Menschen handelte. Wenn er ging, ging er für immer.

Meine erste Wahl fiel auf den willensschwachen Colonel Vivian. Er war stellvertretender Geheimdienstchef und unmittelbarer Vorgesetzter Cowgills. Formell war Vivian für die gesamte Gegenspionage des SIS zuständig. Cowgill seinerseits ignorierte Vivian und zog es vor, mit dem Chef direkt zu verkehren. Vivian fühlte sich deshalb zutiefst verletzt. Mehrmals hatte er mir wegen des verlorengegangenen Einflusses sein Leid geklagt und mich damit in große Verlegenheit gebracht. Jetzt begrüßte ich diese sentimentalen Szenen. Die Frage Vivians, was er gegen Cowgill unternehmen könne, kam mir daher wie gerufen. Ich war zwar in meiner Stellung nicht berechtigt, mit ihm darüber zu diskutieren, doch vermochte ich ihm einen Rat zu erteilen. Er solle seine Beschwerde an die Stellen weiterleiten, die den entsprechenden Einfluß hätten. Zwecklos war es, ihm vorzuschlagen, die Frage vor den Chef zu bringen. Vivian fürchtete den Chef fast genauso wie Cowgill. Es gab jedoch andere, die sich des Wohlwollens des Chefs erfreuten und auf deren Rat er hörte.

Der geeignetste von ihnen war Christopher Arnold-Forster. Als ich zum SIS kam, war er in der Kriegsmarine-Sektion tätig und bearbeitete für die Admiralität Geheimdienstinformationen. Der Chef wies ihm damals einen Arbeitsraum zu, der dem seinen gegenüberlag, und machte ihn zum leitenden Stabsoffizier mit dem Titel Principal Staff Officer. Möglicherweise bedauerte er diese Ernennung später, doch faktisch war sie eine der besten, die er je ausgesprochen hatte. Arnold-Forster besaß einen klaren Verstand und die ungewöhnliche Fähigkeit, in dem bürokratischen Chaos das Wesentliche zu erfassen. Außerdem besaß er – sowohl schriftlich wie mündlich – einen ausgezeichneten Stil. Er war einer der mutigsten Männer, die mir je begegnet sind. Den größten Teil des Arbeitstages saß Arnold-Forster, keuchend vor Schmerzen, an seinem Tisch, der vollgestellt war mit einer Serie von Fläschchen, die verschiedene Arzneien gegen Magenleiden enthielten. Ich ging davon aus, daß er bei entsprechender Kenntnis unseres Problems sehr bald erkennen würde, daß der Leiter der SIS-Sektion für Gegenspionage nicht ständig auf Kriegsfuß mit MI5 stehen könne. Das unter Kriegsbedingungen zu dulden, ist eine Sache, eine vollkommen andere ist es, diese Lage endlos in die Friedenszeit zu verpflanzen. Wenn sich erst Arnold-Forster der Sache angenommen hatte, gab es für mich keinen Grund mehr, daran zu zweifeln, daß er ihr die richtige Wendung geben werde.

Doch wie sollte man damit beginnen? Das beste war es, wenn Arnold-Forster die im MI5 über Cowgill herrschende Meinung erführe. Aber von wem? Dick White schien mir für diese Zwecke ungeeignet, denn er war zu leicht bereit, allen und jedem einen Gefallen zu erweisen. White hätte den Schlag nur abgeschwächt. Guy Liddell eignete sich hierfür weitaus besser. Er war der Vorgesetzte von White und arbeitete beim MI5 schon so lange, daß es den

Anschein hatte, er selbst sei das MI5. Liddell nahm nie ein Blatt vor den Mund und konnte unbarmherzig sein. Als daher Vivian das nächste Mal erneut auf Cowgill zu sprechen kam, wiederholte ich, daß ich nichts vorzuschlagen hätte, es aber das beste wäre, wenn er sich mit Arnold-Forster beriete. Ich empfahl Vivian, daß es zweckmäßig sei, eine Begegnung zwischen Arnold-Forster und Guy Liddell zu arrangieren. Vivian konnte sich nur langsam mit dieser Idee anfreunden, doch fand sie immer mehr seine Zustimmung. Schließlich erklärte er entschlossen: «Weißt du, Kim, genau das werde ich tun!»

Wie diese Begegnung zustande kam, entzieht sich meiner Kenntnis. Vivian war Mitglied des Klubs «East India and Sports». Doch dürften sie kaum dort gespeist haben. Während des Krieges servierte man in diesem Klub Curry mit Kartoffeln, das hätte der Tod für Arnold-Forster sein können. Als ich Vivian das nächste Mal sah, schien alles gut zu laufen. Er lachte verschmitzt und sagte: «Mir scheint, daß durch unsere Begegnung Chris wirklich die Augen geöffnet wurden!» Noch wichtiger war ein Telefonanruf von Arnold-Forster, in dem er mich bat, zu ihm zu kommen. Arnold-Forster war korrekt und stellte die bewußte Frage nicht offen und nicht scharf. Zwischen uns gab es ein langes Gespräch über den SIS und dessen Zukunft. Dabei spielten die Möglichkeiten einer Arbeitsverbesserung und notwendiger Umgestaltungen für die Zeit nach dem Krieg eine Rolle. Offensichtlich testete Arnold-Forster mich, und ich war meinerseits bemüht, soweit ich das konnte, vernünftig und geradlinig aufzutreten. Der Name Cowgill wurde nicht einmal erwähnt.

Weitere Verbündete mußte ich mir im Foreign Office suchen. Mit dem Außenministerium hatten wir oft zu tun, besonders wegen der diplomatischen Proteste an Franco und Salazar über die Geheimdienstaktivitäten der Faschisten.

Während des Krieges war es üblich, Vertreter des Foreign Office zum SIS abzukommandieren. Beide Dienststellen konnten besser zusammenarbeiten und das nötige gegenseitige Verständnis füreinander aufbringen. Der erste Vertreter des Foreign Office war Patrick Reilly, der zu jener Zeit, über die ich schreibe, noch seinen Posten im Broadway-Gebäude innehatte. Ich hatte oft mit ihm zu tun, wenn es um deutsche Machenschaften in neutralen Ländern ging, und er hatte keinen Anlaß, schlecht von mir zu denken. Zwischen Cowgill und ihm gab es nie ernste Meinungsverschiedenheiten, die ausgereicht hätten, um in ihm einen möglichen Verbündeten zu sehen. Doch da leuchtete mein Glücksstern auf. Cowgill, der, wie es manchmal schien, zur Selbstvernichtung neigte, hatte gerade diese kritische Periode dafür erkoren, um den SIS-Chef in einen absolut überflüssigen Skandal mit Edgar Hoover, dem Chef des FBI, zu verstricken. Derartiges hätte sich zweifellos ungünstig auf die gesamten anglo-amerikanischen Beziehungen auswirken können. Schon deshalb äußerte Reilly starke Zweifel am politischen Verstand Cowgills.

Ich hörte zum erstenmal davon, als Vivian anrief und mich zu sich bat. Er zeigte mir einen zweiseitigen Briefentwurf, den Cowgill für den Chef zur Unterschrift verfaßt hatte. Ich kann mich nicht mehr genau erinnern, worum es eigentlich ging. Offenbar hat die ungezügelte Ausdrucksweise Cowgills den Inhalt des Briefes in meinem Gedächtnis verdunkelt. Cowgill hatte eine Tirade verfaßt, die sich gegen die übliche Hooversche Praxis richtete, die Interessen des Geheimdienstes seinen politischen Zielen in Washington zu opfern. Natürlich steckte in seinen Worten viel Wahres, doch bringt man das nicht zu Papier, schon gar nicht im Briefwechsel zwischen den Geheimdienstchefs. An den Schluß hatte Reilly eine kurze Bemerkung gesetzt: «Ich meine, daß der Entwurf völlig unakzeptabel ist. Würde man ihn abschicken, geriete der Chef des britischen Geheimdienstes in eine lächerliche Situation.» Reilly hatte Vivian ersucht, den Brief umzuschreiben. Vivian bat mich seinerseits, das für ihn zu erledigen. Ich fertigte einen etwa halbseitigen Entwurf an, in dem das Streitobjekt nur schwach und in höflichen Ausdrücken berührt wurde. Daraufhin überbrachten wir ihn gemeinsam Reilly. Dieser übergab ihn ohne Änderungen dem Chefsekretariat, damit war für mich die Sache abgeschlossen. Am nächsten Tag teilte mir Vivian mit, daß er mit Patrick ein sehr interessantes Gespräch geführt habe.

Der Boden war also vorbereitet. Vivian war sich der Unterstützung Reillys sicher und lechzte nach dem Blut Cowgills. Arnold-Forster kannte die Haltung vom MI5 gegenüber Cowgill und bemühte sich darum, daß der Chef MI5 nicht unterschätzte. MI5 bezog eine feste Position. Außer bei Dick White, der von Natur aus leutselig war, erschien Cowgill in den Augen der übrigen MI5-Mitarbeiter nur als Gegner im zwischenbehördlichen Streit. Selbst White nannte ihn gutherzig den «schwierigen Kleinen». Noch von einer anderen Seite her zogen sich über Cowgills Haupt die Wolken zusammen. Cowgill war stets der Meinung, daß ihm die Leiter der Government Code & Cipher School die Kontrolle über die Funkaufklärungsmaterialien streitig machten. Bald nachdem wir aus St. Albans nach London zurückgekehrt waren, hatte Cowgill mit zwei verantwortlichen Mitarbeitern der Schule, Jones und Hastings, eine Auseinandersetzung. Sehr unangenehm war es, daß Jones Cowgill in Anwesenheit seiner Untersektionsleiter einfach überwältigte, um nicht zu sagen fertigmachte. Beide bezogen kompromißlose und entgegengesetzte Standpunkte. Doch Jones war auf die Auseinandersetzung weitaus besser vorbereitet als Cowgill. Die Schule beteiligte sich zwar nicht an der Kampagne gegen Cowgill, dazu war sie zu weit entfernt. Doch durch sein eigenes Informantennetz wußte der Chef genau, daß die Dechiffrierer einem Rücktritt Cowgills mit philosophischer Ruhe gegenüberstanden.

Die schwere Prüfung war bereits überstanden, als mich Vivian eines Tages zu sich beorderte und darum bat, eine für den Chef verfaßte Notiz zu lesen. Sie war ungewöhnlich lang und mit Hamlet-Zitaten durchsetzt. Eindeutig wurden die Cowgillschen Zwistigkeiten dargelegt und die Notwendigkeit bewiesen, radikale Veränderungen vorzunehmen, bevor die Friedensbedingungen eintraten. Ich wurde als Nachfolger von Currie benannt, dagegen eine Kandidatur Cowgills für diesen Posten entschieden abgelehnt. In schmeichelhaften Ausdrücken wurde meine Qualifikation für diese Dienststellung begründet. Wie merkwürdig es auch klingen mag, bei den genannten Vorzügen war die wichtigste Qualität, die man für die betreffende Arbeit haben mußte, ausgelassen worden: die Tatsache, daß ich einiges vom Kommunismus verstand.

Der Kampf war ausgestanden. Vivian hätte es nicht gewagt, einen so weitreichenden Vorschlag ohne Segen von Arnold-Forster dem Chef zu unterbreiten, und Arnold-Forster hätte seinen Segen nicht erteilt, wenn er nicht vorher den Boden für eine günstige Aufnahme vorbereitet hätte. Allein schon der Umstand, daß die Notiz mit Maschine geschrieben und zum Vortrag fertig war, zeugte davon, daß der Chef es zur Kraftprobe mit Cowgill kommen lassen wollte, bis hin zur Annahme seines Rücktritts. Ich zweifelte nicht daran, daß er mich in nächster Zeit zu sich rufen ließe. Darauf bereitete ich mich vor.

Im Geheimdienst läßt sich eine Karriere nicht voraussagen.

Stets sind irgendwelche Fehler möglich. Mit kleinen Mißgeschikken konnte ich selbst fertig werden, doch für alle Fälle wollte ich nicht nur auf die loyale Haltung der SIS-Mitarbeiter angewiesen sein. Am gefährlichsten war es, wenn Geheimdienstleute der Unzuverlässigkeit in Sicherheitsfragen bezichtigt wurden, wofür MI5 zuständig ist. Schon deshalb wollte ich das MI5 in meine Ernennung einbeziehen. Eine schriftliche Stellungnahme zu meiner Ernennung war hier am angebrachtesten. So ausführlich konnte ich das aber keineswegs dem Chef erklären. Ich fand es für das beste, wenn ich den unmäßigen Hang des Chefs zu zwischenbehördlichen Manövern ausnutzte.

Die Einladung traf ein. Die geheimsten Gefilde betrat ich zwar nicht zum erstenmal, doch diesmal zeigten sich die beiden Chefsekretärinnen, Miss Pettigrew und Miss Jones, besonders liebenswürdig. Ein grünes Licht flammte auf, und ich trat ein. Erstmalig sprach mich der Chef mit «Kim» an. Doch auch in letzter Minute konnten noch Schwierigkeiten auftauchen. Der Chef zeigte mir die Notiz von Vivian, und ich machte aus Höflichkeit den Eindruck, als ob ich sie lese. Dann teilte er mir mit, daß er entsprechend dem Vorschlag verfahren werde und mich als Nachfolger von Currie einsetzen wolle. Hätte ich dazu etwas zu sagen? «Ja, das hätte ich», kam meine Antwort. «Sir, ich hoffe, nichts Ungehöriges zu sagen», erklärte ich, «wahrscheinlich wird mir die Stellung deshalb angetragen, weil sich Cowgill nicht mit den MI5-Mitarbeitern verträgt. Ich hoffe, daß ich künftig solche Streitigkeiten vermeiden kann. Aber wer kann schon hellsehen? Ich werde mich wohler fühlen, wenn ich mit Sicherheit weiß, daß die Mitarbeiter vom MI5, mit denen ich täglich zu tun habe, nicht gegen meine Ernennung sind. Außerdem dürfte diese offiziell ausgesprochene Zustimmung den Geheimdienst vor einer möglichen Kritik durch MI5 künftig schützen.»

Der Chef griff meine Idee erfreut auf. Er verstand es, die geheimen Pfade im bürokratischen Dschungel außerordentlich rasch zu erspähen. Nicht umsonst haben Kritiker des Chefs mehrfach betont, daß er es nur seiner Fähigkeit zu taktischem Manövrieren zu verdanken habe, daß er sich auf dem begehrten Posten, der zur Kontrolle über die Geheimfonds ermächtigte, halten konnte. Mit Nachdruck bewies er mir eindringlich die Notwendigkeit dessen, was ich selbst vorgeschlagen hatte. Dann verabschiedete er sich von mir sehr herzlich und versprach mir, unverzüglich David Petrie, dem Leiter vom MI5, zu schreiben. Ich verließ den Chef mit der Hoffnung, er möge behaupten und sogar auch glauben, daß das gesamte Verdienst, diese Idee vorgebracht zu haben, ihm gebühre. Bald darauf ging von Petrie eine sehr wohlwollende Antwort ein. Der Chef war zufrieden und ich auch.

Mit dieser Intrige verband ich auch die Absicht, daß Cowgill von selbst ginge. Dies trat prompt ein. Sobald Cowgill von meiner Ernennung erfahren hatte, verlangte er ein Gespräch beim Chef des SIS. Einzelheiten dieser Aussprache sind mir nie bekannt geworden. Cowgill sah ich nicht mehr wieder. Er reichte den Rücktritt ein, den man auch annahm. Dies war ein sinnloser und folgenschwerer Fehler. Nach kaum einem Jahr wurden die Fünfte und Neunte Sektion unter meiner Leitung vereinigt. Cowgill stand mir nicht mehr im Wege. Wäre er für kurze Zeit im Hintergrund geblieben, hätte er sicherlich eine andere Tätigkeit im Geheimdienst gefunden. Doch er wollte immer hoch hinaus. Ich hoffe, daß mir der Beweis gelungen ist, daß Cowgill ein stolzer und impulsiver Mensch war, der bei seinen Fähigkeiten zu selbstgefällig war.

Innerhalb weniger Tage übernahm ich von Currie die Geschäfte. Ich befürchtete, daß ich mich dabei ziemlich ungeduldig benahm. Dem Chef unterbreitete ich den Vorschlag, die Stellung der neugebildeten Neunten Sektion in einem von mir zu entwerfenden Statut zu fixieren, das seine Unterschrift trägt. An die genauen Formulierungen kann ich mich nicht mehr genau erinnern. Ich weiß nur noch so viel, daß ich verantwortlich dafür war, unter der Leitung des Chefs Informationen über die Aufklärungstätigkeit der Sowjetunion und über die Arbeit der Kommunisten in allen Weltteilen außerhalb des britischen Territoriums zu sammeln und auszuwerten. Ich war verpflichtet, mit MI5 engsten Kontakt zu unterhalten, um Informationen zu diesen Fragen gegenseitig auszutauschen. Der Chef hatte einen Schlußpassus hinzugesetzt: In keinem Fall durfte ich irgendwie mit den USA-Geheimdiensten zusammenarbeiten. Der Krieg war noch nicht beendet, und die Sowjetunion war ein Verbündeter Großbritanniens. Jedes Risiko eines Durchsickerns von Informationen mußte vermieden werden. Der Chef vermutete wahrscheinlich, daß von den amerikanischen Geheimdiensten Informationen zu den sowjetischen Aufklärungsorganen durchsickern könnten. Dies war tatsächlich eine pikante Situation!

Vom Krieg zum Frieden

Der Übergang zur Neunten Sektion bedeutete den Umzug von der Ryder Street zum Broadway. Das paßte mir aus mehreren Gründen gut. Ab Sommer 1943, nachdem wir von St. Albans nach London umgezogen waren, hatte ich bereits einen leichten Zugang zum Herzen des SIS. Jetzt saß ich selbst inmitten dieser Einrichtung an einer so idealen Stelle, die es erlaubte, alle Neuigkeiten mitzubekommen und die Leute zu studieren, die mir in den Korridoren begegneten. Außerdem trennte mich der weitläufige St. James Park von den OSS-Leuten für Gegenspionage.

Als die Fünfte Sektion seinerzeit ihr Gebäude in der Ryder Street bezog, nahmen Pearson und seine Mitarbeiter, von Cowgill unterstützt, im selben Haus Quartier. Sie ermüdeten uns mit ihrem Gezänk, obwohl sie uns manchmal auch amüsierten. Graham Greene hat in einem Zeitungsartikel erwähnt, daß ein OSS-Panzerschrank einfach nicht zu verschließen war. So kam es, daß Pearson, der die Zustimmung Cowgills hatte, zur Beruhigung der wachhabenden Offiziere folgende entwaffnende Aufschrift auf dem Tresor anbrachte: «Dieser Safe ist als verschlossen zu betrachten.»

Mir war es von vornherein untersagt worden, mit den Amerikanern irgendwelche Kontakte zu pflegen. Pearson wußte das. Doch hinderte ihn dies nicht daran, mich ständig mit gastfreundlichen Angeboten in Verlegenheit zu bringen. Für mich war es das beste, weit weg von ihm zu sein – hoch oben in der siebenten Etage des Broadway-Gebäudes.

Anfangs war mein Arbeitstag ganz mit organisatorischen Problemen ausgefüllt. Mir fehlten noch Mitarbeiter, geeignete Diensträume und ensprechendes Inventar. Für meine Mitarbeiter würde es stets genügend Arbeit geben; ich könnte die Aufgaben der Sektion stets erweitern. Nur mußte ich gute Mitarbeiter finden, solange dies noch möglich war. Bei den bevorstehenden Einschränkungen würde es weitaus leichter sein, sich von überflüssigem Personal zu befreien, als mit irgendwelchen Leuten die künftig möglichen Leerstellen zu besetzen.

Die Neunte Sektion hatte ursprünglich vier Mitarbeiter; Currie selbst, zwei weibliche Angehörige und einen halbverrückten männlichen Mitarbeiter. Eine der Mitarbeiterinnen war ein sehr nettes Mädchen aus dem Kriegsmarinehilfsdienst, das ich behielt. Die andere war eine merkwürdige Person, die von der Zensurabteilung zu uns gekommen war. Ich war erleichtert, als sie bald nach meiner Übernahme der Sektion bei der Beobachtung einer Sonnenfinsternis eine Hornhautverbrennung erlitt und uns verließ. Der Halbverrückte war ein gewisser Steptoe aus Shanghai, der zwischen den beiden Kriegen im SIS für den gesamten Fernen Osten zuständig gewesen war. Wie es dazu gekommen war, ist für mich heute noch ein Rätsel. Es ist schwer zu glauben, daß er sich auch nur für eine Woche in irgendeiner Arbeit halten konnte. Steptoe war Currie von Vivian aufgeschwatzt worden, wahrscheinlich wegen irgendwelcher vergangenen Dinge. Doch ich wollte mich in diesem Fall nicht gegen Vivian stellen: Schließlich spielte dieser schon seine Rolle, erfüllte seinen Zweck. Steptoe grub sich glücklicherweise selbst eine Grube. Auf Vorschlag von Vivian unternahm er eine Dienstreise zu den SIS-Residenturen der Mittelmeerländer, um von den Aufgaben der Neunten Sektion zu berichten. Die Reise endete mit einem totalen Schiffbruch, weil der alte Hase Steptoe eine so auffällige Geheimnistuerei an den Tag legte, daß einige unserer Vertreter im Ausland an seiner Identität zweifelten. In London gingen zahlreiche Briefe und Telegramme ein, in denen Zweifel an der Echtheit der Vollmachten geäußert wurden. Mit diesem Material konnte ich den Chef mühelos davon überzeugen, daß der Geheimdienst wenig verlöre, wenn Steptoe in den Ruhestand ginge. Steptoe verließ uns mit einem hochtrabenden Schreiben Vivians, in dem seine verflossenen Verdienste gepriesen und das Bedauern zum Ausdruck gebracht wurde, daß man sich von ihm trennen müsse.

Ich bedauerte diesen Verlust nicht. Die Personalsituation wurde mit dem sich abzeichnenden Ende des Krieges immer besser. Die Geheimdienstbeamten der Sektionen der offensiven Aufklärung sahen ihre Angriffsobjekte rapide zusammenschrumpfen. Die Spezialisten für Gegenspionage, die gegen die Geheimdienste der Achsenmächte operierten, begriffen, daß sie bald keinen Gegner mehr haben würden. Ich befand mich damit in einer beneidenswert ungewöhnlichen Lage. Anstatt um jeden Mitarbeiter kämpfen zu müssen, sah ich mich von Interessenten umworben, die in meine Sektion wollten, darunter auch von solchen, an deren Einstellung ich nicht dachte.

Meine zukünftigen Mitarbeiter unterteilte ich in vier Kategorien. Für Blindgänger verschwendete ich keine Zeit. Dann gab es viele, teils auch sehr begabte, die so schnell wie möglich wieder einer friedlichen Arbeit nachgehen wollten. Einige versuchte ich zu überreden, ihren Entschluß zu ändern und im Dienst zu bleiben. Doch das gelang mir nur in einem einzigen Fall. Ferner gab es eine Reihe erfahrener älterer Offiziere, die noch bis zur Pension im Dienst des SIS bleiben wollten. Eine letzte Gruppe bestand aus annähernd zwanzig jüngeren Leuten, die etwa in meinem Alter, plus oder minus fünf Jahre, waren. Sie hatten an der Geheimdienstarbeit Gefallen gefunden und wollten Karriere machen.

Dieser vierten Kategorie schenkte ich vor allem meine Aufmerksamkeit. In der Tat waren die meisten Offiziere meiner Sektion wesentlich jünger als vierzig Jahre. Um keine Beförderungsprobleme zu schaffen, stellte ich auch einige ältere Mitarbeiter ein, die nach einigen Jahren ausscheiden und ihre Plätze jüngeren frei machen würden. Der bekannteste unter ihnen war Bob Carew-Hunt, der für mich Hintergrundmaterial über den Kommunismus zusammenstellte. Er war zwar nicht redegewandt, aber dafür sehr belesen. Mit der Zeit wurde Bob zu einer anerkannten Autorität in Fragen des Kommunismus und erfreute sich eines großen Zuspruchs als Berater und Lektor nicht nur in Großbritannien, sondern auch in den Vereinigten Staaten. Später sagte er mir einmal, daß er mir ursprünglich sein erstes Buch über «Die Theorie und Praxis des Kommunismus» widmen wollte, wovon er jedoch wieder Abstand genommen hätte. Tatsächlich hätte mich eine solche Huldigung aus den verschiedensten Gründen in eine sehr peinliche Lage gebracht.

Auf dem Höhepunkt meiner Werbekampagne teilte mir Vivian mit, daß Jane Archer verfügbar sei, und er fügte hinzu, daß sie ausgezeichnet für die Neunte Sektion geeignet wäre. Dieser Vorschlag kam mir ungelegen. Ich konnte aber nichts dagegen vorbringen. Nach Guy Liddell war sie vielleicht der fähigste Geheimdienstoffizier, der je beim MI5 angestellt war. Jane hatte die kommunistische Bewegung in all ihren Aspekten studiert.

Sie verhörte den ehemaligen Offizier der Roten Armee, Kriwitzki, der 1937 nach dem Westen geflüchtet war, bevor er einige Jahre später, restlos desillusioniert, in den USA Selbstmord beging. Aus ihm hatte sie die für mich gefährliche Aussage herausgeholt, daß die sowjetische Aufklärung während des Bürgerkriegs einen jungen britischen Journalisten entsandt hatte. Und diese

Archer sollte in meine Sektion kommen! Glücklicherweise war Jane eine Frau nach meinem Geschmack: mit gesundem Verstand und scharfer Zunge. Man hatte sie aus dem MI5 entlassen, da sie in einer Beratung auf hoher Ebene den Brigadekommandeur Harker beleidigt hatte, der mehrere Jahre stellvertretender MI5-Chef war. Außer Liebenswürdigkeit zeichnete diesen nichts aus. Bald nachdem Jane zu uns gestoßen war, forderte die Krise in Griechenland entschlossenes Handeln seitens des Generals Plastiras. Jane brachte mich durch ein kleines Wortspiel zum Lachen, in dem sich der Familienname des Generals mit einem obszönen Wort reimte. Ich fühlte, daß wir viel Gemeinsames hatten, doch Jane zum Feinde zu haben, wäre sehr gefährlich.

Um Jane zu beschäftigen, vertraute ich ihr den umfangreichsten Teil des nachrichtendienstlichen Materials an, das der Sektion damals zur Verfügung stand. Es handelte sich um eine beträchtliche Anzahl von aufgefangenen Telegrammen, die die nationale Befreiungsbewegung in Osteuropa betrafen. Mit ihnen ließ sich ein überzeugendes Bild von der wirksamen Tätigkeit der Kommunisten zeichnen, die sie im Kampf gegen die Achsenmächte entfalteten. Die große Hilfe, die die Sowjetunion dieser Bewegung systematisch erwies, stimmte nachdenklich. Trotz der von OSS und SOE unternommenen Versuche, mit Hilfe von Waffen-, Geld- und Materiallieferungen politischen Einfluß auf dem Balkan zu erlangen, gingen die nationalen Befreiungsbewegungen keinen Kompromiß ein. Sie hätten zwar selbst vom Teufel Hilfe angenommen, doch dachten sie nicht daran, sich mit ihm zu verbünden.

Abgesehen von Bob Carew-Hunt und Jane Archer, denen spezielle Aufgaben übertragen wurden, unterteilte sich die Sektion in die üblichen regionalen Untersektionen. In jenen Tagen gab es sehr wenig Geheiminformationen, die man hätte bearbeiten können. Doch der Mangel an eingehenden Unterlagen hatte auch seine Vorteile. Zu jener Zeit wußten nur sehr wenige Geheimdienstmitarbeiter etwas über den Kommunismus. Wir hatten daher die Muße, uns erneut auf die Schulbank zu setzen und uns in dieser Frage Grundkenntnisse anzueignen und dabei gleichzeitig die laufenden Ereignisse an Hand von zugänglichen Materialien wie der kommunistischen Presse und Rundfunksendungen aus sozialistischen Ländern zu verfolgen. Die wenigen Geheiminformationen, die wir damals erhielten, waren größtenteils gefälscht.

Ich habe bereits dargelegt, wie die Meinungsverschiedenheiten zwischen SIS und MI5 dazu beigetragen hatten, daß ich die Neunte Sektion übernahm. Nun war ich verpflichtet, die Zusammenarbeit auf einer neuen und freundschaftlichen Basis weiterzuführen. Mein Partner beim MI5 war Roger Hollis, der die Sektion leitete, die sich mit sowjetischen und kommunistischen Angelegenheiten befaßte. Hollis war ein angenehmer Mensch, der zur Vorsicht neigte. Er war, wie seltsam es auch klingen mag, von der British-American Tobacco Company, deren Vertreter er in China war, zum MI5 gekommen. Obwohl ihm der gewisse Schuß Leichtsinn, den ich für jeden Menschen in maßvoller Dosis als wesentlich ansehe, fehlte, verständigten wir uns rasch miteinander und tauschten bald vorbehaltlos gegenseitig Informationen aus. Wir waren beide Mitglied des für kommunistische Angelegenheiten zuständigen nachrichtendienstlichen Unterausschusses (Joint Intelligence Sub-Committee). Stets erarbeiteten wir uns einen abgestimmten Standpunkt, den wir weniger informierten Vertretern anderer Einrichtungen unterbreiteten.

Obwohl Hollis gegen die sowjetische Aufklärung nicht viel erreichen konnte, hatte er bei der Bespitzelung der britischen kommunistischen Partei mehr Erfolg. Er verschaffte sich Informationen über ihre inneren Angelegenheiten auf höchst einfache Weise; er ließ in der Parteizentrale in King Street Mikrofone installieren. Das Ergebnis war hinreißend paradox.

Aus den Aufnahmen ging eindeutig hervor, daß die Kommunistische Partei Großbritanniens alle Kräfte dafür einsetzte, um dem Land den Krieg gewinnen zu helfen. Somit fand selbst der nach Kommunistenblut dürstende Herbert Morrison keine gesetzliche Handhabe, die Tätigkeit der Partei zu verbieten.

Anfang 1945 – die Sektion war voll arbeitsfähig – hatte ich die Zeit, einige Residenturen im Ausland aufzusuchen. Einerseits wollte ich den von Steptoe angerichteten Schaden wieder gutmachen und andererseits mit den Leitern Wege und Mittel der Informationsbeschaffung für die Neunte Sektion erörtern. Der erste Teil meiner Mission war leicht erfüllt. Ich sagte einfach allen, die es anging, daß ich als erste Amtshandlung Steptoe entlassen habe. Diese Neuigkeit wurde mit Zustimmung aufgenommen. Der zweite Teil war schon schwieriger. Vom Zielobjekt war nichts zu sehen und nichts zu hören. Für den SIS existierte die sowjetische Aufklärung nicht. Das Ergebnis sämtlicher Gespräche war nur die allgemeine Schlußfolgerung: fortzufahren mit der Sammlung der kleinen Klatschereien über die Mitarbeiter sowjetischer und osteuropäischer diplomatischer Vertretungen und über die Mitglieder der einzelnen kommunistischen Parteien. Während meiner Dienstzeit gab es keine einzige weitreichende Operation gegen die sowjetische Aufklärung, die von Erfolg gekrönt war. Der SIS lebte nur von unerwarteten Almosen, die ihm das Schicksal zuweilen in die Hände spielte, wenn man von ein bis zwei Ausnahmen absieht, von denen ich später sprechen werde. Diese Almosen flossen in Gestalt seltener Überläufer aus der UdSSR zu. Sie hatten die angebliche Freiheit gewählt, ähnlich Krawtschenko, der sich wie Kriwitzki schnell enttäuscht das Leben nahm.

Meine Reisen, die mich nach Frankreich, Deutschland, Italien und Griechenland führten, waren aber dennoch lehrreich, da sie mir die Möglichkeit gaben, mich mit den verschiedenen Organisationstypen der SIS-Residenturen im Ausland bekannt zu machen. So gelangte ich nach jeder Reise immer mehr zu der Überzeugung, ohne dabei Verdruß zu verspüren, daß die britische Aufklärung Jahre um Jahre benötigen wird, um irgendein Fundament für die Tätigkeit gegen die Sowjetunion zu legen. Mein Gedächtnis speicherte aus jener Zeit eher nichtige Vorfälle als handfeste Ergebnisse. So bewirtete man mich in Berlin mit gekühltem Flit, einem Mittel gegen Fliegen, das mein Gastgeber allen Ernstes als Wein angesehen hatte. Mein Besuch in Rom wurde durch einen endlosen Zank um das Transportmittel für den Leiter der Paßabteilung der Botschaft getrübt. Es ging darum, ob dieser Anspruch auf einen Dienstwagen hatte oder nicht. In Bari half ich, ein unbeliebtes Subjekt in Jugoslawien mit dem Fallschirm abzusetzen, doch kehrte dieser Kerl, anstatt sich das Genick zu brechen, ruhmbekleckert zurück. In Larissa beobachtete ich eins der Naturwunder, mit denen Griechenland so gesegnet ist: zwei vollkommen getrennte Gewitter – eines über Ossa, ein zweites über dem Olymp –, während sich gleichzeitig über uns, in der Thessalischen Ebene, ein strahlendblauer Himmel spannte.

Nach meiner Rückkehr in das düstere Broadway-Gebäude entwickelten sich hier Ereignisse, die von mir größte Aufmerksamkeit verlangten. Die zahllosen Erschütterungen des Krieges hatten allmählich den dilettantischen Charakter des Geheimdienstes verdrängt, wenn auch einige Überreste nur langsam ausstarben. Mit dem Sieg in Europa schrumpfte der aufgeblähte Apparat der Kriegszeit rasch zusammen, und das, was übrigblieb, mußte reorganisiert werden. Als Sektionsleiter hatte ich nunmehr einen höheren Rang, und dies um so mehr, da meine Sektion zwangsläufig größer werden mußte als alle anderen. Zur Strafe wurde ich immer häufiger zur Entscheidungsfindung über Verwaltungs- und Grundsatzfragen herangezogen. Gewiß gibt es Wege, um derartige Fragen rascher zu lösen, doch zu jener Zeit fanden wir sie nicht. Ich verbrachte eine enorme Anzahl von Morgen- und Nachmittagsstunden auf Sitzungen der verschiedenen Gremien und malte dabei Figuren auf mein Papier, die kaum etwas mit dem Thema zu tun hatten.

Bisher hatte ich die höheren Angestellten unseres Geheimdienstes nur dann flüchtig erwähnt, wenn ihre oft unberechenbaren Einmischungsversuche meine Arbeit tangierten. Bevor ich die nach Kriegsende durchgeführte SIS-Reorganisation beschreibe, möchte ich einen genaueren Blick auf die Chefs werfen. Ich beginne dabei mit meinem obersten Chef, dem späteren Generalmajor Sir Stewart Menzies.

Menzies war in keiner Beziehung das, was man einen bedeutenden Geheimdienstoffizier nannte. Seine Geistesgaben waren nicht beeindruckend. Menzies' Kenntnisse und Ansichten von der Welt waren typisch für einen Zögling der oberen englischen Gesellschaft. Er hatte sehr naive Vorstellungen über meinen Tätigkeitsbereich, die Gegenspionage: Bars, angeklebte Bärte und Blondinen. Gerade dieser naive, jugendhafte Zug, den er sich bewahrte, machte ihn anziehend, trotz der gewaltigen Verantwortung, die er während des Krieges auf seinen Schultern trug und der ständigen Gefahr, zu Churchill gerufen zu werden, wenn dieser eine seiner mitternächtlichen launenhaften Anwandlungen bekam. Menzies' wirkliche Stärke lag in der Fähigkeit, sich auf die Wendungen der Whitehall-Politik rechtzeitig einzustellen und seinen Weg in den verworrenen Korridoren der Macht zu finden. Die Offiziere, die ihn wesentlich besser als ich kannten, sprachen oftmals von einer geradezu femininen Intuition. Damit will ich aber keineswegs gesagt haben, daß er kein ganzer Mann gewesen sei.

Diese Fähigkeiten des Chefs wurden erstmalig im SIS bekannt, als er eine entschlossene Attacke parierte, die die drei Chefs der Geheimdienste der Teilstreitkräfte, seine drei Kollegen im gemeinsamen nachrichtendienstlichen Ausschuß (Joint Intelligence Commitee), gegen ihn gestartet hatten. Deren Behauptungen liefen im wesentlichen darauf hinaus, daß die vom SIS gelieferten Geheiminformationen nicht ausreichend seien und daß deshalb irgend etwas getan werden müsse. Gewiß war an ihren Vorwürfen etwas Wahres. Doch noch nie gab es einen Nachrichtendienst, der nicht vervollkommnet werden müßte. Menzies wußte, es würde keinen Sinn haben, die Anschuldigungen Punkt für Punkt zu widerlegen. Seine schwache Stelle war, daß er sich allzuoft drehen müßte: Es gab nicht wenige Offiziere, die es auf seinen Posten abgesehen hatten. Man erzählte, daß einer von ihnen Admiral Godfrey, ein rotgesichtiger Seewolf und unbeherrschter Mensch, gewesen sei, der zeitweilig Leiter der nachrichtendienstlichen Verwaltung der Marine gewesen war.

Der Chef dachte nicht daran, die gesamte Organisation grundlegend zu verändern, um den Teilstreitkräften zu gefallen. Aber scharfsinnig genug war er, um zu begreifen, daß in der entstandenen Situation eine wirkliche Gefahr lag. Typisch für ihn war, daß er, anstatt dieser Gefahr mit offenem Visier zu begegnen, zu manövrieren begann und sich auf Zugeständnisse einließ. Nachdem er in vielen Punkten die Kritik akzeptiert hatte, unterbreitete er den Leitern der militärischen Geheimdienste den Vorschlag, je einen höheren Offizier in seinen Stab zu entsenden. Diese Offiziere sollten den Rang stellvertretender Direktoren bekleiden und Zugang zu jenen Tätigkeitsbereichen des SIS erhalten, die für den jeweiligen Dienst von Interesse waren. Sie sollten das Recht haben, beliebige Empfehlungen zu erteilen, die man auf das sorgfältigste prüfen werde. Der Chef zweifelte nicht daran, zumindest drückte er sich so aus, daß er die Ansprüche der Streitkräfte bald vollständig befriedigen könne, wenn ihm erfahrene Spezialisten aus den Geheimdiensten des Heeres, der Marine und der Luftstreitkräfte zur Seite stünden.

Diesen gutgemeinten Vorschlag konnten die Militärs kaum von der Hand weisen. Zugleich war er ein kluger Vorschlag. Der Chef wußte zu gut, daß ihm kein klar denkender Geheimdienstleiter einen höheren Offizier überlassen werde, der für ihn von Wert war, schon gar nicht unter den Kriegsbedingungen. So konnte er mit Sicherheit erwarten, daß die zum SIS abkommandierten Offiziere abkömmlich oder gar Blindgänger waren. Sobald sie sich im Broadway niederließen, konnte man sie so beiseite schieben, daß sie keinen Schaden anrichteten. Ich war überzeugt, daß der Chef nicht für eine Minute am Erfolg seines Planes zweifelte. Die Ereignisse gaben ihm vollauf recht.

So kamen wir zu unseren – wie sie sofort genannt wurden – drei «Kommissaren» von den Streitkräften.

Der stellvertretende Direktor vom Heer war ein gewisser Beddington. Er hatte den Rang eines Brigadegenerals. Soweit mir bekannt ist, gab er keine einzige Empfehlung, wie man die Beschaffung militärischer Informationen verbessern könnte.

Im Verlaufe einiger Wochen war er nur damit beschäftigt, die Ränge der Armeeoffiziere an Hand der Stärke des SIS zu überprüfen. Als Zivilist hatte ich keinen offiziellen Kontakt zu ihm, deshalb kann ich nicht sagen, was sich hinter seinem feisten Gesicht verbarg. Aber ich hatte einen kleinen Zusammenstoß mit ihm, der mich recht begreifen ließ, welch Glück es war, nichts mit ihm zu tun zu haben. In jenen Tagen, als es die Kleidung auf Zuteilung gab, versuchte ich die Ellenbogen meiner zwei bis drei Anzüge dadurch zu schonen, daß ich im Dienst eine Feldbluse anzog, die ich noch aus jenen Zeiten hatte, als ich Militärkorrespondent war. So gekleidet, sah ich mich eines Tages im Lift Beddington gegenüber. Wir waren kaum einander bekannt und unterhielten uns nicht miteinander, zumal er nicht redselig war. Doch ich bemerkte, wie er seine Augen aufriß, als er meine Feldbluse mit den leeren Schulterstücken sah. Nach einer halben Stunde erschien bei mir einer seiner Untergebenen und wollte Näheres über meinen Militärdienst wissen. Ich erklärte ihm, wie ich zu der Feldbluse gekommen war und das Recht hätte, sie ohne Rangabzeichen zu tragen. Mehr habe ich dann von Beddington nicht gehört.

Der Vertreter des Luftfahrtministeriums, Commodore Payne, war ein noch schwierigerer Charakter. Man taufte ihn schnell den lausigen Payne, und die Besten unter uns schlossen sich in dem «Edlen Orden zur Bekämpfung von Payne»[1] zusammen. Doch wir brauchten uns nicht zu beunruhigen, da sich der Chef selbst auf recht geschickte Weise von ihm befreite. Payne wurde unter einem Vorwand auf eine Dienstreise in die USA geschickt. Die Reise wurde zur allgemeinen Zufriedenheit verlängert und führte ihn bis nach Kalifornien und Hollywood. Ein Gerücht besagte sogar, daß Claude Dansey zur Unterschrift für den Chef ein aus

1 pain bedeutet Schmerz, hier als Wortspiel gebraucht.

vier Worten bestehendes Telegramm an Payne entworfen habe: Westlich Schönheit, östlich Pflicht (Westward beauty, eastward duty). Das Telegramm ist natürlich nicht abgegangen. Der Chef sah einfach keinerlei Gründe – weder dienstliche noch private –, Payne aus den USA zurückzurufen.

Der Abgesandte des Chefs der Kriegsmarine war Oberst Cordeaux, ein Offizier der Marineinfanterie und der beste von den drei «Kommissaren». Er war Fußballspieler und stand früher bei Grimsby Town im Tor. Ihn ermutigte der Chef, und bald befaßte er sich mit gewissenhafter Arbeit und leitete, wenn auch manchmal ungeschickt, SIS-Operationen in skandinavischen Ländern. Angenehm war es, daß sich wenigstens einer der «Kommissare» für unsere Arbeit soweit interessierte und selbst ein wenig mitmachte. Der Chef war zufrieden, daß Cordeaux, auf einen kleinen Winkel Nordeuropas eingeengt, keine Veränderung innerhalb des SIS bewerkstelligen konnte.

Bald nachdem sich die stellvertretenden Direktoren in ihren jeweiligen harmlosen Schattenbereichen niedergelassen hatten, folgten andere Veränderungen auf der obersten Ebene. Ich sagte bereits, daß der Stern Vivians schnell unterging. Sein weiteres Verbleiben in der Stellung eines stellvertretenden Chefs erschien absurd. Er wurde nach unten und beiseite geschoben, indem man ihm die Stelle eines Beraters für Sicherheitsfragen gab, die bedeutungslos war. Bar jeden Stolzes klammerte er sich viele Jahre an diesen Posten, schrieb lange Berichte, die niemand las, in der vergeblichen Hoffnung, mit einem Adelstitel in Ruhestand zu gehen. Seinen Platz nahm Dansey ein, doch um die Gefühle des empfindlichen Vivian nicht zu verletzen, wurde er nicht stellvertretender Chef, sondern Vizechef. Danseys frühere Position – die eines persönlichen Referenten – übernahm der zierliche General Marshal-Cornwall, der auf eine mir unbekannte Weise in den Geheimdienst gekommen war. Zuvor hatte er in der Armee gedient. Und wenn er in meinem Buch keine besondere Rolle spielt, so einfach deshalb, weil sein Einfluß recht unbedeutend, um nicht zu sagen, unglücklich war. Gerade er war es, der wegen einer unerklärlichen Grille einen langwierigen und hartnäckigen Kampf gegen den Leiter der Paßabteilung in Rom führte, der unbedingt zu einem Dienstwagen kommen wollte.

In der Nachkriegszeit tauchten neue Gesichter auf. Marshal-Cornwall verließ uns fast unbemerkt und ohne daß es jemand bedauerte. Dansey trat mit einem Adelstitel in Ruhestand. Er heiratete noch, doch starb er bald darauf.

Danseys Platz als Vizechef nahm General Sinclair, der ehemalige Chef des Militärischen Geheimdienstes, ein. Als Churchill im Jahre 1953 den Geheimdienst umorganisieren ließ, wurde Hugh Sinclair SIS-Chef. Nach einem Vorfall in Portsmouth am 19. April 1956, bei dem der mit Unterwasserspionage am sowjetischen Kreuzer «Ordshonikidse» beauftragte Commodore Crabb verschwand, mußte er zurücktreten. Im Zusammenhang mit der Ernennung Sinclairs bekam der Chef kritische Äußerungen zu hören. Dazu bemerkte er: «Was denn? Ich habe doch die Kritik des Kriegsministeriums fünf Jahre lang abgebogen!» Die durch den Weggang von Marshal-Cornwall entstandene freie Stelle wurde durch einen anderen Außenseiter besetzt: durch den Fliegercommodore Easton.

Diese zwei Neuankömmlinge achtete ich bald, dies konnte ich bei ihren Vorgängern nicht. Sinclair war, obwohl er sich durch keine besonderen geistigen Fähigkeiten auszeichnete und das auch niemals von sich behauptete, ein humaner, energischer und derart geradliniger Mensch, daß man geradezu von ihm eingenommen sein mußte. Easton war völlig anders. Bei der ersten Bekanntschaft machte er den Eindruck, als brumme er undeutlich vor sich hin. Doch dieser Eindruck war höchst trügerisch. Seine Stärke bestand in einem außerordentlich klaren Verstand. Zugleich war er listig und wendig. Wenn ich die beiden von Zeit zu Zeit miteinander verglich, entstand bei mir unwillkürlich das Bild vom Knüppel und Florett. Ich fürchtete nicht den Knüppel, ihm kann man leicht ausweichen, doch bei dem Blitzen von Eastons Degen lief es mir eiskalt über den Rücken. Ich war dazu verurteilt, viel mit ihm zusammenzuarbeiten.

Vor diesen Ernennungen war ein ernsthafter Versuch unternommen worden, dem Geheimdienst eine gesunde Grundlage zu geben. Bis zum Krieg stützte sich der Geheimdienst auf zufällige und bedenklich dilettantische Grundsätze. Es gab kein ordentliches System für die Werbung, Ausbildung, Beförderung oder Pensionierung. Der Chef nahm alle, die er bekommen konnte, und auch von überall her, wo sich dies machen ließ. Sämtliche Arbeitsverträge konnten zu einem beliebigen Zeitpunkt gelöst werden. Unter solchen Verhältnissen ließ sich ein regelmäßger Zustrom neuer Leute mit dem nötigen Niveau nicht garantieren. Darum war es auch nicht verwunderlich, wenn der Personalbestand qualitativ sehr unterschiedlich zusammengesetzt war: Er reichte von guten Mitarbeitern über gleichgültige Leute bis zu ausgesprochen schlechten.

Der Krieg brachte dem SIS ein böses Erwachen. Der Bestand an Geheimdienstleuten mußte beträchtlich erweitert werden, und viele fähige Leute passierten, indem sie manch brauchbare Idee hinterließen, die Reihen des Dienstes. Doch immer kam man in der angespannten Kriegssituation über das Improvisieren nicht hinaus. Fast alles, was getan wurde, hätte man mit mehr Zeit für Überlegungen noch besser tun können. Jetzt war eine solche Zeit gekommen. Das Kriegsende in Europa verringerte das unbedingte Streben nach sofortigen Ergebnissen. Doch die Regierung wußte wohl um die Verdienste des Nachrichtendienstes. Deshalb mußten die verbleibenden Monate des Jahres 1945 dafür genutzt werden, dem Geheimdienst eine neue Struktur zu geben, bevor die Regierung in die Nachkriegslethargie versank. Fest steht, daß der Chef selbst in dieser Richtung Überlegungen anstellte. Und als er erfuhr, daß seine Idee der Umgestaltung des Geheimdienstes beachtliche Unterstützung findet, ernannte er einen Ausschuß, der ihn in diesen Fragen beraten sollte. Das sogenannte Komitee für SIS-Reorganisation (Committee of SIS Re-organization) trat im September 1945 erstmals zusammen.

Die großen Akteure der Reorganisierungskampagne waren Christopher Arnold-Forster und Captain Hastings, ein verantwortlicher und einflußreicher Mitarbeiter der Government Code & Cipher School. Obwohl Hastings kein SIS-Mitarbeiter war, mußte ihn zwangsläufig die Geheimdiensttätigkeit interessieren, denn der Krieg hatte ihm die enge Beziehung zwischen Chiffrierern und SIS vor Augen geführt. Seine Mitwirkung im Komitee brachte frischen Wind in unsere Diskussionen. Die politischen Belange des Geheimdienstes sollte David Footman wahrnehmen, während Oberst Cordeaux die «G»-Sektionen vertrat. Mich lud man ebenfalls zur Mitarbeit ein, und zwar nicht wegen irgendwelcher besonderer Fähigkeiten – ich haßte diese Komiteetätigkeit –, sondern weil ich, mit Ausnahme von Vivian, der Dienstälteste für Fragen der Gegenspionage war. Unser Sekretär war Alurid Denne, ein sorgfältiger, um nicht zu sagen penibler Offizier, auf dessen völlige Unparteilichkeit man sich verlassen konnte, weil ihn in der Shell Oil Company schon ein warmes Plätzchen erwartete. Die meisten von uns wünschten, das Arnold-Forster den Vorsitz des Komitees übernahm. Von seiner Willensstärke, seinem Enthusiasmus und klarem Verstand gar nicht zu sprechen, kannte er als Principal Staff Officer des Chefs den Geheimdienst besser als irgend jemand anders von uns. Doch der Chef, der sich gegenüber den Fähigkeiten Arnold-Forsters argwöhnisch verhielt und jeden Reformvorschlag in Grenzen halten wollte, bescherte uns eine Überraschung. Zu unserem größten Erstaunen gab er Maurice Jeffes, dem Leiter der Paßabteilung des Foreign Office, den Vorsitz. Als Verantwortlicher für die Visaerteilung hatte Jeffes Kontakte mit unseren Leuten der Gegenspionage. Was seine Kenntnisse des Geheimdienstes, dessen Möglichkeiten und Grenzen betraf, so konnte man ihm nichts Rühmliches nachsagen. Er beanspruchte für sich, nie mehr zu sein als ein guter, wenn auch farbloser Verwaltungsmensch. Doch da war nichts mehr zu machen. Der Chef hatte sein Wort gesprochen.

Wenn ich von der Farblosigkeit Jeffes spreche, so muß ich hinzufügen, daß ich diesen Ausdruck ganz im übertragenen Sinne gebrauche. Einige Jahre zuvor war er das Opfer eines merkwürdigen Zufalls geworden. Ein Arzt, der ihm gegen irgendeine Krankheit eine Spritze verabreichte, hatte sich im Serum geirrt. Die Folge war, daß das Gesicht von Jeffes eine violettblaue Färbung annahm. Offenbar ließ sich das Unglück nicht wieder korrigieren, und Jeffes behielt das Gesicht mit der Farbe einer Gewehrkugel. Auf einer Reise nach Washington wurde der ehrenhafte Junge dann schwer beleidigt, als ihm von einem Hotel ein Zimmer verweigert wurde, da man ihn für einen Farbigen hielt. Der Gerechtigkeit halber sei gesagt, daß sich Jeffes wenig in den Gang der Debatte einmengte und niemals seine Vollmachten als Vorsitzender mißbrauchte. Man mußte ihn gern haben, und bald hatten wir uns daran gewöhnt, daß er den Vorsitz innehatte.

In den folgenden Monaten nahm das Komitee viel von meiner Zeit in Anspruch. Unsere Erörterungen wurden hoffnungslos akademisch und verdienen es nicht, daß man bis ins einzelne auf sie eingeht. Doch seien einige Bemerkungen gestattet, da sie gewisse allgemeine Probleme beleuchten, denen sich der Geheimdienst gegenübersah. Vor allem mußte man sich von den Überresten der unrühmlichen alten Zeiten befreien. Während des Krieges waren Finanz- und Verwaltungsfragen ohne die entsprechende Abstimmung entschieden worden. Bei den G-Sektionen war alles durcheinander: Diejenigen, die sich mit Westeuropa befaßten, unterstanden Dansey, während die übrigen unmittelbar dem Chef unterstellt waren. Mit anderen Worten, Dansey war zwar formal Vizechef, doch tatsächlich interessierte ihn nur die Beschaffung von geheimdienstlichen Nachrichten aus Westeuropa. Wieder ein Beweis mehr, daß die gesamte Struktur des Dienstes grundlegend umgestaltet werden mußte.

Bevor aber dieses wichtige Problem gelöst werden konnte, mußte das Grundprinzip unserer Struktur festliegen: entweder die bestehende vertikale Gliederung mit regionalen Organisationen, die für die Informationsbeschaffung, -bearbeitung, -auswertung und -verteilung nach den entsprechenden Regionen zuständig waren, beibehalten oder eine horizontale Gliederung einführen, bei der die Informationsbeschaffung einerseits von der Informationsbearbeitung, -auswertung und -verteilung andererseits getrennt wurde. Ich muß gestehen, daß ich bis jetzt noch keine richtige Antwort auf diese Frage geben kann. Doch damals mußten meine eigenen Interessen durchgesetzt werden. Die Entscheidung zugunsten einer vertikalen Gliederung hätte die Arbeit gegen die Sowjetunion und die gesamte kommunistische Bewegung auf regionale Sektionen aufgegliedert. Kein einziger Mensch wäre dann in der Lage gewesen, das gesamte Gebiet zu überschauen. Ich setzte mich daher mit meiner ganzen Person für die horizontale Struktur ein und hoffte, daß ich zumindest für eine gewisse Zeit das gesamte Gebiet der antisowjetischen und antikommunistischen Tätigkeit unter meiner direkten Kontrolle behielt.

In David Footman hatte ich hier einen starken Verbündeten. Im Grunde war er es, der unseren Standpunkt auf eine trockene und prägnante Art vertrat, während ich ihn nur unterstützte, wenn es notwendig war. Mein Argument war kurz und einfach, die Gegenspionage sei etwas Einheitliches und Unteilbares. Beispielsweise kann eine in Kanada aufgetretene Sache Licht auf eine andere in der Schweiz werfen; dazu kam es tatsächlich bald darauf. Oder ein Agent, der heute in China arbeitet, taucht im nächsten Jahr in Peru auf. Ich führte noch ein anderes Argument ins Feld, das weniger wichtig war, doch nicht an Stichhaltigkeit entbehrte. Man müsse das Beschaffen der Geheiminformationen von ihrer Auswertung trennen, da die operativ tätigen Offiziere dazu neigen, wie die Briten sagen, «ihre Gänse als Schwäne anzusehen». Natürlich ließ sich viel zugunsten des einen wie des anderen

Standpunktes anführen, doch die Anhänger einer vertikalen Gliederung waren im Komitee in der Minderheit, so daß schließlich das horizontale Prinzip angenommen wurde. Ich kannte zumindest einen Mitarbeiter, der die Meinung des Komitees hätte ändern können. Ich bemühte mich, ihn nicht Mitglied des Komitees werden zu lassen.

Nachdem diese prinzipielle Frage einmal entschieden war, reduzierte sich alles übrige auf eine einfache, wenn auch ermüdende Hilfsarbeit. Wir empfahlen die Bildung von fünf gleichberechtigten Direktoraten:

1. Finanzen und allgemeine Verwaltung
2. Operative Verwaltung
3. Verwaltung für Auftragserarbeitung (die Bezeichnung rührte daher, daß dieses Direktorat außer der Informationsauswertung und -versendung auch die «Anforderungen» der staatlichen Einrichtungen an die Operative Verwaltung weitergab)
4. Ausbildung und Entwicklung (für das Gebiet der in der Spionage eingesetzten technischen Mittel)
5. Militärische Kriegsplanung.

Außerdem entwarfen wir ein Rangsystem innerhalb des Geheimdienstes mit festen Gehalts- und Pensionssätzen. Der erstgenannten Verwaltung übertrugen wir die Verantwortung für eine systematische Werbung von Mitarbeitern in Konkurrenz mit dem regulären Staatsapparat und der Industrie. Besonderes Augenmerk verdienten auch die Absolventen von Universitäten. Nach der Ausarbeitung unserer Vorlage für den Chef hatten wir das Gefühl, ein Projekt erarbeitet zu haben, das dem einer Geheimdienstorganisation in etwa entsprach. So waren auch genügend Stimuli eingebaut, fähige junge Menschen für unsere Tätigkeit zu gewinnen und ihnen darin ihre Lebensaufgabe zu geben.

Der Chef nahm nicht alle Empfehlungen an, die wir gegeben hatten. Vieles hatte, weil es als unnötig angesehen wurde, in unserem Plan keine Berücksichtigung gefunden, doch der Chef mochte sich nicht davon trennen. Aber im großen und ganzen wurde das oben dargelegte Schema als Organisationsgrundlage des Geheimdienstes akzeptiert. Trotz seiner Mängel war es wesentlich besser als die früheren Organisationsstrukturen. Für mich gab es keinen Grund zur Unzufriedenheit. Eine zweitrangige Entscheidung des Komitees betraf die Auflösung der Fünften Sektion. Ihre Aufgaben übernahm zusätzlich die Sektion, die die Bezeichnung R-5 erhielt. Auf diese Weise wurde ich nach der Reorganisation zu einem stellvertretenden Chef des britischen Geheimdienstes mit einer entsprechenden Gehaltserhöhung. Ich leitete nunmehr die gesamte Gegenspionagetätigkeit im SIS.

Der Fall Wolkow

Ich komme nun zum Fall Wolkow, auf den ich ausführlich eingehen möchte. Er war von großem Interesse und hätte beinahe das Ende meiner Karriere bedeutet. Die Affäre erstreckte sich von August bis September 1945. Für mich blieb sie unvergeßlich. Ich hatte erstmalig Rom, Athen und Istanbul gesehen. Aber meine großartigen Eindrücke von Istanbul wurden ständig durch den Gedanken beeinträchtigt, daß es möglicherweise der letzte Sommer sei, an dem ich mich erfreuen konnte. Tatsächlich brachte mich die Wolkow-Affäre, die mich an den Bosporus führte, in ärgste Bedrängnis.

An einem Augustmorgen, ich hatte mich gerade an den Schreibtisch gesetzt, rief mich der Chef zu sich. Er reichte mir ein Dokumentenbündel mit der Bitte, es durchzusehen. Obenauf lag ein kurzes Schreiben an das Foreign Office von Knox Helm, dem damaligen Rat an der britischen Botschaft in der Türkei. In der Notiz wurde auf die Anlage verwiesen und um Instruktionen gebeten. Die Anlage bestand aus mehreren Aktennotizen, die zwischen der britischen Botschaft und dem Generalkonsulat in der Türkei zirkuliert waren. Aus ihnen ging folgendes hervor.

Ein gewisser Konstantin Wolkow, Vizekonsul am sowjetischen Generalkonsulat in Istanbul, hatte sich an den Vizekonsul des britischen Generalkonsulats, Page, mit der Bitte gewandt, ihm und seiner Frau in England politisches Asyl zu gewähren. Er versprach Informationen über eine Behörde des NKWD (Volkskommissariat für Innere Angelegenheiten), in der er angeblich früher gearbeitet hatte. Ferner erklärte Wolkow, daß er von sowjetischen Kundschaftern wüßte, die im Ausland arbeiteten, und daß er insbesondere die Namen von dreien kenne, die sich in Großbritannien befänden. Zwei arbeiteten im Foreign Office, während der dritte Chef des Gegenspionagedienstes in London sei. Nachdem er sein «Angebot» offeriert hatte, machte es Wolkow außerordentlich beharrlich zur Bedingung, daß sein Asylersuchen nicht über Funk nach London weitergegeben werde, da die Russen eine Reihe von englischen Codes gebrochen hätten. Die übrigen Dokumente waren belanglos und enthielten nur oberflächliche und sogar leichtfertige Kommentare gewisser Botschaftsmitarbeiter. Im nachhinein sollte sich zeigen, wie wesentlich es war, daß die britische Botschaft der Forderung Wolkows nachkam und die Unterlagen langsam, jedoch sicher, mit der Diplomatenpost beförderte. Dadurch war bereits mehr als eine Woche verstrichen, seitdem sich Wolkow an Page gewandt hatte, bevor sich eine kompetente Person mit dem Material befassen konnte, um seinen Wert zu bestimmen.

Diese Person war ich, und ich hoffe, daß niemand meint, ich übertreibe, wenn ich sage, daß ich tatsächlich kompetent genug war, um die Bedeutung dieser Dokumente einzuschätzen. Zwei sowjetische Kundschafter im Foreign Office und der dritte Leiter des Gegenspionagedienstes in London! Ich brauchte lange, wohl zu lange, für die Durchsicht des Materials, um mich zu fassen. Den Gedanken, das Wolkowsche Ersuchen als Provokation abzutun und zur Vorsicht zu raten, verwarf ich. Dies konnte nur für sehr kurze Zeit helfen und mich letztendlich doch bloßstellen. Der einzige Ausweg war entschlossenes Handeln. Ich sagte dem Chef, daß mir die Sache außerordentlich wichtig vorkomme und ich eine gewisse Zeit benötige, um die notwendigen Überprüfungen vornehmen zu können. Sobald weitere Informationen vorlägen, würde ich entsprechende Empfehlungen geben. Der Chef willigte ein und beauftragte mich, ihm am nächsten Morgen zu berichten und vorerst die Dokumente sicher bei mir aufzubewahren.

Ich kehrte in mein Zimmer zurück und teilte meinem Sekretär mit, daß ich nicht gestört sein möchte, außer wenn der Chef selbst anriefe. Ich wollte ganz für mich allein sein. Mein Nachsuchen um zusätzliche Zeit, um «Überprüfungen vornehmen zu können», war eine Finte. Ich war mir ziemlich sicher, daß Wolkow dem SIS bislang unbekannt war und daß dieser, offenbar um seinen Wert in unseren Augen heraufzusetzen, sein Angebot so behutsam und mehrdeutig offeriert hatte, daß es keinerlei Anhaltspunkte für sofortige Recherchen gab. Von Anfang an wußte ich, daß der Zeitfaktor eine lebenswichtige Rolle spielen würde. Infolge des Vetos durch Wolkow gegen eine telegrafische Übermittlung waren zehn Tage verstrichen, bevor das Material in meine Hände gelangte. Ich selber war der Meinung, daß seine Befürchtungen übertrieben waren. Die britischen Chiffrierverfahren basierten auf einem Substitutionssystem und wurden bei richtiger Handhabung als völlig sicher angesehen. Die Chiffrierdisziplin war außerordentlich streng. Nun, wenn Wolkow trotzdem darauf bestand, den Funkweg nicht zu benutzen, so konnte mir das recht sein.

Doch etwas anderes beunruhigte mich. Die Sache war so heikel, daß der Chef Wert darauf legte, daß ich mich persönlich mit ihr befaßte. Doch die in London getroffenen Entscheidungen hatten unsere Leute in Istanbul auszuführen. Ich war nicht in der Lage, sie über den langsamen Diplomatenpostweg von einem Tag zum anderen anzuleiten. Ohne meine Kontrolle könnten aber unabsehbare Folgen eintreten. Um das zu verhindern, müßte ich selbst nach Istanbul fahren. Der vom Chef befohlene Plan verlangte an sich keine besonderen Überlegungen. Ich würde mich mit Wolkow treffen, ihn mit seiner Frau an einem sicheren Ort in Istanbul verstecken und beide später mit stillschweigender Zustimmung der Türken, oder auch ohne, auf das von den Briten kontrollierte Territorium Ägyptens bringen.

Nachdem ich die Dokumente in meinem Safe verstaut hatte, verließ ich das Gebäude mit dem festen Entschluß, dem Chef vor allem zu empfehlen, mich zur weiteren Klärung der Angelegenheit sofort nach Istanbul zu schicken. An jenem Abend arbeitete ich bis spät in die Nacht. Die Situation erforderte extreme, außerordentliche Maßnahmen. Zuerst setzte ich nach Moskau eine dringende Meldung von besonderer Wichtigkeit ab. Am darauffolgenden Morgen teilte ich dem Chef mit, daß es zwar in der Kartei Angaben über einige Wolkows gäbe, doch sei keiner von diesen mit dem Wolkow in Istanbul identisch. Ich wiederholte, daß die Angelegenheit von enormer Bedeutung sein könnte. Da sich durch den Postweg alles verzögerte, schlug ich dem Chef zaghaft vor, irgend jemanden von London nach Istanbul zu entsenden, der nach entsprechender Instruktion die Sache an Ort und Stelle verfolgte. «Ich hatte eben denselben Gedanken», antwortete der Chef und ließ in mir eine Hoffnung aufkommen, die er jedoch gleich wieder zerstreute. Denn er meinte, daß er am Vorabend im Klub dem Brigadegeneral Douglas Roberts begegnet sei, der die MI5-Filiale für den Nahen Osten in Kairo leitete und gerade seinen Heimaturlaub beende. Roberts habe auf ihn einen guten

Eindruck gemacht, so daß er David Petrie, den Leiter vom MI5, bitten werde, ihn nach Istanbul zu schicken, um sich dort der Angelegenheit Wolkow anzunehmen.

Gegen diesen Vorschlag konnte ich nichts vorbringen. Obwohl ich von Roberts' Fähigkeiten keine allzu hohe Meinung hatte, besaß er doch die notwendigen Qualitäten, um diese Sache übernehmen zu können. Roberts war ein höherer Offizier, und seine Uniform würde zweifellos auf Wolkow Eindruck machen. Er kannte die Region und hatte zu den türkischen Geheimdiensten Kontakt, was eventuell von Nutzen sein konnte. Für seine Wahl sprach außerdem, daß er fließend Russisch sprach, denn Wolkow beherrschte keine Fremdsprachen. In einer gedrückten Stimmung erörterte ich dann mit dem Chef noch einige andere Aspekte, vor allem die Frage, wie unser Aktionsplan mit dem Foreign Office abzustimmen sei. Als ich mich vom Chef verabschiedete, bat er, ich möge mich für den Nachmittag bereithalten, da er noch im Laufe des Vormittags mit Petrie und Roberts zusammenzutreffen hoffe.

Während der Mittagspause verfluchte ich das Schicksal, das am Abend vorher den Chef mit Roberts zusammengeführt hatte. Konnte ich überhaupt noch etwas unternehmen? Von Ungewißheit gequält, sah ich mich gezwungen, den Ereignissen ihren Lauf zu lassen. Hoffentlich wurde die von mir am Vorabend getroffene Maßnahme früher wirksam, bevor Roberts in Aktion trat. Aber in letzter Minute kam mir doch noch der Zufall zu Hilfe.

Der Chef rief mich an und teilte mit, daß er mich erwarte. Er war verstimmt und ließ mich gleich wissen, was geschehen war. Bereits aus seinen ersten Worten entnahm ich, daß sich das von mir verfluchte Schicksal unerwartet zu meinen Gunsten gewendet hatte. Der sonst so furchtlose Roberts hatte eine unüberwindbare Abneigung gegen das Fliegen. Er wollte erst Anfang nächster Woche mit dem Schiff von Liverpool aufbrechen und ließ sich weder vom Chef noch von Petrie davon abbringen.

Wir waren wieder soweit wie am Morgen.

Zunächst wollte ich das Gespräch so anlegen, daß mir der Chef selbst vorschlug, nach Istanbul zu fliegen. Doch die Geschichte mit Roberts hatte mich entschlossener gemacht. Ich erklärte, daß ich durch die Absage des Brigadegenerals nur noch vorschlagen könne, mich an seiner Stelle zu schicken. Ich brauchte nicht viel Zeit, um meinem Stellvertreter die laufenden Angelegenheiten zu übergeben, und könnte umgehend fliegen, sobald die notwendigen Formalitäten erledigt seien. Der Chef willigte ein. Wir begaben uns gemeinsam ins Foreign Office. Dort erhielt ich einen Brief an Knox Helm, in dem er darum gebeten wurde, mich in meiner Mission auf jede erdenkliche Art und Weise zu unterstützen.

Dann ging ich noch zu General Hill, dem Chef unserer Codierungsabteilung, um mich mit einem einmaligen persönlichen Code ausstatten zu lassen. Er gab ihn mir und beauftragte eine seiner Mitarbeiterinnen damit, mir die Instruktionen ins Gedächtnis einprägen zu helfen. Diese kleine Verzögerung kam mir nicht ganz ungelegen, da ich noch einmal den Aktionsplan für Istanbul durchdenken konnte. Drei Tage später, nachdem aus der Türkei die notwendigen Papiere im Broadway eingegangen waren, bestieg ich ein Flugzeug, das über Kairo nach Istanbul flog.

Der neben mir sitzende Fluggast war schweigsam. Einige andere Mitreisende belästigten mich für einige Zeit mit ihrem Geschwätz. Ein Flug regt stets zu Überlegungen an, und für mich gab es tatsächlich eine Menge von Dingen, über die ich nachdenken mußte. So beschäftigte mich längere Zeit eine Frage, die ich damals wie heute noch nicht beantworten kann: Warum verhielten sich die britische Botschaft in der Türkei, das Foreign Office, der Chef sowie David Petrie so sonderbar gegenüber Wolkows Abneigung gegen eine Übermittlung per Funk? Warum verzichteten sie nur im Falle Wolkows darauf, während der Funkweg bei anderen Fragen, einschließlich vieler völlig geheimer Angelegenheiten, unbesorgt benutzt wurde? Nähme man die Wolkowsche Warnung ernst, kam man zu der Schlußfolgerung, daß der gesamte Funkverkehr gefährlich sei. Glaubte man ihm aber nicht, mußte unserer Residentur in Istanbul ein chiffriertes Telegramm zugehen, aus dem hervorging, welche notwendigen Schritte in der Wolkow-Angelegenheit zu unternehmen waren. Schließlich hatte der Einspruch nur dazu geführt, daß die Entscheidung in einer Sache, an der Wolkow selbst interessiert war, um zwei bis drei Wochen hinausgeschoben wurde. Ich fand keine logische Antwort. Da ich kein Fachmann auf dem Gebiet der Codes und Chiffren war, konnte es nicht meine Aufgabe sein, auf diese augenscheinliche Inkonsequenz hinzuweisen, um so mehr, als vor mir unaufschiebbare Aufgaben standen.

Mit dem Foreign Office war vereinbart worden, daß ich Pages

Hilfe in Anspruch nehmen konnte, um den Kontakt zu Wolkow herzustellen und ihn zu treffen. An der Begegnung sollte auch der erste Botschaftssekretär John Reed teilnehmen, der früher in Moskau tätig gewesen war und Russisch sprach. Diesen Plan mußte der Botschafter Maurice Peterson, den ich von Spanien her kannte, bestätigen. Doch das Foreign Office bestand darauf, daß ich mich zunächst an den Botschaftsrat Helm wandte. Dieser war im konsularischen Dienst groß geworden und hatte sich eine kleinliche Verhaltensweise in Status- und Protokollfragen bewahrt. Ich erwartete von ihm keinerlei Schwierigkeiten, doch es zeigte sich, daß ich nicht ganz recht behielt. Die Angelegenheit wurde dadurch erschwert, daß am Treffen mit Wolkow Reed teilnehmen sollte. Reed würde einen entsetzlichen Schock bekommen, wenn Wolkow die Namen der im britischen Staatsapparat tätigen sowjetischen Kundschafter nannte. In meinen Augen war es ein Akt der Nächstenliebe, ihn vor derartigen Überraschungen zu bewahren. Doch wie sollte ich dies anstellen?

Ich war meiner Sache nicht ganz sicher, aber rechnete mir eine gewisse Chance aus, wenn ich meine Rolle richtig spielte. Zuerst mußte Reed davon überzeugt werden, daß ich mit meiner Mission ein exakt begrenztes Ziel verfolgte. So sei ich nicht bevollmächtigt, mit Wolkow Einzelheiten seiner Informationen zu erörtern, und es sei absolut gefährlich für diesen, seine Enthüllungen vorzeitig zu machen, das heißt, bevor er sich auf britischem Territorium befinde. Ich hätte den Auftrag, eine Gesprächsentwicklung in diese Richtung um jeden Preis zu verhindern, und sei lediglich nach Istanbul gekommen, um Wolkow an einen sicheren Ort zu bringen, wo ihn kompetentere Leute befragen würden. Außerdem hoffte ich, Reed dadurch irreführen zu können, indem ich ihm andeutete, daß Wolkow ein Provokateur sein könnte, und es wäre unvernünftig, von ihm eine Information in Umlauf zu setzen, die noch nicht überprüft war.

Ein Spezialist hätte natürlich bei meiner «Argumentation» keinen Stein auf dem anderen gelassen. Doch Reed war kein Spezialist, und so war es nicht ausgeschlossen, daß er auf diesen Köder anbiß. Gegen Abend bekam ich noch mehr Auftrieb, als der Pilot bekanntgab, daß das Flugzeug wegen drohender Gewitter über Malta Kurs auf Tunis genommen habe und wir am nächsten Tag über Malta nach Kairo weiterflögen. Ich hatte nochmals vierundzwanzig Stunden gewonnen! Das Glück blieb mir treu.

Am nächsten Tag flogen wir endlich nach Kairo, doch für den Anschluß nach Istanbul war es schon zu spät.

So kam ich erst am Freitag, einen Tag später, in Istanbul an. Auf dem Flugplatz empfing mich der Leiter der Instanbuler SIS-Residentur, Cyril Machray, den ich kurz über meine Mission informierte. Die Beziehungen zwischen dem diplomatischen Dienst und dem SIS waren zu jener Zeit so, daß niemand in der Botschaft und im Generalkonsulat auch nur im entferntesten daran gedacht hätte, Machray von Wolkow zu berichten. Selbstverständlich hatten wir ebenfalls nicht gewagt, ihn von London aus per Funk zu informieren. Noch am selben Tag suchten wir Knox Helm auf, dem ich den Brief des Foreign Office aushändigte. Hätte ich beste Unterstützung erwartet, so wäre ich bald aufs ärgste enttäuscht worden. Einige Jahre später, als Helm Botschafter in Ungarn geworden war, erzählte mir ein Freund, daß er der nachgiebigste und verständnisvollste Botschafter sei. Bei der Begegnung in Istanbul war er aber noch Rat und stachelig wie ein Dornenstrauch. Helm äußerte die verschiedensten Zweifel. Unsere Handlungen könnten der Botschaft Unannehmlichkeiten bereiten, und er müsse sich erst unbedingt mit dem Botschafter konsultieren, bevor ich irgend etwas unternehmen könne. Helm ersuchte mich, am nächsten Morgen vorzusprechen – noch ein verlorener Tag! –, und lud mich zunächst freundlich zu sich nach Hause ein.

Am nächsten Morgen dann schaute mich Helm vorwurfsvoll an und fragte: «Warum haben Sie mir nicht gesagt, daß Sie mit dem Botschafter bekannt sind?» Doch ein Gespräch wollte nicht in Fluß kommen. Ich schloß aus Helms Verhalten, daß es bei Peterson ebenfalls Bedenken in der Sache Wolkow gab. Recht widerwillig teilte mir Helm mit, daß mich der Botschafter zu einer sonntäglichen Fahrt auf die Jacht «Makouk» einlade. Ich solle darum um 11 Uhr an der Anlegestelle Kabatash sein, und bis dahin habe ich nichts zu unternehmen. So ging schließlich eine Woche verloren.

Besucher von Istanbul kennen vielleicht die «Makouk», die Jacht des britischen Botschafters, die ursprünglich für den Ägypter Abbas Hilmi gebaut worden war, ein großes Boot mit flachem Boden. Sie eignete sich gut für Fahrten auf dem ruhigen Nilwasser, doch für den Wellengang des Marmarameeres schlingerte sie zu sehr. An Bord der Jacht befanden sich noch einige Gäste, so daß ich erst nach dem Lunch, als wir bei Prinkipo vor Anker lagen und die anderen Gäste mit den Delphinen spielten, mit Peterson unter vier Augen sprechen konnte. Da er nicht als erster von meinem Problem sprach, begann ich selbst damit. Ich hätte gehört, daß es gegen den Plan aus London Einwände gebe. «Gegen welchen Plan?» fragte er. Allein diese Frage ließ mir Helm in einem anderen Licht erscheinen. Der Botschafter hörte mich aufmerksam an und stellte dann nur eine einzige Frage: «Haben Sie sich mit dem Foreign Office konsultiert?» «Natürlich», antwortete ich, «das Ministerium hat unseren Plan bestätigt, und Helm wurde in einem Brief empfohlen, mich in jeder Hinsicht zu unterstützen.» Darauf erwiderte der Botschafter: «Dann ist nichts mehr zu besprechen. Handeln Sie.» Damit war der letzte Vorwand für ein weiteres Zögern hinfällig geworden.

Am Abend durchdachte ich mit Machray zusammen alle Einzelheiten des Aktionsplanes. Wir erörterten verschiedene Varianten, wie wir Wolkow wegbringen wollten. Die einen sahen eine Mitwirkung der türkischen Behörden vor, die anderen nicht. Welche Variante die beste sei, war schwer zu sagen, solange wir nicht mit Wolkow selbst gesprochen hatten. Viel hing davon ab, in welcher Stellung und unter welchen Umständen er arbeitete, wie seine Arbeitszeit war, über welche Bewegungsfreiheit er verfügte usw. Eine erste Kontaktaufnahme würde am zweckmäßigsten über Page vom Generalkonsulat erfolgen. Machray lud ihn am nächsten Morgen zu sich ein. Ich erklärte ihm dort, was er zu tun hätte: unter den Bedingungen der strengsten Geheimhaltung eine Begegnung zwischen mir und Wolkow zu arrangieren, und zwar nach dem Essen. Morgens wollte ich Wolkow nicht treffen, denn ich brauchte Zeit, um John Reed entsprechend zu bearbeiten. Wir überlegten uns, welcher Ort in Frage käme, und entschieden uns schließlich für das Einfachste. Page erzählte, daß er sich oft mit Wolkow in laufenden konsularischen Angelegenheiten treffe und es durchaus gerechtfertigt sei, wenn er Wolkow für ein dienstliches Gespräch zu sich bitte. Deshalb nahm Page den Telefonhörer ab, wählte die Nummer des sowjetischen Konsulats und verlangte Wolkow. Im Hörer war nur schwach eine männliche Stimme zu vernehmen, doch verstand ich sowieso nichts, da das Gespräch auf Russisch geführt wurde. Aber Page schüttelte verständnislos den Kopf, und ich erriet, daß ein neues Hindernis aufgetreten war. Schließlich legte Page den Hörer auf. «Kann er nicht kommen?» fragte ich. «Merkwürdig.» Page antwortete: «Es ist noch merkwürdiger, als Sie vermuten. Ich verlangte Wolkow, eine männliche Stimme antwortete, daß er am Apparat sei. Doch dies war nicht Wolkow. Ich kenne seine Stimme bestens, ich habe oft mit ihm gesprochen.» Page rief erneut an, doch diesmal fiel die Telefonistin auf ihn nicht herein. «Sie meinte, er sei nicht da», entrüstete sich Page. «Dabei hat sie mich vor einer Minute mit ihm verbunden!»

Wir sahen einander an, doch keiner fand eine Erklärung. Schließlich meinte ich, daß im sowjetischen Generalkonsulat wahrscheinlich etwas durcheinandergegangen sei und wir am nächsten Tage hoffentlich mit mehr Glück einen erneuten Versuch unternehmen sollten.

Irgend etwas war vorgefallen, ich fühlte es. Nach dem Essen verschlüsselte ich eine Meldung an den Chef. Am nächsten Morgen traf ich mich erneut mit Machray und Page, der nochmals beim sowjetischen Generalkonsulat anrief. Wir hörten eine schwache weibliche Stimme und darauf ein scharfes Knacken. Page schaute fassungslos auf den verstummten Hörer. «Was sagen Sie dazu? Ich verlange nach Wolkow, und das Mädchen antwortet, daß er in Moskau sei. Darauf vernahm ich irgendein Geräusch, und der Hörer wurde hingeknallt.» Jetzt war mir klar, was geschehen war. Die Sache war gestorben.

Ich mußte sie zu Ende führen, und sei es nur darum, daß der Bericht an den Chef entsprechend ausfiel. Darum bat ich Page, einen letzten Versuch zu unternehmen und sich beim sowjetischen Konsulat an Ort und Stelle nach Wolkow zu erkundigen. Page war fest entschlossen, der Sache bis auf den Grund zu gehen, und willigte sofort ein. Nach einer Stunde kam er verärgert und verlegen zurück. «Es ist nicht das Geringste zu machen!» sagte er. «Ich verstehe überhaupt nichts mehr. Niemand will von Wolkow je etwas gehört haben!» Wir gingen auseinander, und ich verschlüsselte erneut ein Telegramm an den Chef, in dem ich um die Erlaubnis bat, nach London zurückzukehren.

Während der Heimreise entwarf ich meinen Bericht, in dem ich Einzelheiten meiner gescheiterten Mission aufführte. Es versteht sich, daß darin meine Version ihren Niederschlag fand. Nach ihr hatte Wolkow selbst den Mißerfolg verschuldet, indem er darauf bestand, sich nur an den Postweg zu halten. Ferner vermerkte ich, daß nahezu drei Wochen verstrichen waren, seitdem er sich an Page gewandt hatte und wir erstmalig mit ihm Kontakt aufnehmen wollten. In dieser Zeit hätte die sowjetische Aufklärung durchaus die Möglichkeit gehabt, ihn zu entlarven. Vielleicht hatte man festgestellt, daß sowohl er als auch seine Frau sehr nervös wirkten. Möglicherweise hatte er sich durch sein Verhalten verraten oder allzuviel getrunken und dabei Überflüssiges erzählt. Schließlich war nicht ausgeschlossen, daß er sich die Sache überlegt und selbst alles gestanden hatte. Natürlich, bemerkte ich, seien dies alles nur Vermutungen, und die Wahrheit würde wahrscheinlich nie an den Tag kommen. Die andere Version, daß die sowjetische Aufklärung über Wolkows Absichten informiert war, ließ sich durch nichts beweisen. Sie fand darum in meinem Bericht keinerlei Erwähnung.

SIS-Resident in der Türkei

Meine strategisch so günstige Position des Chefs der Sektion R-5 konnte nicht für ewig sein. Das Komitee für SIS-Reorganisation, das auch kaderpolitische Empfehlungen gab, orientierte eher auf Vielseitigkeit statt auf Spezialisierung. Die Richtlinien besagten, daß sämtliche Mitarbeiter möglichst gleichermaßen sowohl für die Spionage und Gegenspionage in der Zentrale als auch in den Residenturen auszubilden seien. Da so die Offiziere periodisch von einem Arbeitsplatz zum anderen umgesetzt wurden, gab es gewisse Beeinträchtigungen. Man nahm aber an, daß dieser Verlust durch eine größere Elastizität des Apparates wettgemacht würde, der sich dann aus sehr vielseitig einsetzbaren Mitarbeitern zusammensetzte. Es erübrigt sich vielleicht, darauf hinzuweisen, doch zu dem Zeitpunkt, als dieses neue System eingeführt wurde, hatte keiner der drei Leiter des Geheimdienstes – weder der Chef noch sein Stellvertreter oder Assistent – Erfahrungen auf dem Gebiet der Gegenspionage oder eine praktische Vorstellung von der Tätigkeit in der Residentur. Meine Dienststellung war zu jener Zeit noch nicht so hoch, daß die neuen Forderungen an mir vorübergehen konnten. Bis jetzt war ich im zentralen Apparat des SIS immer auf dem Gebiet der Gegenspionage tätig gewesen, wahrscheinlich mußte ich mit einem neuen Einsatz rechnen.

Ich war deshalb nicht überrascht, als mich Ende 1946 General Sinclair zu sich kommen ließ und mir eröffnete, daß die Zeit gekommen sei und ich für einige Zeit in einer ausländischen Residentur tätig sein werde. Ich war mir schon früher klargeworden, jedes Sträuben gegen einen Auslandseinsatz hätte meiner Stellung im britischen Geheimdienst nur schaden können und sich schließlich ungünstig ausgewirkt. In Kürze sollte ich die Leitung der SIS-Residentur in der Türkei mit seinem Zentrum in Istanbul übernehmen. Das war nicht die schlechteste Lösung. Damals bildete Istanbul die südliche Hauptbasis, von der aus die Spionagearbeit gegen die Sowjetunion und die sozialistischen Länder auf dem Balkan geführt wurde. Obwohl ich damit den direkten Zugang zu jenen mich unmittelbar interessierenden Informationen einbüßte, war ich dennoch weiterhin nicht weit vom Schuß.

Sinclair teilte mir noch mit, daß mein Nachfolger in der Sektion R-5 kein anderer sein werde als Brigadegeneral Roberts, der in der Wolkow-Affäre kurz meinen Weg kreuzte. Er habe bereits sein Amt als Leiter der regionalen MI5-Filiale im Nahen Osten übergeben und bereite sich auf die Tätigkeit in der Zentrale vor. Bei der ohne Hast erfolgenden Übernahme interessierten ihn die Nachrichten über Londoner Klubs mehr als die Aufgaben der Sektion. Als er dann Leiter von R-5 geworden war, machte er dadurch von sich reden, daß es ihm gelang, Maurice Oldfield, einen sehr befähigten MI5-Mitarbeiter, für den Dienst im SIS zu gewinnen. Oldfield wurde Roberts' Stellvertreter, und bereits nach einigen Wochen hatte er sich den Spitznamen «Gehirn des Brigadegenerals» eingehandelt.

Um mich auf den Außendienst vorzubereiten, wurde ich zu einem Offizierslehrgang geschickt. Es war gerade der zweite oder dritte Lehrgang, der unter der Schirmherrschaft des neuen Direktors für Ausbildung und Entwicklung, meines alten Bekannten John Munn, organisiert worden war. Seit jenen Zeiten hatte sich das Lehrprogramm in vieler Hinsicht verändert. Viele Lehrkräfte waren ehemalige SOE-Mitarbeiter. Der Lehrstoff wurde durch die Arbeitserfahrungen bestimmt, die die SOE während des Krieges gesammelt hatte. Der Lehrgang bot viel Interessantes, obzwar er mir keinen direkten Nutzen brachte. Die Bedingungen, die in Istanbul für die Spionagetätigkeit entstanden waren, unterschieden sich von der mit ständiger Gefahr verbundenen SOE-Arbeit auf dem Territorium des okkupierten Europas in den Kriegsjahren. Ich selbst hatte einen beträchtlichen Teil der Lektionen, die über die sowjetische Aufklärung gehalten wurden, verfaßt.

Dadurch geriet ich mitunter in die unangenehme Lage, dem Dozenten soufflieren zu müssen. Leider konnte ich in diesen Lektionen nicht alle Kenntnisse einfließen lassen, die mir durch meine persönlichen Erfahrungen zur Verfügung standen. Da ich die Hälfte der Zeit auch noch auf die laufenden Arbeiten in der Sektion R-5 verwenden mußte, verpaßte ich eine ganze Reihe der vorgeschriebenen Testate und Examen. Möglicherweise war dies auch gut so. Es wäre peinlich gewesen, wenn sich herausgestellt hätte, daß ein leitender Mitarbeiter meines Ranges regelmäßig zurückblieb.

Der Lehrgang sowie die Übergabe an Roberts waren im Januar 1947 abgeschlossen. Ende desselben Monats saß ich eines frühen Morgens auf dem Flugplatz und trank das, was als Kaffee ausgegeben wurde. Ich wurde dort zehn Tage lang festgehalten. Schneefälle und Fröste hatten das Land gepackt. Wetter und technische Störungen bewirkten eine Verzögerung nach der anderen. Zu der Zeit kam es zu einer ganzen Serie von Flugzeugunglücken mit der «Dakota». Fast jeden Morgen brachte die Zeitung Mitteilungen über eine neue Katastrophe. Mehrere Tage lang wartete ich mit einer Gruppe von Nonnen, die nach Bulawayo fliegen wollten. An einem trüben Morgen wurde schließlich der Start ihres Flugzeuges angesagt. Dieser Morgen stellte sich fürwahr als trübe heraus: Alle ohne Ausnahme kamen um. Ich schätzte mich glücklich, als ich letztlich die warme Wüstenluft auf dem Kairoer Flugplatz verspürte.

In den sechs Jahren, die seit meinem Eintritt in den britischen Geheimdienst vergangen waren, hatte ich nicht mehr als zehn Tage Urlaub genommen. Da momentan der Zeitdruck nachgelassen hatte, entschloß ich mich, auf dem Wege nach Istanbul meinen Vater in Saudi-Arabien zu besuchen. Er traf mich in Dschidda, und wir unternahmen gemeinsam eine Fahrt nach Er Rijäd und All Kharj. Dies war meine erste Bekanntschaft mit dem Lande, in dem mein Vater den größten Teil seines Lebens verbracht hatte. Weder damals noch später entstand bei mir der Wunsch, seinem Beispiel zu folgen. Die grenzenlosen Räume, der klare Nachthimmel und die sonstigen Reize waren für mich nur in kleinen Dosen genießbar. Ich hielt es für unmöglich, ein Leben in einem Lande mit majestätischer, aber keineswegs bezaubernder Natur und unter Menschen zu verbringen, die sowohl des Zaubers als auch der majestätischen Erhabenheit entbehrten.

Ich habe mir diese Abschweifung gestattet, um denen zu antworten, die meinen ungewöhnlichen Lebenslauf dem väterlichen Einfluß zuschreiben. Es ist nicht ausgeschlossen, daß seine Überspanntheit mir in früher Jugend dazu verholfen hat, den extremsten Vorurteilen des britischen Schulsystems, wie es vor vierzig Jahren bestand, entgegenzutreten. Doch später war mein Vater von allen entscheidenden Wendepunkten meines Lebens Tausende von Meilen entfernt. Wenn er noch etwas länger gelebt und die Wahrheit erfahren hätte, hätte ihn das sicherlich erschüttert, doch mißbilligt hätte er sie nicht. Ich war wohl der einzige Mensch aus seinem großen Bekanntenkreis, zu dem er niemals grob war. Meiner Meinung brachte er stets Respekt entgegen, selbst wenn sie die ihm teure arabische Welt betraf. Trotzdem war ich immer kritisch ihm gegenüber. Ich hörte, daß Winston Churchill ebenfalls auf die Meinung seines Sohnes Randolph Wert legte. Schwer zu sagen, wie weit dies den Tatsachen entsprach.

Ohne Bedauern verließ ich die Wüste, um meine Tätigkeit im lärmenden und wundervollen Istanbul aufzunehmen. Meine Mitarbeiter lebten verstreut in den öden Wohnblocks des Pera-Bezirks, doch ich wollte nicht ihrem Beispiel folgen. Innerhalb weniger Tage fand ich eine ausgezeichnete Villa in Beylerbey am asiatischen Ufer des Bosporus. Dies war ein so wunderschöner Ort, daß ich ohne Zögern den hohen Mietpreis in Kauf nahm. Die Villa lag an einem Anlegeplatz, und ich fuhr drei Jahre lang alle Tage auf einem Fährschiff zwischen Asien und Europa und konnte dabei das ständig wechselnde Bild der Nebel, Strömungen, Gezeiten und über dem Meer kreisenden Sturmvögel und Möwen betrachten. Alle waren natürlich entgeistert. Doch es gibt eine gute Arbeitsregel: Wo du dich immer aufhältst, höre nicht auf die alten Routiniers. Ich konnte mich über meinen abgeschiedenen Wohnsitz nicht beklagen. Übrigens folgten bald einige intelligentere Mitarbeiter meinem Beispiel.

Offiziell sollte meine Tätigkeit in der SIS-Residentur mit dem Amt eines Ersten Botschaftssekretärs getarnt werden. Hier erlaube ich mir eine kleine Abschweifung. Schon vor dem Krieg war die von SIS-Mitarbeitern benutzte Tarnung im Rahmen der Paßabteilung weitgehend bekannt geworden. Darum hatte das Komitee für SIS-Reorganisation empfohlen, davon Abstand zu nehmen. Seitdem erhielten die meisten SIS-Mitarbeiter, je nach ihrer Stellung, im Ausland den Posten eines Ersten, Zweiten oder Dritten Sekretärs. Zu meiner Zeit erhielten sogar SIS-Mitarbeiter in solchen wichtigen Residenturen wie in Paris oder Washington den Rang eines Rates verliehen. Einige Spione setzte man als einfache Attachés oder Referenten ein. Gleichzeitig wurden viele Mitarbeiter der kompromittierten Paßabteilungen, die sich offiziell mit dem Ausstellen der Pässe befaßten, in Visa-Beamte umbenannt. Gegenwärtig sind die meisten von ihnen formal von spionagedienstlichen Funktionen befreit, obwohl die Zusammenarbeit zwischen diesen Abteilungen und den SIS-Vertretern praktisch bis heute andauert.

Die veränderte Tarnungsform hatte ein geändertes System der Tarnzeichen für die Mitarbeiter der ausländischen Residenturen zur Folge. Vor der Reorganisierung wurden sämtliche Länder mit einer zweistelligen Zahl bezeichnet. So zum Beispiel Deutschland mit der Zahl «12» und Spanien mit der Zahl «23». Die SIS-Leute dieser Länder trugen eine entsprechende fünfstellige Zahl: Der Resident in Deutschland hatte die Nummer 12 000, der entsprechende Vertreter in Spanien die 23 000, während ihre Mitarbeiter und Agenten andere fünfstellige Zahlen innerhalb des Zahlenbereiches von 12 000 bzw. 23 000 bekamen. Man nahm an, daß sich auch dieses System genauso wie die Tarnung durch die Paßabteilung überlebt hatte. So erzählte man sich sogar, daß man Offiziere des faschistischen Geheimdienstes hätte singen hören: «Zwölfland, Zwölfland, über alles.»

Wie dem auch sei, das System wurde jetzt völlig verändert. Jedes Land erhielt ein Symbol, das aus drei Buchstaben des Alphabets bestand. Der erste Buchstabe war aus Gründen, die mir unbekannt waren, ein «B». So bekamen die USA die Codebezeichnung «BEE-Land», während die Türkei «BFX-Land» genannt wurde. Der SIS-Resident erhielt jeweils dazu die Zahl «51», während seine übrigen Mitarbeiter andere zweistellige Chiffren erhielten, etwa «01», «07» usw. So kam es, daß ich als Leiter der SIS-Residentur in der Türkei den etwas merkwürdig klingenden Titel «BFX 51» erhielt. Wie auch immer, handschriftlich oder getippt, das Symbol kam mir furchtbar plump vor.

Als Erster Botschaftssekretär ohne diplomatischen Bereich alias BFX 51 unterstanden mir fünf Mitarbeiter mit dem dazugehörigen technischen und Schreibpersonal. Neben einem befähigten und geselligen Stellvertreter, dem Zweiten, und einem stets überschäumenden jüngeren Mitarbeiter, dem Dritten Sekretär, gehörte dem Mitarbeiterstab als Attaché ein lautstarker Russe, ein ehemaliger Weißgardist mit einer tollen Energie an. Schließlich gab es noch den Leiter der Paßabteilung, Whittall, der in Visaangelegenheiten direkt Maurice Jeffes in London und in Geheimdienstfragen mir unterstellt war. Er war außerdem der Verbindungsoffizier zu den türkischen Geheimdiensten. Whittall kannte ausgezeichnet die Türkei und sprach fließend türkisch. Doch er war viel zu nett, um mit den Türken auszukommen. Einige Worte noch über die Sekretärin von Whittall. Sie zeigte eine große Leidenschaft für Katzen und hatte ein sehr eigenartiges System der Aktenaufbewahrung eingeführt. Wenn ich sie nach dem einen oder anderen Dokument fragte, antwortete sie unschuldig. «Ich glaube, die weiße Katze sitzt darauf.» Und so war es dann auch.

Die türkischen Geheimdienste bezeichneten sich als Sicherheitsinspektion, und die britische geheimdienstliche Tätigkeit in der Türkei hing von den gerade bestehenden Beziehungen ab. Die Türken kannten uns und duldeten unter der Bedingung unsere Tätigkeit, daß sie sich ausschließlich gegen die Sowjetunion und die Balkanländer, aber nicht gegen die Türkei richtete. Diese Bedingung ist aber in der Praxis öfter verletzt worden. Um sich des Wohlwollens der Türken zu versichern, ließen wir ihrer Istanbuler Filiale monatlich Zuschüsse in Form von Gebühren für unsere Recherchen zukommen. Da wir kaum wertvolle Informationen dafür bekamen, war vollkommen klar, daß unsere Zuschüsse einfach dazu bestimmt waren, die Dienstbezüge der höheren Geheimdienstbeamten in Istanbul zu vergrößern. Doch das Spiel lohnte sich insofern, daß es die Türkei zumindest zum Schweigen zwang.

Das türkische Stabsquartier befand sich in Ankara. Damals war sein Chef ein aufgedunsener, krötenähnlicher Bürokrat, den wir Onkel Ned nannten. Zu meinem Unglück mußte ich ihn monatlich einmal in dienstlichen Angelegenheiten aufsuchen. Unsere Begegnungen wurden bald für beide Seiten enttäuschend.

Meist wollte ich für die eine oder andere Operation um Unterstützung bitten, zum Beispiel bei der Einschleusung eines Agenten von der östlichen Türkei aus nach Armenien. Gewöhnlich räusperte er sich, flüsterte mit dem Dolmetscher, rutschte im Sessel hin und her und bestellte Kaffee. Dann schlug er vor, daß ich ihm den Agenten und das Geld übergab. Er versprach, die Operation auszuführen und uns über die Ergebnisse zu informieren. Mit der Zeit erlernte ich die türkische Sprache bis zu einem gewissen Grad und begann zu verstehen, was vor sich ging. Diese Begegnungen endeten gewöhnlich in einer Auseinandersetzung mit meinem Dolmetscher, den ich nicht zwingen konnte, Grobheiten zu sagen. Er hatte natürlich seine Gründe hierfür: Als Dolmetscher stand er nicht auf der Diplomatenliste und fürchtete nicht zu Unrecht die Antipathie von Onkel Ned.

Den Chef der Istanbuler Filiale nannten wir Tante Jane. Ich interessierte mich für ihn, zumal sich gerade in seinem Bezirk der überwiegende Teil meiner Tätigkeit abspielen sollte. Er gab mir nie Anlaß zur Besorgnis.

Tante Jane war ein gutmütiges und lustiges Haus. Er hatte es in erster Linie mit seiner Gallenblase zu tun und war natürlich auf viel Geld aus. Nach einigen Wochen überließ ich es gern Whittall, den täglichen Kontakt mit ihm zu pflegen, während ich mich nur noch in besonderen Fällen als Vermittler einschaltete. Etwa zweimal veranstaltete ich in jedem Jahr einen Empfang für ihn. Er erwies sich als idealer Gast. Meist kam er mit einem Polizeiboot eine halbe Stunde vor der festgelegten Zeit, leerte rasch zwei oder drei Gläser Whisky und verschwand dann unter dem Vorwand dringender Geschäfte, sobald die anderen Gäste eintrafen.

Meine Kontakte mit Onkel Ned, Tante Jane und ihren Mitarbeitern bestätigten einen von mir schon früher gehegten Verdacht, daß es den Geheimdiensten kleiner Länder an Mitteln und Erfahrungen mangelte, um wirksame Operationen durchführen zu können. Selbst Tefik Bey aus Erzurum, wohl der beste Offizier des türkischen Geheimdienstes, machte bei der einzigen Operation, die ich ihm anvertraut hatte, ein heilloses Durcheinander. Trotzdem war der türkische Geheimdienst mit einer der besten.

Die Filiale von Tante Jane beaufsichtigte gewissermaßen mit die Inspektion in Adrianopel. Diese beschafften aus Bulgarien spärliche und minderwertige Informationen, hauptsächlich von Schmugglern und Flüchtlingen. Doch die eigentliche Bedeutung der Filiale lag vor allem darin, daß Istanbul ein belebter Transitknotenpunkt war. Ein beträchtlicher Teil der Flüchtlinge vor den Revolutionen auf dem Balkan und in Osteuropa landete letztlich in Istanbul, wo sie in dieser Filiale überprüft und wo aus ihnen all die Informationen herausgeholt wurden, über die sie verfügten. Die Türken übergaben uns einige aus derartigen Quellen stammende Nachrichten, doch deren Qualität war unveränderlich enttäuschend. Teilweise waren die Flüchtlinge selbst kaum informiert bzw. die Offiziere waren nicht in der Lage, sie zielgerichtet zu befragen. Der von uns mehrmals unternommene Versuch, auf offiziellem Wege unmittelbar an die Flüchtlinge heranzukommen, bevor sie sich in die verschiedenen Richtungen verstreuten, stieß auf ständigen Widerstand der Türken, die dafür kein Verständnis zeigten. Wir waren gezwungen, diesen Leuten selbst nachzujagen, und das war sehr zeitaufwendig.

Die meisten unserer Informationen über die Balkanländer stammten von Leuten, die in diesen Staaten geboren wurden und in Istanbul lebten. Eine überraschend große Anzahl solcher Leute – Bulgaren, Jugoslawen und Rumänen – behauptete sogar, daß sie vor dem Verlassen ihres Landes dort Spionagenetze aufgebaut hätten und bereit wären, diese uns zur Verfügung zu stellen, wenn wir ihnen die nötigen finanziellen Mittel zukommen ließen. Der Krieg hatte ganz Europa gezeigt, daß man aus der Spionage Geld schlagen kann. In den vierziger Jahren konnte ein unvorsichtiger Käufer in Istanbul Millionen für Informationen verlieren, die in der Stadt selbst fabriziert worden waren. Die Hauptschuld an dieser Entwicklung trugen die Amerikaner, doch 1947 war der SIS mit Fälschungen übersättigt. Wir vergeudeten viel Zeit, um Methoden zu entwickeln, mit denen wir Hochstapler verschiedenen Schlages auf die Schliche kommen konnten. Wir wollten herausfinden, was ihre Arbeit wirklich wert war. Dies gelang uns selten, und ich war überzeugt, daß trotz aller unserer Vorsichtsmaßnahmen gewisse Emigranten uns ständig an der Nase herumführten.

In London hatte ich klare Instruktionen erhalten: den Balkanländern nicht allzuviel Aufmerksamkeit schenken, Hauptziel sei die Sowjetunion. So sollte ich kurzfristig Agenten in die sowjetischen Schwarzmeerhäfen entsenden und dafür die nach Odessa, Nikolajew, Noworossisk und anderen Städten verkehrenden Handelsschiffe ausnutzen. Doch ich entschied mich, meine Hauptanstrengungen auf die östliche Grenze zu konzentrieren, wo es nach der Vorstellung des SIS Möglichkeiten gab, Agenten auf breiter Front in die Sowjetunion einzuschleusen. Darum erkundete ich während des größten Teiles des Sommers 1947 die Grenzgebiete, um herauszubekommen, welche Hilfe uns die Türken erweisen könnten und mit welchen Schwierigkeiten wir zu rechnen hatten. Ich verfolgte dabei noch ein anderes Ziel: die topographische Fixierung der Grenzgebiete der Türkei, die von den britischen Streitkräften benötigt wurde. Dies geschah zu einem Zeitpunkt, als sich die Amerikaner in der Türkei noch nicht festgesetzt und neben anderen Maßnahmen das gesamte Land noch nicht aus der Luft fotografiert hatten. Wir kannten danach den Zustand der Verkehrswege auf dem gewaltigen Territorium östlich des Euphrats noch sehr wenig.

Die topographischen Aufbereitungen waren für den SIS aus den verschiedensten Gründen interessant. Unsere Kriegsplaner, im War Planning Directorate, die in den Maßstäben eines globalen Krieges gegen die Sowjetunion dachten, beschäftigten sich mit Projekten, um Widerstandszentren dort zu schaffen, die nach Meinung der britischen Regierung in der Anfangsphase eines Krieges der Sowjetarmee überlassen werden müßten. Die Türkei wäre eins der ersten Länder, das dazu gehörte. Die Gebirge Anatoliens waren von einer ganzen Reihe ausgedehnter Täler durchschnitten, die sich in der Regel von Ost nach West hinzogen. Dieses Territorium wäre für sowjetische Luftlandeunternehmen ideal. Die Aussichten, irgendwo östlich von Ankara eine erfolgreiche Verteidigung zu organisieren, waren gering. Deshalb war es in den Augen des SIS das beste, wenn in der Türkei spezielle Basen geschaffen wurden, von denen aus man Schläge gegen die durch jene Täler verlaufenden sowjetischen Verbindungswege führen könnte. Die Planungsorgane des SIS benötigten weitaus detailliertere Angaben, als man sie bereits über die östliche Türkei besaß. Man mußte wissen, wie das Gelände beschaffen war, welche Waldgebiete, Quellen und Versorgungsmöglichkeiten existierten.

Das alles brachte außerordentlich heikle Probleme mit sich. Die Briten und Amerikaner waren entschlossen, die Türkei bei Ausbruch eines Krieges ihrem Schicksal zu überlassen. Wie unerbittlich die Logik des militärischen Denkens auch sein mochte, sie konnte den Türken kaum gefallen. Man neigte in Großbritannien, und das nicht zu Unrecht, dazu, daß bei entsprechender Kenntnis der Pläne durch die Türken denen all ihre Illusionen hinsichtlich des Westens genommen würden und man sie zwänge, sich der Sowjetunion anzunähern. Deshalb mußten die topographischen Arbeiten mit größter Vorsicht betrieben werden. Zum Glück hatten die Türken keine Ahnung von meinen Absichten. Wenn sie aufmerksam geworden wären, dürften sie kaum meiner einzig möglichen Rechtfertigung geglaubt haben, daß ich mich nämlich ausschließlich für die Verbindungswege der eventuell auf Georgien vorrückenden verbündeten Armeen interessiere.

Jedenfalls fing ich klein an. Mit der im Sommer 1947 durchgeführten ersten Erkundung schuf ich mir ein gutes Fundament, um das für 1948 aufgestellte umfangreichere Programm zu verwirklichen. Die erste Barriere war damit genommen, daß mir Onkel Ned, zwar ungern, einen Besuch von Erzurum gestattete, von wo aus Tefik Bey die Operationen des türkischen Geheimdienstes in der gesamten Ostregion leitete. Für mein Vorhaben im Grenzgebiet benötigte ich ein Auto. Zum Glück hatte ich im Fuhrpark in Istanbul einen Dodge, der den Eindruck machte, daß er die Erschütterungen auf den primitiven Wegen und Pfaden östlich Ankaras aushalten könne. Nach einem Abschiedsbesuch bei Onkel Ned brach ich aus der Hauptstadt schnurstracks nach Osten auf, anstatt die über Kayseri nach Sivas führende Straße zu benutzen. Ich fuhr durch Boghazköy, die Hauptstadt des einstigen Hethiterreichs, wodurch meine Reise einen gewissen kulturellen Anstrich erhielt. Außerdem gab sie mir die Gelegenheit, mich mit dem wenig besuchten Territorium zwischen Yozgat und Sivas bekannt zu machen.

In Erzurum suchte ich sofort Tefik Bey auf. Er war ein recht angenehmer Mensch, der für seine Arbeit mehr Interesse zeigte als Onkel Ned und Tante Jane. Doch die Gespräche mit ihm machten mir kaum Hoffnung, mit Erfolg Agenten über die sowjetische Grenze nach Georgien oder Armenien zu bringen. Ähnlich wie in Adrianopel verließ sich auch Tefik auf Zufallsagenten, gelegentliche Überläufer und professionelle Schmuggler. Resigniert sprach er darüber, wie gründlich die Russen ihre Grenzen sicherten, über die vielen Wachtürme und den durchgehend umgepflügten Streifen, auf dem die Grenzverletzer unweigerlich ihre Spuren hinterließen. Die Karten Tefiks bewiesen die Spärlichkeit seiner Quellen. Ihm war es lediglich gelungen, einige Nummern von sowjetischen Truppenteilen herauszubekommen, die in unmittelbarer Grenznähe lagen, und selbst diese Angaben waren nicht zuverlässig. Ein tieferes Eindringen in das sowjetische Territorium war noch nicht einmal versucht worden. Es war deprimierend.

Aus dem Gespräch mit Tefik schlußfolgerte ich folgendes: Um in die Tiefe einzudringen, worunter ich die Entsendung von ständigen Agenten nach Jerewan, Tbilissi und den östlichen Schwarzmeerhäfen verstand, war es zwecklos, Agenten unter den Einheimischen zu suchen. Die Bevölkerung auf der türkischen Seite der Grenze war zu rückständig, um die notwendigen Informationen zu beschaffen. Zudem hatte Tefik dieses Gebiet im Verlaufe vieler Jahre durchkämmt, und es war töricht, sich einzubilden, ich könnte da geeignete Leute finden, wo ihm dies nicht gelungen war. Um gute Agenten zu finden und sie mit SIS-Aufträgen ausstatten zu können, war es offensichtlich notwendig, sich auf georgische und armenische Emigranten zu konzentrieren. Ich bat deshalb in meinem ersten Bericht an London darum, den SIS-Residenturen in Paris, Beirut, Washington und anderen Städten, die Kontakte zu zahlreichen Emigranten hatten, zu empfehlen, entsprechende Recherchen einzuleiten.

Außerdem hatte ich noch einen anderen Gedanken. Tefik sprach von der wunderbaren Aussicht, die sich von der türkischen Grenze aus auf Jerewan eröffne. Da die Stäbe in London so stark an der topographischen Erschließung des türkischen Territoriums interessiert seien, hätten sie wohl auch nichts gegen eine fotografische Fernerkundung des sowjetischen Grenzgebiets. Noch vor der Abfahrt aus Erzurum begann ich damit, eine Konzeption für eine derartige Operation auszuarbeiten. Ich nannte sie Operation Spyglass nach dem englischen Begriff für Fernglas. Allein schon deswegen würde sie gebilligt werden, da die SIS-Spezialisten auf diese Weise die Möglichkeit erhielten, ihre neuesten fotografischen Ausrüstungen auszuprobieren.

Recht zufrieden kehrte ich dann nach Istanbul zurück. An den Plänen für das Eindringen in die Sowjetunion war wenig getan worden, doch dafür hatte ich einige Ideen eingebracht, die London für eine gewisse Zeit beschäftigen konnten. Ich bezweifelte zwar stark, daß ihre Umsetzung den Streitkräften Großbritanniens irgendwelchen Nutzen bringen würde, doch für mich waren sie ein guter Vorwand, um das türkische Grenzgebiet lange und aufmerksam zu studieren.

Meine Vorschläge fanden in London Zustimmung. Schon wesentlich früher, als ich noch Korrespondent der «Times» war, hatte ich gelernt, zweifelhafte Gedanken in eine solche Form zu kleiden, daß sie selbst den nüchternen Mitgliedern des Athenaeum-Clubs in London gefallen mußten. London entsandte nach Paris einen Agenten, um meinen Vorschlag mit dem Menschewiken Shordanija zu erörtern, der von 1918 bis 1921 Vorsitzender der konterrevolutionären menschewistischen Regierung Georgiens gewesen war. Shordanija war ein anerkannter Führer der georgischen Emigranten. Für den SIS war es außerordentlich schwierig, ohne seinen Segen georgische Freiwillige anzuwerben. Die Bitte der Engländer brachte ihn in große Bedrängnis, da er sich darüber im klaren war, wie man die Georgier auf heimatlicher Erde empfangen würde.

Wir durften ihn nicht entmutigen und waren ihm dankbar, als er uns versprach, geeignete Leute auszuwählen. Doch unser Agent hegte offenbar gewisse Befürchtungen. In einem Telegramm, in dem er über die Ergebnisse seiner Mission berichtete, tat er diesen alten Menschewiken als dummen alten Bock ab. Tatsächlich gab es dann noch Schwierigkeiten mit Shordanija.

Zu jener Zeit hatte ich schon eine genügend klare Vorstellung von meinen künftigen Operationen. Wir würden damit beginnen, einige Agenten für eine kurze Zeit zu entsenden, für mehrere Tage oder vielleicht Wochen, um die Möglichkeiten zu sondieren, die für einen illegalen Aufenthalt in Georgien beständen. Ließen sich sichere Unterkünfte finden? Konnte man seinen Aufenthalt durch den Kauf von Dokumenten oder auf andere Weise legalisieren? Welche Verbindungswege gab es? Verlief alles glatt, könnten wir mit der Zeit, aufbauend auf den Ergebnissen der Voraufklärung, dazu übergehen, ein ständiges Agentennetz zu errichten.

Hinter die Absichten Shordanijas zu kommen, war nicht einfach. Ich hatte den Verdacht, daß er von Anfang an bestrebt war, seine Leute mit Bündeln von aufwieglerischen Flugblättern zu belasten, das wiederum mißfiel garantiert dem Foreign Office. So begann die Beziehung des SIS zu Shordanija den Charakter einer chinesischen Teegesellschaft anzunehmen. Wir mußten höflich zu ihm sein, da er uns Agenten verweigern konnte, während er selbst auf unsere Hilfe angewiesen war, um seine Leute nach Georgien einzuschleusen. Unser Verbindungsmann hatte bald die Zeiten des Flugverkehrs zwischen London und Paris im Kopf und bekannte, daß er bereits beim Anblick von Paris einen Abscheu verspüre. Somit spielte sich die Vorbereitung der Aktion in einer Atmosphäre übler gegenseitiger Verdächtigungen ab.

Mein Plan Spyglass wurde als außerordentlich interessant bewertet und angenommen. Dies stimmte mich froh, denn ich konnte einen Großteil des folgenden Sommers, wenn sich das Diplomatische Korps von Ankara nach Istanbul begab, am entgegengesetzten Ende der Türkei verbringen.

Ferner hatte ich nun freie Hand, um eine fast unbegrenzte Menge der verschiedensten Ausrüstungsgegenstände anzufordern, die ich auch bekam. Zuallererst benötigte ich eine Kamera. Auf Grund meiner mangelnden fotografischen Kenntnisse war ich nicht in der Lage, einen bestimmten Typ anzugeben. Ich beschrieb einfach, welchen Anforderungen er genügen sollte, und überließ das übrige London. Außerdem bat ich um zwei Geländewagen, leichte, gut ausgestattete Zelte, Kompasse und allerlei Kram. Die Spezialisten, die immer zu der Auffassung neigen, daß man ihr Talent nicht in vollem Maße in Anspruch nimmt, machten sich mit großem Eifer an die Arbeit und schickten mir sogar viele Dinge, um die ich nicht gebeten hatte. «Zur Erprobung», wie sie sagten. Während des Winters häuften sich in unserem Lager viele Kisten an. Die Kamera erregte besondere Aufmerksamkeit. Ich hatte mir gedacht, daß man mir einen kleinen, komplizierten Apparat zusenden werde, der von den sowjetischen Wachtposten auf eine Entfernung von hundert Metern nicht zu bemerken war. Doch als ich ihn erblickte, wirkte er auf mich so groß wie eine Straßenbahn. Meine erste Reaktion war, daß ich ein derartiges Ungeheuer niemals selbst über die felsigen Abhänge des Ararats und Ala-Daghs schleppen werde. Ich hatte einen kräftigen jungen Mitarbeiter, der für eine derartige schwere Arbeit geradezu geschaffen war.

Im Winter und noch im Frühjahr mußte ich mich erneut auf die spärlichen Informationsquellen stützen, die sich in Istanbul auftreiben ließen. Nach einem Standardverfahren begann ich damit, unter den Angehörigen der dortigen britischen Kolonie zu sondieren. Dies war ein undankbares Geschäft. Natürlich finden sich unter den im Ausland lebenden Engländern – Geschäftsleuten, Journalisten – solche Leute, die bereit sind, ihren Kopf hinzuhalten. Doch sie sind meist kleine Fische, deren Möglichkeiten begrenzt sind. Einflußreichere Leute zeigen sich in der Regel dem SIS gegenüber weniger entgegenkommend. Sie haben etwas zu verlieren, sind sich, ihren Familien und selbst ihren verdammten Aktionären etwas schuldig. Sie sind oftmals bereit, alles mitzuteilen, was sie «gelegentlich erfahren», doch dabei handelt es sich stets nur um wertlosen Klatsch. Um ein Risiko einzugehen und systematisch Informationen zu liefern, dazu reicht ihr Patriotismus nicht aus. Ich konnte ihnen auch nichts Gleichwertiges zu ihren Gewinnen bieten, die sie beispielsweise aus den Erdölgesellschaften oder Baufirmen zogen. Mich quälten die Forderungen Londons. Der SIS wollte Informationen über türkische Häfen haben, die überdies noch von englischen Konzernen errichtet worden waren.

Die Erfolge in Istanbul blieben also aus. Dafür stieg die Bedeutung unserer Pläne mit den georgischen Emigranten. Hier zeichneten sich bereits erste Fortschritte ab. Zu meiner Überraschung hielt Shordanija sein Versprechen, und rechtzeitig erfuhr ich, daß in London zwei Anwärter eine Ausbildung absolvierten. Ich hatte die Aktion mit den Türken zu koordinieren. Nach einigen Diskussionen mit Onkel Ned waren wir übereingekommen, die Agenten in Istanbul zu empfangen und anschließend nach Erzurum weiterzuleiten. Doch in einem entscheidenden Punkt war Onkel Ned unnachgiebig geblieben. Ihm zufolge sollte Tefik von Erzurum aus die Leitung der gesamten Operation übernehmen und den Grenzübertritt der Agenten selbst vorbereiten, was angeblich auch im Interesse meiner eigenen Sicherheit lag. Somit durfte ich die Agenten nicht begleiten. Freilich erschien mir der Vorwand der eigenen Sicherheit absurd, wenn ich daran dachte, daß man mir im Zusammenhang mit der Operation Spyglass erlaubt hatte, die gesamte Grenzzone abzufahren. Das offensichtliche Ziel der Türken bestand darin, die Agenten in den letzten achtundvierzig Stunden in ihre Hände zu bekommen und ihnen eigene Aufträge zu erteilen. Infolgedessen hatten die bedauernswerten Georgier mit drei verschiedenen Aufgabenstellungen die Grenze zu passieren: die eine kam von Shordanija, die zweite von uns und die dritte von den Türken. Jeder versuchte, die Waagschale zu seinen Gunsten zu verschieben. Ich gab Onkel Ned nur unwillig nach, als er mir andeutete, daß er anderenfalls die von mir erdachte Operation vereiteln würde.

Schließlich versammelten wir uns in Erzurum: Tefik Bey, ich und die zwei Georgier. Beide waren ziemlich ausgeschlafene und energische Leute, aber ihre Vergangenheit versprach wenig Erfolgsaussichten. Sie waren über zwanzig und in Paris geboren. Georgien kannten sie vom Hörensagen und glaubten allen Emigrantenmärchen über das Leben in diesem Land. Einer von ihnen befand sich in einer sichtlich gedrückten Stimmung. An einer Karte erklärte Tefik Bey, daß er die Absicht habe, sie bei dem türkischen Dorf Pozof überzusetzen, das dem sowjetischen Städtchen Achalziche gegenüberlag. Wir legten die Schleusungszeit unter Berücksichtigung der Mondphase fest und musterten die Waffen und Munition, mit denen die Georgier in London ausgestattet worden waren. Ich dachte darüber nach, wem die kleinen Beutel mit den Goldmünzen zuerst in die Hände fallen würden – den Russen oder den Türken. Als ich mit Tefik allein war, äußerte ich meine Zweifel darüber, ob es richtig sei, die Georgier ausgerechnet an einer Stelle über die Grenze zu bringen, die direkt einer sowjetischen Garnisonstadt gegenüberlag. Er widersprach mir jedoch, da in diesem Raum das Gelände ideal sei. «Wenn es so ideal ist», fragte ich ihn, «wird es dann nicht mit Sicherheit genauer überwacht?» Er zuckte lediglich mit den Schultern. Ich konnte mich schwerlich streiten: Diesen Grenzabschnitt kannte ich nicht. Vielleicht hatte Tefik recht. Jedenfalls war es meine Aufgabe, für den Erfolg der Operation alles zu tun, was in meinen Kräften stand.

Letztlich begaben sich also die zwei Georgier in Begleitung eines türkischen Offiziers nach Ardahan und dann weiter nach Norden. Mir blieb nichts anderes übrig, als in Erzurum zu sitzen und zu warten. Einer von Tefiks Leuten war auf mich angesetzt worden und folgte mir ständig in respektvoller Distanz – etwa fünfzig Meter entfernt. Ich amüsierte mich dabei, indem ich während der heißesten Tageszeit schnellen Schrittes außerhalb der Stadt spazierenging und beobachtete, wie der Türke erst seinen Hut, dann seine Krawatte und schließlich sein Jackett ablegte.

Als das erwartete Telegramm aus Ardahan eintraf, hielt ich mich gerade bei Tefik auf. Die beiden Agenten wurden zu der und der Zeit über die Grenze gebracht. Nach so und soviel Minuten war ein Feuerstoß aus einer Maschinenpistole zu vernehmen, und einer der Männer fiel. Der andere wurde letztmalig beim Durchschreiten eines lichten Waldes gesehen, wie er sich von der türkischen Grenze entfernte. Man hat niemals mehr etwas von ihm gehört.

Nach dieser Geschichte nahmen wir die Operation Spyglass in Angriff. In Begleitung des Majors Fevzi, eines der Offiziere von Tefik, begannen wir mit der Arbeit am äußersten östlichen Ende der Linie, wo die Grenzen der Sowjetunion, der Türkei und des Irans zusammentreffen, und bewegten uns allmählich nach Westen. Unsere Methode war einfach. Jeweils nach mehreren Meilen vermerkten wir unseren Standort auf der Karte und machten mit unserer Kamera Aufnahmen vom sowjetischen Territorium. Die ersten ein, zwei Tage erwartete ich jede Minute eine Maschinengewehrgarbe. Man hätte es den sowjetischen Grenzwachen nicht verübeln können, denn unser Fotoapparat sah wie ein leichter Granatwerfer aus.

Bis Tuzluca bewegten wir uns entlang des Aras, dessen Tal von Sumpfvögeln wimmelte. Den Ararat ließen wir links, den Alagös rechts liegen. Dann stiegen wir im Tal des Arpa-Tschai aufwärts, an der alten armenischen Hauptstadt Ani vorbei, und erreichten Digor, das Leninakan gegenüber liegt. Hier fand ich, daß mein sogenannter Urlaub etwas zu lange dauerte und daß der westliche Teil der Grenze bis zum nächsten Jahr warten könnte. Wir fuhren nach Erzurum zurück und machten für die Nacht in Kars halt, wo mich Fevzi noch mit dem Vorschlag erschreckte, ein Bordell zu besuchen.

Die Höhle des Löwen

Ich sollte mich doch nicht mehr dem zweiten Teil der Operation Spyglass widmen können. Im Sommer 1949 erhielt ich aus London ein Telegramm, womit wieder einmal meine Tätigkeit in ganz andere Bahnen gelenkt wurde. Ich war als Vertreter des SIS in den Vereinigten Staaten von Amerika vorgeschlagen worden. Dort sollte ich die Verbindung sowohl zur 1947 gegründeten CIA (Central Intelligence Agency), der Geheimdienstzentrale der USA, und zum FBI (Federal Bureau of Investigation), dem Bundeskriminalamt der USA, aufrechterhalten. Diese Ernennung erfolgte aus einem wichtigen Grund. Die Zusammenarbeit auf höchster Ebene zwischen der CIA und dem SIS – das traf noch nicht auf untergeordnete Abteilungen zu – war so eng geworden, daß jeder SIS-Mitarbeiter, der für eine leitende Stelle vorgesehen war, intime Kenntnisse der Situation der amerikanischen Geheimdienste benötigte. Ich brauchte nur eine halbe Stunde, um diesen Vorschlag anzunehmen.

Istanbul ist eine schöne Stadt, doch nicht nur deshalb fiel es mir schwer, sie zu verlassen. Ich mußte auch die Operation Spyglass, die zur Häfte bereits bewältigt war, im Stich lassen. Doch die Möglichkeit, nach Amerika entsandt zu werden, war einmalig. Ich mußte sie, besonders aus zwei Gründen, nutzen: Erstens kam ich wieder an einen Brennpunkt, wo Geheimdienstpolitik gemacht wird, und zweitens hatte ich die Möglichkeit, mich mit den amerikanischen Geheimdiensten näher vertraut zu machen. Schon damals ahnte ich, daß diese Dienste eine weitaus größere Bedeutung besaßen als die entsprechenden britischen Einrichtungen. Ich wartete nicht einmal die Zustimmung meiner sowjetischen Genossen ab. Die weiteren Ereignisse rechtfertigten meinen Entschluß. Niemand hegte Zweifel an den unbegrenzten Möglichkeiten meiner neuen Tätigkeit. Ende September bekam ich den Auftrag, nach London zu fahren, um in der Zentrale eine einmonatige Vorbereitungszeit zu absolvieren. Ende Oktober würde es dann nach Amerika gehen.

In London stellte ich fest, daß die Kontrolle der Beziehungen zwischen dem SIS und den amerikanischen Diensten in den Händen von Jack Easton lag. Von ihm erhielt ich den größten Teil der Instruktionen. Ich schätzte seine Kenntnis aller Feinheiten der britisch-amerikanischen Zusammenarbeit, wenn auch nicht ohne Neid, hoch ein. Jedoch war der Umfang dieser Zusammenarbeit so groß, daß sich kaum ein verantwortlicher Mitarbeiter im ganzen Dienst finden ließ, der nicht daran beteiligt war. Jeder von ihnen hatte durch meine Ernennung ein Anliegen an mich. Unter den verschiedensten Vorwänden wurde ich des öfteren zum Lunch in diverse Clubs eingeladen. Die Gespräche bei Kaffee und Portwein berührten eine ganze Reihe von Dingen, doch im Grunde wollten meine Gastgeber nur kostenlos nach Amerika fahren. Ich enttäuschte sie nicht. Je mehr Besucher ich in Washington haben würde, um so mehr Spione würde ich kennenlernen, und das war schließlich und endlich das Ziel meines Lebens.

Aus den knappen Erklärungen Eastons wurde mir klar, daß mein Weg in Washington wahrscheinlich dornig sein würde. In den Staaten sollte ich das Amt von Peter Dwyer übernehmen, der mehrere Jahre dort verbracht hatte. Ich kannte Dwyer als einen außerordentlich scharfsinnigen Mann, doch ich erfuhr über ihn noch vieles andere. Während des Krieges hatte er die diffizile Aufgabe gelöst, enge persönliche Beziehungen zu vielen führenden Mitarbeitern des FBI zu knüpfen. Auf Grund dieser Beziehungen, die auch nach dem Kriege aufrechterhalten wurden, bevorzugte, wie man allgemein annahm, die Washingtoner SIS-Vertretung den FBI zum Schaden der CIA. Da das FBI, das die Politik der Primadonna Hoover zur Richtschnur nahm, eine wahrhaft kindische Empfindlichkeit gegenüber allem zeigte, was die CIA betraf, war es für Dwyer außerordentlich schwer, ein ausgewogenes Verhältnis zu beiden Organisationen aufrechtzuerhalten und sich nicht von seinen alten Freunden vorwerfen zu lassen, ein Doppelspiel zu betreiben.

Eine meiner neuen Aufgaben war es, die Waage in eine andere Richtung ausschlagen zu lassen. CIA und SIS hatten sich geeinigt, ihre Zusammenarbeit bedeutend zu erweitern. Dies zog unausweichlich eine engere Verbindung mit der CIA nach sich, als es mit dem FBI der Fall war. Natürlich konnte diese Tatsache nicht offen zugegeben werden. Demnach mußte ich die Beziehungen zur CIA festigen und die zum FBI schwächen, aber so, daß es letzterer nicht merkte. Ich brauchte nicht lange zu überlegen, um einzusehen, daß dieses Vorgehen unreal und absurd war. Der einzig vernünftige Kurs konnte nur der sein, mit der CIA in den Fragen von gemeinsamem Interesse zusammenzuarbeiten und sich den unausbleiblichen Groll der Mitarbeiter Hoovers nicht allzusehr zu Herzen zu nehmen. Allzu klug durfte ich nicht erscheinen, denn die Situation war recht ungünstig. Da war es schon besser, sich etwas dumm zu stellen und sich für jeden Fehler zu entschuldigen, der mir in der neuen Stellung von Zeit zu Zeit zwangsläufig unterlaufen mußte.

Ebenfalls beunruhigten mich die Instruktionen zur Gegenspionage. Maurice Oldfield wies mich ein und teilte mir dabei eine Tatsache von erstrangiger Bedeutung mit. Eine angloamerikanische Untersuchung der sowjetischen Aufklärungstätigkeit in den USA habe folgendes ergeben: In den Jahren 1944 und 1945 seien aus der britischen Botschaft in Washington und auch aus dem Atomzentrum von Los Alamos höchstwahrscheinlich Informationen durchgesickert. Ich wußte nichts von Los Alamos, doch nach einer schnellen Überprüfung der Liste der Mitarbeiter des Außenministeriums für die entsprechende Periode hatte ich fast keine Zweifel mehr in bezug auf die Quelle in der britischen Botschaft.

In meine Unruhe mischte sich ein Gefühl der Erleichterung. Schon in Istanbul hatte mir ein sowjetischer Genosse eine Frage gestellt, die mir monatelang keine Ruhe ließ. Er fragte mich, ob ich nicht irgendwie herausfinden könne, was die Engländer in einer Angelegenheit unternähmen, die mit der britischen Botschaft in Washington zusammenhinge und vom FBI untersucht werde. Damals konnte ich nichts tun, doch nach dem Gespräch mit Oldfield hatte ich mich offensichtlich dem Kern der Frage genähert. Wenige Tage später bestätigte mir das mein sowjetischer Verbindungsmann in London. Eine Überprüfung in der Zentrale besagte, daß die Information aus dem FBI, über die wir in Istanbul gesprochen hatten, und meine neuen Informationen sich auf ein und dieselbe Sache bezogen.

Sorgfältig studierte ich die entsprechenden Dokumente, das beruhigte mich für gewisse Zeit. Da sich der SIS formell nicht mit nachrichtendienstlicher Tätigkeit in den USA beschäftigen durfte, befand sich der Fall samt aller Fakten, die zur Feststellung der undichten Stelle führen sollten, in den Händen des FBI. Das FBI hatte eine Riesenarbeit geleistet und letztlich umsonst Unmengen von Papier beschrieben. Weder dem FBI noch den Briten kam es in den Sinn, daß in diese Sache ein Diplomat verwickelt sein könnte, noch dazu einer von ziemlich hohem Rang. Die Untersuchung wurde auf das nichtdiplomatische Personal der Botschaft konzentriert und besonders auf jene, die an Ort und Stelle angestellt worden waren, das heißt die Putzfrauen, Portiers, kleinen Angestellten usw. So war einer Putzfrau, deren Großmutter Lettin war, ein umfangreicher Bericht gewidmet, der voll unnötiger Einzelheiten über sie, ihre Familie, ihre Freunde, ihr Leben und ihre Gewohnheiten steckte. Dieses Beispiel zeigt die riesigen Ressourcen des FBI, es deutet aber auch an, wie nutzlos sie verschleudert wurden. Für mich ergab sich, daß es nicht notwendig war, rasche Maßnahmen zu ergreifen, doch ich behielt die Sache ständig im Auge. Auf jeden Fall mußte irgend etwas unternommen werden, bevor ich Washington wieder verließ. Wer weiß, wohin ich dann abkommandiert würde.

Unmittelbar vor meiner Abreise aus London rief mich der Chef zu sich. Er war in ausgezeichneter Stimmung und unterhielt mich mit Erzählungen über die heikelsten Fälle in den Beziehungen zwischen dem britischen und amerikanischen Geheimdienst während des Krieges. Diese Erzählungen waren nicht nur einfach amüsante Erinnerungen. Der Chef teilte mir auch mit, daß meine Ernennung offensichtlich Hoover verstört habe. Ich wurde damals als ein ziemlich hochgestellter Mitarbeiter des Dienstes betrachtet, Dwyer dagegen – und das ganz zu Unrecht – nicht. Hoover hegte den Verdacht, daß meine Ernennung unerwünschte Aktivitäten des SIS in den Vereinigten Staaten ankündige. Um diese Befürchtungen zu zerstreuen, schickte ihm der Chef ein Telegramm, in dem er ihm versicherte, daß er nicht die Absicht habe, die Politik des SIS zu ändern. Meine Pflichten würden sich nur auf die Verbindung mit den amerikanischen Diensten beschränken. Der Chef zeigte mir das Telegramm und blickte mich an. «Dies ist», so sagte er, «eine offizielle Botschaft von mir an Hoover.» Nach einer kurzen Pause fügte er hinzu: «Und inoffiziell ... sprechen wir dann darüber beim Lunch bei White's.»

Nach Abschluß meiner Vorbereitungen stach ich mit der «Caronia» in See. Meine Verabschiedung war eindrucksvoll. Das erste, was ich auf dem nebligen Hafengelände von Waterloo erkennen konnte, war ein riesiger Schnauzbart und dahinter der Kopf Osbert Lancasters. Ich wußte, daß ich auf meiner Reise einen guten Gefährten haben würde. Bevor wir ablegten, rief man mich ans Schiffstelefon. Jack Easton war am Apparat. Er teilte mir mit, daß Dwyer eben in einem Telegramm seinen Rücktritt mitgeteilt habe. Die Gründe des Rücktritts waren für mich unklar, aber ich war gewarnt. Schließlich brachte man mir noch eine Kiste Champagner mit dem Gruß eines reichen Freundes in meine Kajüte. So begann doch recht angenehm meine erste Transatlantikreise.

Den ersten Fehler machte ich beinahe gleich nach meiner Ankunft in den Gewässern der USA. Mit dem Lotsenkutter kam ein Vertreter des FBI, um mich zu begrüßen. Ich bewirtete ihn mit einem Glas Champagner, den er ohne Vergnügen schlürfte, während wir ein Allerweltsgespräch führten. Später erfuhr ich, daß die Mitarbeiter des FBI fast ohne Ausnahme stolz auf ihre Verschlossenheit und ihre einfache Herkunft waren. So behauptete ein hochgestellter Mitarbeiter Hoovers, den ich zuerst in Washington kennenlernte, daß sein Großvater ein Krämer in Horse Creek in Missouri gewesen war. Deshalb tranken sie alle nur Whisky und nahmen zur Erfrischung Bier. Demgegenüber spielten sich die Mitarbeiter der CIA als Kosmopoliten auf. Sie tranken genüßlich Absinth, und die Temperatur des bei ihnen servierten Burgunders lag immer etwas über der Zimmertemperatur. Das ist keine überflüssige Bemerkung. Sie verweist auf einen tiefgehenden sozialen Riß zwischen beiden Organisationen, der zumindest eine Ursache für die Reibereien in ihren Beziehungen war.

Der Beamte vom FBI half mir bei der Erledigung der Formalitäten und brachte mich in einem Hotel mit Blick auf den Central Park in New York unter. Am nächsten Tag setzte ich mich auf der Pennsylvania-Station in den Zug und begab mich nach Washington. Der Sumach stand noch in voller Blüte und gab mir einen

Vorgeschmack auf den wunderbaren Herbst, eines der wenigen Wunder Amerikas, das die Amerikaner nie übertreiben, weil man es einfach nicht übertreiben kann.

Peter Dwyer empfing mich und erklärte mir beim ersten Glas Bourbon, daß seine Demission in keinem Zusammenhang mit meiner Ernennung stünde. Schon seit langem wolle er sich aus persönlichen Gründen in Kanada ansiedeln. Dort erwarte ihn ein ansprechender Posten in einer staatlichen Einrichtung. Mit meiner Ernennung hatte er den Zeitpunkt seiner Übersiedlung nach Ottawa festgelegt. Von Anfang an hatten wir gute Beziehungen zueinander. Dwyer führte mich sehr einfühlsam und mit großer Sachkenntnis in den politischen Kurs Washingtons ein.

Es ist nicht ganz einfach, über meine Tätigkeit in den Vereinigten Staaten zusammenhängend zu berichten, um eine Vorstellung von dem zu vermitteln, womit ich mich zu befassen hatte. Sie war sehr vielfältig und zuweilen allzu verschwommen, als daß man sie hier mit einfachen Worten erklären könnte. Allein die Verbindung zum FBI hätte meine ganze Zeit in Anspruch genommen, wenn ich ihr genügend Aufmerksamkeit gewidmet hätte. Damals stand die berüchtigte McCarthy-Ära in voller Blüte. Die Verbindung zur CIA umfaßte sogar noch ein weitaus größeres Tätigkeitsfeld, angefangen von ernsthaften Versuchen, eine der osteuropäischen Regierungen zu stürzen, bis zu solchen Anliegen, wie deutsche Dokumente über General Wlassow auszuschlachten seien. Bei jeder Angelegenheit, die zu erledigen war, war es meine erste Sorge, der einen Seite gefällig zu sein und die andere nicht zu verärgern. Zusätzlich mußte ich noch die Verbindung zur kanadischen Polizei und einigen Personen im kanadischen Außenministerium aufrechterhalten, die sich mit dem Gedanken trugen, einen unabhängigen kanadischen Geheimdienst zu schaffen.

Womit beginnen? Da das Ende dieses Berichts in der Hauptsache dem FBI gewidmet sein wird, fange ich mit der CIA an. Als ich in den USA ankam, stand an der Spitze dieser Organisation Admiral Hillenkoetter. Er war CIA-Direktor von 1947 bis 1950, ein gutmütiger Seebär, der bald dem General Bedell Smith, Direktor von 1950 bis 1952, Platz machte, ohne eine merkliche Spur in der Geschichte des amerikanischen Geheimdienstes zu hinterlassen. Am meisten hatte ich mit der Verwaltung für Strategische Operationen, dem Office of Strategic Operations (OSO), und der Verwaltung für politische Koordinierung, Office of Policy Co-ordination (OPC), zu tun. Im Klartext gesprochen, beschäftigte sich die OSO mit dem Sammeln von geheimdienstlichen Nachrichten und die OPC mit der Diversion. Ich hatte auch einiges mit der Planungsabteilung zu regeln, konkret mit Dick Helms. Er war von 1966 bis 1972 CIA-Direktor. Helms löste Admiral Rabone ab und überwarf sich bald mit dem Senat.

Die treibende Kraft der OSO war seinerzeit Jim Angleton. Er hatte früher in London gewirkt und meine Achtung dadurch erworben, daß er Großbritannien nicht über alles stellte und damit nicht das Gesicht der jungen OSO verdarb. Ich frühstückte gewöhnlich einmal in der Woche mit ihm bei «Harvey», wo er zeigte, daß sein maßloser Arbeitseifer nicht sein einziger Fehler war. Jim war einer der magersten Menschen, denen ich je begegnet bin, und auch einer der größten Esser. Dieser Glückspilz! Nachdem wir ein Jahr gemeinsam gefrühstückt hatten, folgte ich dem Rat einer mir bekannten älteren Dame und hielt streng Diät, wobei ich in drei Monaten zwölf Kilo verlor.

Unsere engen Beziehungen beruhten auf einem freundschaftlichen Verhältnis beiderseits, davon war ich überzeugt. Doch jeder von uns hatte seine versteckten Motive. Angleton wollte den Schwerpunkt der Zusammenarbeit zwischen der CIA und dem SIS zur CIA-Vertretung nach London verlagern, die zehnmal größer war als meine Vertretung. Gelänge ihm dies, würde er auf die Zentrale des SIS einen starken Druck ausüben können und das Eindringen des SIS in seine eigenen Angelegenheiten auf ein Minimum beschränken. Vom Standpunkt nationaler Interessen war das richtig. Durch nahe Beziehungen zu mir konnte er mich um so besser unter Kontrolle halten. Ich meinerseits schien bereitwillig darauf einzugehen. Je größer das Vertrauen zwischen uns beiden war, um so weniger konnte er geheime Handlungen vermuten. Es läßt sich schwer sagen, wer bei diesem schwierigen Spiel mehr gewann. Ich hatte allerdings einen großen Vorteil: Ich wußte, was er für die CIA tat, und er wußte, was ich für den SIS tat. Meine wahren Interessen kannte er jedoch nicht.

Obwohl unsere Dispute die ganze Welt erfaßten, endeten sie meist bei Frankreich und Deutschland, falls sie, was auch vorkam, nicht bei ihnen begannen. Die Amerikaner fürchteten den Kommunismus in Frankreich, und ich war überrascht, welche riesige Menge an französischen Zeitungsabschnitten Angleton täglich verschlang. Später, als Bedell Smith einen Vorschlag der Briten, den Franzosen eine unbedeutende Geheiminformation über die Russen mitzuteilen, kategorisch ablehnte, wurde mir klar, daß das Interesse Angletons an Frankreich nicht nur sein persönliches Vergnügen war. Smith erklärte mir ohne Umschweife, daß er keinem einzigen französischen Agenten eine geheime Information anvertrauen könne.

Deutschland flößte Angleton weniger Befürchtungen ein. Dieses Land interessierte ihn hauptsächlich als Basis für Operationen gegen die Sowjetunion und die europäischen sozialisischen Länder. Die CIA hatte alles getan und die ganze von General Gehlen geleitete Abwehrabteilung, die gegen die Sowjetunion gearbeitet hatte, übernommen. Angleton verteidigte sehr, während er sich bei «Harvey» an Hummern gütlich tat, die vergangene und laufende Tätigkeit der Organisation Gehlen.

Im Zusammenhang mit Deutschland hatten wir noch viele andere Auseinandersetzungen, zumal der SIS und die CIA ihre Tätigkeit auf dem von ihnen kontrollierten Territorium bestens entfalten konnten. Geheime Operationen aller Art, auch solche, die gegen die deutschen Behörden gerichtet waren, wurden durch die Besatzungskosten finanziert.

Auch wegen der russischen Emigrantenorganisationen gab es Ärger. Ich werde später noch dazu berichten. Da gab es zum Beispiel den «Volksarbeitsbund» (NTS), der später durch die Affäre Gerald Brooke erneut unrühmlich bekannt wurde. Brooke war britischer Staatsbürger, der 1965 in Moskau wegen Spionage gegen die Sowjetunion verurteilt wurde. Und nicht zu vergessen die ukrainischen Nationalisten um Stepan Bandera, den Liebling der Briten. Die CIA wie auch der SIS gaben sich die größte Mühe, die Emigrantengruppen, von denen sie sich am meisten versprachen, für ähnliche Ziele auszunutzen, wie sie es mit Shordanija versucht hatten. Obwohl die Briten hartnäckig darauf aus waren, ihre Positionen in jenen Gruppen zu halten, mit denen sie schon lange zusammenarbeiteten, drangen die Amerikaner dennoch mehr und mehr in dieses Tätigkeitsfeld ein. Der Dollar war zu mächtig. Die Briten hatten zum Beispiel großes Interesse am NTS, doch der SIS war aus finanziellen Gründen gezwungen, dessen Anleitung der CIA zu überlassen. Dazu existierte ein offizielles Abkommen zwischen beiden Diensten. Der SIS scheute jedoch keine geheimen Machenschaften mit dem NTS hinter dem Rücken der Amerikaner. Bester Beweis ist die Affäre um Brooke.

Neben Angleton war Bill Harvey einer meiner wichtigsten Kontaktleute in der OSO. Er leitete die Sektion Gegenspionage. Früher hatte er im FBI gearbeitet, doch Hoover hatte ihn wegen Trunkenheit im Dienst entlassen. Als ich ihn das erste Mal zum Mittagessen einlud, stellte sich heraus, daß sich seine Gewohnheiten nicht geändert hatten. Er schlief nach dem Kaffee ein und saß so, still vor sich hin schnarchend, bei mir bis Mitternacht. Meist holte ihn dann seine Frau mit den Worten nach Hause: «Komm, Papa, es ist Zeit, ins Bett zu gehen.» Man könnte mir den Vorwurf machen, daß ich hier keinen feinen Ton anschlüge. Einverstanden. Aber Harvey spielte mir einmal einen sehr unwürdigen Schabernack, und ich lasse Provokationen nicht straflos ausgehen. Trotz meines starken Vorurteils ihm gegenüber will ich der Gerechtigkeit halber hinzufügen, daß er mit dem SIS bei der Anlage des berüchtigten Berliner Tunnels zusammenarbeitete. Der Tunnel war im Jahre 1955 in Berlin-Altglienicke vom britischen und amerikanischen Geheimdienst angelegt worden, um sowjetische Telefonkabel anzuzapfen.

Wie ich bereits sagte, beschäftigte sich die Verwaltung für politische Koodinierung (OPC) mit weltweiter Subversion. Chef der Verwaltung war Frank Wisner, ein für diese verantwortungsvolle Tätigkeit relativ junger Mann, der aber schon eine Glatze bekam und schmerbäuchig wurde. Er liebte einen hochgestochenen Stil, womit er oft unangenehm auffiel. Ich begleitete einmal eine Mission, die unter Leitung Wisners nach London entsandt wurde, um mit dem SIS Fragen von gegenseitigem Interesse zu behandeln. Als es um Probleme von internationaler Bedeutung ging, entsandte das Außenministerium seine Beobachter. Auf einem dieser Treffen, bei dem das Außenministerium durch Tony Rumbold vertreten war, verbreitete sich Wisner über eines seiner Lieblingsthemen: über die Notwendigkeit, die Quellen jener Geheimfonds zu tarnen, aus denen äußerlich respektablen Organisationen, an denen wir interessiert waren, Mittel zuflossen.

«Es ist außerordentlich wichtig», sagte er in seiner gewohnten schwülstigen Ausdrucksweise, «die offene Zusammenarbeit mit Leuten zu gewährleisten, die in aller Augen Zutritt zu ihnen zur Verfügung stehenden Reichtümern haben.» Rumbold notierte sich etwas. Ich blickte ihm über die Schulter und las: «Leute, die in aller Augen Zutritt zu ihnen zur Verfügung stehenden Reichtümern haben = reiche Leute.»

Meine Beziehungen zur OPC waren intensiver als zur OSO. Bei der letzteren interessierte mich vor allem, was sie vorhatte. Bald nach meinem Eintreffen in Washington sanktionierten die amerikanische und die britische Regierung die Durchführung einer geheimen Operation, um eines der osteuropäischen Länder aus der sozialistischen Gemeinschaft zu lösen. Aus mehreren Gründen fiel die Wahl auf Albanien. Albanien war das kleinste und schwächste Land unter den sozialistischen Staaten. Im Süden grenzt es an Griechenland, das mit Großbritannien und den USA Bündnisbeziehungen unterhielt und sich formal noch immer im Kriegszustand mit Albanien befand. Albanien schien auf eine vorteilhafte Weise isoliert zu sein und war außerdem von Malta aus auf dem Luftwege und zur See leicht erreichbar. Da man zahlreiche politische Komplikationen befürchtete, bestanden das State Department und das Foreign Office darauf, diese Operation ständig zu kontrollieren. Die Planausführung wurde dem SIS und der OPC übertragen.

Sowohl die Amerikaner als auch die Briten unterhielten Kontakte mit albanischen Emigrantengruppen. Beide Seiten machten sich daran, diese Kontakte für den konterrevolutionären Umsturz auszunutzen. Darüber hinaus stellten die Briten Malta als vorgeschobene Basis für die Operation und kleinere Schiffe zum Absetzen von Agenten zur Verfügung. Die Amerikaner unterstützten die Operation finanziell und materiell. Sie gestatteten es, auch den Flugplatz Wheelus-Field in Libyen als rückwärtige Versorgungsbasis zu nutzen. König Idris wurde nicht einmal eingeweiht. In den nachfolgenden langwierigen anglo-amerikanischen Auseinandersetzungen war Malta unsere Trumpfkarte. «Sobald wir uns irgendwo eine umstürzlerische Operation ausdenken», gestand mir Wisner einmal, «entdecken wir, daß die Briten irgendwo in der Nähe eine Insel haben.»

Vor allem ging es bei den Auseinandersetzungen um die politische Führung der Konterrevolution. Damals war Dulles noch nicht an der Macht, und die USA zögerten, erzreaktionäre Regimes offen zu unterstützen. Deshalb versuchte das State Department, der Konterrevolution einen demokratischen Anstrich zu geben. Das Außenministerium kam uns zuvor und stellte in New York aus einem Häuflein albanischer Flüchtlinge ein sogenanntes Nationales Komitee zusammen, das einen gewissen Hassan Dosti zu seinem Vorsitzenden zu wählen hatte. Dosti war ein junger Jurist, der laut OPC einen tadellosen Ruf als Demokrat hatte, obwohl es mir nicht gelang, irgendwelche Beweise dafür zu finden. Obwohl ich mehrmals bat, ihn zu treffen, gelang mir das nicht. Die OPC war, wie man mir sagte, gezwungen, sehr behutsam mit ihm umzugehen, da er sehr scheu sei. Ein feiner Kandidat!

Schon das Nationale Komitee in New York hatte also in mir Zweifel erweckt, doch von dem Kandidaten, der von den Briten vorgesehen war, war ich noch mehr enttäuscht. Er war Häuptling eines kleinen Stammes und hieß Abbas Kupi, ein alter Freund von Julian Amery. Nach den Fotos zu urteilen trug dieser Mann einen Backenbart und war bis an die Zähne bewaffnet. Eine typische britische Machart. Ich zweifelte nicht daran, daß er, genau wie seine Vorfahren, unbewaffnete Karawanen überfallen oder aus dem Hinterhalt vor Durst schmachtende türkische Soldaten, die müde durch irgendeine Schlucht wankten, beschießen würde.

Kurz gesagt, war Dosti ein schwächlicher junger Mann und Abbas Kupi ein alter Gauner. Die endlosen Auseinandersetzungen der Briten und Amerikaner über die Vorzüge der beiden Rivalen kann man begreifen, wenn man alles andere beiseite läßt und sie so versteht, daß es darum ging, wer letztlich die Politik der konterrevolutionären Regierung bestimmen würde, wenn sie irgendwann einmal gebildet war. Als man dann schließlich genug gestritten hatte und nach einer Kompromißlösung suchte, erwies sich, daß sowohl Dosti als auch Kupi unter dem Einfluß ihrer Schirmherren so harte Positionen einnahmen, daß man keinen von beiden überreden konnte, unter dem anderen zu dienen.

Die ständige Kontrolle über den Operationsverlauf lag in den Händen eines Politischen Sonderkomitees, des Special Policy Committee (SPC), das in Washington zusammentrat. Es bestand aus vier Mitgliedern, die das State Department, das Foreign Office, die OPC und den SIS vertraten. Das State Department ernannte für dieses Gremium Bob Joyce, einen geselligen Burschen, der Erfahrungen in Balkanangelegenheiten hatte. Earl Jellicoe von der britischen Botschaft, eine ebenso gesellige Seele, vertrat das Foreign Office; der dritte im Bunde war Frank Lindsay von der OPC, nicht weniger gesellig, und schließlich ich als viertes Mitglied des Komitees. Schon durch die Zusammensetzung waren unsere Treffen alles andere als formale Beratungen. Lindsay gab den Ton an und erklärte auf unserer ersten Begegnung, daß der einzige Albaner, den er je gesehen habe, an einem Barren mit dem Kopf nach unten gehangen hätte. Selbst in ernsteren Augenblicken vergaßen wir Angelsachsen nicht, daß unsere Agenten erst vor kurzem von den Bäumen heruntergekommen waren. Zwar hatte das SPC die Kontrolle über die Operation übernommen, doch selbständig konnten wir nie agieren. Meine Vorgesetzten erinnerten mich an die Verpflichtungen des SIS in bezug auf Abbas Kupi, und hinter dem Rücken meiner Chefs tauchte die Veto-Formel Bevins auf: «I won't 'ave it!» Frank Lindsay war zweifellos durch ähnliche Beschränkungen gehemmt.

Eigentlich ist es erstaunlich, daß die Operation unter diesen Umständen doch noch begann. Dem SIS gelang es, eine kleine Gruppe von Agenten an der albanischen Küste abzusetzen. Die Agenten hatten den Auftrag, notwendige Informationen zu sammeln und sich in Richtung Süden nach Griechenland durchzuschlagen. Wir hofften, daß die so gesammelten Informationen bei der Umsetzung eines weitaus umfangreicheren Planes von Nutzen sein könnten. Der Operation war selbstverständlich von Anfang an kein Erfolg beschieden. Die SIS-Agenten hätten nur etwas erreichen können, wenn sie in die Städte vorgedrungen wären. Doch diese befanden sich unter ständiger Kontrolle der albanischen Behörden. Die Agenten waren gezwungen, um überhaupt zu überleben, sich in den Bergen zu verstecken, wo sie wiederum nur dann irgendwas erzielen konnten, wenn das Land von einem Aufstand erfaßt worden wäre. Möglicherweise war die Grundlage unseres Abenteuers gerade die unausgesprochene Hoffnung auf einen Aufstand. Genauso wie später – doch hätte man dann schon klüger sein müssen – einige Leute damit rechneten, daß die Landung von Diversanten in der Schweinebucht einen Brand auf Kuba entfachen würde.

Nur einige Agenten schlugen sich bis nach Griechenland durch. Wir hatten große Mühe, sie dem griechischen Geheimdienst zu entreißen, der sie für nichts und wieder nichts hätte erschießen können. Die mitgebrachten Informationen waren fast wertlos. Und klar war, daß man die Gruppe nirgendwo mit offenen Armen aufgenommen hatte.

Die Zeit verging, um die Operation wurde es still, ohne daß sie auf die Lage in Albanien irgendeinen merklichen Einfluß auszuüben vermochte. Unter Umständen war es sogar für die britische und die amerikanische Regierung gut, daß ihr Unternehmen mit einem Mißerfolg endete. Bei einem Erfolg hätten sie endlose

Scherereien mit ihren Protegés gehabt, von den ernsten Schwierigkeiten mit Griechenland und Jugoslawien und möglicherweise auch mit Italien gar nicht zu sprechen.

Die Unvereinbarkeit politischer Interessen zerstörte auch weitaus bedeutendere anglo-amerikanische Pläne. So beispielsweise Pläne, in die UdSSR einzudringen und eine umstürzlerische Tätigkeit in der Sowjetunion selbst durchzuführen.

Sowohl der SIS als auch die CIA hatten rivalisierende Marionetten aus den baltischen Ländern, deren Interessen meistens unversöhnlich waren. Befriedigt beobachtete ich, wie diese miteinander kämpfenden Gruppen durch ihre Streitereien dann und wann in eine Sackgasse gerieten. In einem Fall wurde die Lage derart ernst, daß der Experte des SIS für nordeuropäische Fragen, Harry Carr, nach Washington entsandt wurde, um mit einem verzweifelten Versuch einen Skandal abzuwenden. Seine Mission endete mit einem völligen Mißerfolg. Carr und seine Gegenspieler von der CIA begannen sich, völlig zu Recht, am Verhandlungstisch gegenseitig der Lüge zu bezichtigen.

Die Meinungsverschiedenheiten in bezug auf die Ukraine waren noch älter und genauso unversöhnlich. Schon vor dem Kriege hatte der SIS Kontakte zu Stepan Bandera, einem ukrainischen Nationalisten faschistischer Färbung. Nach dem Kriege entwikkelte sich diese Zusammenarbeit weiter. Von Nachteil war nur, daß Banderas Behauptung, über zahlreiche Anhänger in der Sowjetunion zu verfügen, niemals ernsthaft überprüft worden war, auch wenn er in der Emigration ein ziemlich «hohes Tier» darstellte. Wir hatten mehrere Beweise dafür, daß es solche Anhänger nicht gab. Die erste Agentengruppe, die die Briten mit Funkgeräten und anderen geheimen Nachrichtenmitteln ausrüsteten, wurde 1949 in die Ukraine geschleust und verschwand. Im nächsten Jahr entsandte man nochmals zwei Gruppen, doch von ihnen war ebenfalls nichts zu sehen und zu hören. Inzwischen begannen die Amerikaner ernsthaft an der Nützlichkeit Banderas für den Westen zu zweifeln. Die Mißerfolge der Agentengruppen hatten diese Zweifel natürlich nicht zerstreut.

1950 wurden die Angriffe der Amerikaner auf die Zusammenarbeit zwischen Bandera und dem SIS noch heftiger, und ich mußte in den USA viel Zeit darauf verwenden, um bissige Botschaften von Washington nach London und umgekehrt zu den relativen Vorzügen weniger bekannter Emigrantengruppen zu übermitteln. Die CIA hatte drei ernsthafte Einwände gegen Bandera als Verbündeten. Sein extremer Nationalismus mit faschistischen Untertönen war ein Hindernis, das dem Westen bei seiner Tätigkeit mit anderen Gruppen in der Sowjetunion schaden könnte. Die CIA behauptete auch, daß Bandera noch in der alten Emigration wurzelte und keinerlei Verbindung zu neuen, «realistischeren» Zügen hätte, die die Amerikaner verstärkt ins Spiel brachten. Schließlich beschuldigte man ihn direkt einer antiamerikanischen Einstellung. Die Erklärung der Briten, daß Bandera nur für die Sammlung von Spionageinformationen eingesetzt würde und ein solcher Einsatz keinerlei politische Bedeutung hätte, wurde von den Amerikanern nicht akzeptiert. Die CIA entgegnete, daß, egal wie, allein die Verbindung Banderas mit dem SIS sein Prestige in der Ukraine erhöhe. Die Amerikaner befürchteten aber, jede Stärkung der Anhänger Banderas berge die Gefahr einer Spaltung der «Widerstandsbewegung» in der Ukraine, mit der sie selbst zusammenarbeiteten, in sich.

Die Schwäche der amerikanischen Position bestand darin, daß sie nur durch verbale Erklärungen und sonst fast nichts gestützt wurde. Die Resultate in der Tätigkeit des «realistischeren» Teiles der Emigration und der «Widerstandsbewegung» in der Ukraine sahen nicht viel besser aus als die Resultate der Zusammenarbeit zwischen den Briten und Bandera. Zwar erklärte die CIA, daß sie im Winter von 1949 zu 1950 einige Kuriere aus der Ukraine empfangen hätte, doch die minderwertige Qualität ihrer Informationen zeugte eher davon, daß dies Landstreicher in einem fremden Land gewesen waren.

1951, nach einigen Jahren hartnäckiger Arbeit, hoffte die CIA noch immer, ihren «politischen» Vertreter mit drei Gehilfen in die Ukraine entsenden zu können, um Kontakte mit der «Widerstandsbewegung» aufzunehmen. Sie kratzte sogar noch eine vier Mann starke Reservegruppe zusammen, um sie nachzusenden, falls die erste Gruppe spurlos verschwinden sollte.

Schließlich bestand die CIA auf der Durchführung einer breit angelegten Konferenz mit dem SIS, um die bestehenden angloamerikanischen Meinungsverschiedenheiten auszuräumen. Diese Konferenz fand in London im April 1951 statt. Zu meiner Verwunderung nahm die britische Seite eine harte Haltung ein und lehnte es kategorisch ab, Bandera über Bord zu werfen. Alles, was erreicht werden konnte und von der amerikanischen Seite mit unverhohlenem Verdruß aufgenommen wurde, war der Beschluß, die erwähnte Frage im laufenden Jahr zu einer Zeit, die für das Absetzen von Fallschirmspringern günstig war, erneut zu behandeln. Man hoffte, daß zu diesem Zeitpunkt den Beteiligten mehr Fakten zur Verfügung stehen würden. Im Verlauf eines Monats setzten die Briten drei Gruppen zu je sechs Mann ab. Die Flugzeuge starteten von einem Flugplatz auf Zypern. Eine Gruppe wurde auf halbem Wege zwischen Lwow und Tarnopol, die zweite unweit des Oberlaufs des Prut bei Kolomyja und die dritte auf polnischem Gebiet in der Nähe des Quellgebietes des San abgesetzt. Um doppelte Arbeit und Überschneidungen der Einsatzgebiete zu vermeiden, tauschten die Engländer und Amerikaner präzise Informationen zum Zeitpunkt und zu den geographischen Koordinaten ihrer Operationen aus. Ich weiß nicht, was mit diesen Gruppen geschah. Doch das ist nicht schwer zu erraten.

Acht Jahre später las ich von der mysteriösen Ermordung Banderas in München.

Es ist nicht ausgeschlossen, daß trotz der Verteidigung durch die Briten die CIA in dieser Sache das letzte Wort hatte.

Der Wolkenbruch

Als ich in Washington angekommen war, war das FBI gerade in recht gedrückter Stimmung. Es hatte mit der zierlichen Gestalt der Judith Coplon, einer begabten jungen Frau, die im Justizministerium arbeitete, eine Beute geschnappt, die ihm nicht mundgerecht war. Gegen die Coplon sollte Anklage wegen Spionage erhoben werden. Nachdem die Beweise, die man vor allem durch illegales Abhören von Telefongesprächen sammelte, ausreichend erschienen, sanktionierte Hoover die notwendigen Maßnahmen. Judith Coplon wurde verhaftet, und zwar in einem Augenblick, als sie einem Verbindungsmann Dokumente übergab. Die Sache schien klar zu sein. Das FBI hatte allerdings in der Eile vergessen, einen Haftbefehl ausstellen zu lassen, damit war eine Verhaftung ungesetzlich. Das FBI kann Verhaftungen ohne Haftbefehl nur dann vornehmen, wenn es ausreichende Gründe gibt, daß der Verdächtige unverzüglich untertauchen wolle. Da man aber die Coplon in einer New-Yorker Straße verhaftete, als sie einen Bahnhof der

Stadtbahn eben erst verlassen hatte, konnte man sie selbst bei lebhafter Phantasie nur schwerlich beschuldigen, daß sie flüchten wollte.

Diese Ungesetzlichkeit war in gebührender Weise vor Gericht bewiesen worden, doch das dicke Ende kam für das FBI noch nach. Obwohl sie auf frischer Tat ertappt worden war, beschloß Judith Coplon, bis zum Schluß zu kämpfen. Sie verzichtete auf die Dienste ihres Rechtsanwalts, weil der eine zu versöhnliche Einstellung zur Anklage einnahm. Er wollte offensichtlich nicht einen Freispruch, was absolut hoffnungslos schien, sondern nur eine Milderung des Urteils erreichen. Damit war die Coplon nicht einverstanden. Sie nahm sich einen anderen Rechtsanwalt, ging zum Gegenangriff über und begann, die Zeugen des FBI in die Zange zu nehmen. Sie brachte sie so weit, daß sie zugeben mußten, nicht nur ihr Telefon abgehört zu haben, sondern auch ihre Gespräche im UNO-Hauptquartier. Der Prozeß begann, dem FBI in den Augen der Öffentlichkeit derart zu schaden, daß Hoover sofort die Anklage gegen die Coplon niederschlug. Typisch war, daß Hoover einen Sündenbock für seine Niederlage fand. Harvey Flemming, der Kronzeuge des FBI vor Gericht, wurde entlassen. Judith Coplon ging straffrei aus. Das war der Triumph einer mutigen Frau. Seit dieser Zeit fügte man jedesmal ihrem Namen, wenn er im Justizministerium fiel, beleidigende Attribute bei.

Der Mißerfolg des FBI im Falle Coplon war keineswegs eine Ausnahme. Er war nicht einmal ungewöhnlich. Ich kann nichts über die Verdienste des FBI bei der Bekämpfung der Kriminalität in den USA sagen. Mit dieser Seite seiner Tätigkeit hatte ich nichts zu tun. Aber ich hatte enge Verbindung zur Arbeit seiner Gegenspionage, und auf diesem Gebiet heimste das FBI mehr Mißerfolge als Erfolge ein. Hoover vermochte weder Maclean noch Burgess in die Hände zu bekommen. Er erwischte Londsdale nicht und konnte viele Jahre lang Abel nicht fassen; letzteren bemächtigte er sich nur infolge des Verrats Hayhanens. Auch mich erwischte er nicht. Wenn jemand dem Bild, das man gemeinhin von ihm hatte, nicht entsprach, dann war es Hoover.

Er hielt sich für einen großen Politiker und einen guten Radfahrer. Seine rauhen Methoden, seine gnadenlose Selbstherrschaft waren nicht die richtigen Waffen für die intrigenreiche Welt der Geheimdienste. Er fand für sie eine andere Verwendung. Sein Herrschaftsbereich gab ihm die Möglichkeit, eine ungeheure

Menge von Informationen über das persönliche Leben von Millionen Amerikanern zusammenzutragen. Dies ist schon seit langem bekannt und brachte Hoover reiche Dividenden aus der Tasche des amerikanischen Steuerzahlers ein. Es gibt in unserer Welt wenig Menschen, die nicht irgendein persönliches Geheimnis haben, das sie lieber vergessen möchten. Die geheimen Dossiers weisen nach, daß viele der amerikanischen Kongreßmitglieder eine Vergangenheit haben, in der besser niemand herumwühlen sollte. Daher auch die Bedeutung jener Materialien, die Hoover in seinen Händen hielt. Allein die Tatsache der bestehenden riesigen Archive des FBI verhinderte viele Angriffe auf sein totalitäres Imperium.

Ich spreche von der Periode McCarthys. Man könnte annehmen, daß Hoover die Verletzung seines Monopols durch den Senator nicht einfach hinnahm. McCarthy behauptete von sich, daß allein er das tiefe Eindringen von Kommunisten in das State Department und andere Regierungsorgane der USA aufgedeckt hätte. Doch dem war längst nicht so. Hoover wußte, daß er nur den Mund aufzumachen brauchte, um die ehrgeizigen Pläne McCarthys für immer hinwegzufegen. Aber warum hätte er das tun sollen? McCarthy schuf eine das ganze Land erfassende Furcht vor Spionen und damit Bedingungen, unter denen kein einziges Kongreßmitglied gegen eine Erhöhung der Geldmittel für das FBI protestieren konnte. Was Hoover wirklich über McCarthy dachte, wurde mir bei meiner ersten Begegnung mit ihm klar, als ich ihn direkt danach fragte. Schmunzelnd sagte Hoover: «Ich treffe Joe oft beim Pferderennen, doch noch nie hat er einen richtigen Tip geben können.»

Mein erstes Haus in Washington befand sich unweit der Connecticut Avenue, fast gegenüber dem Haus von Johnny Boyd, dem stellvertretenden Direktor des FBI und Verantwortlichen für Sicherheitsfragen. Ich meinte, daß es nützlich wäre, eine kurze Zeit nahe der Höhle des Löwen zu wohnen, aber wirklich nur eine kurze Zeit. Das Haus war nicht groß, und bald dachte ich daran, in eine größere Wohnung mit einem gebührenden Sicherheitsabstand zu diesem Nachbarn umzuziehen. Schließlich bezog ich eine Wohnung, die einige Kilometer entfernt in der Nebraska Avenue lag. Von den FBI-Mitarbeitern hatte ich am meisten mit Boyd zu tun. Ich traf ihn mehrere Male in der Woche sowohl in seinem Dienstzimmer als auch bei sich zu Hause. Er war einer der

Gun-Men Hoovers in Chicago gewesen, ein Bursche, immer vorneweg, wenn es ums Schießen ging, und so sah er auch aus. Er war klein, kräftig und offensichtlich hart wie Stein, bevor er sich einen Bauch, dicke Wangen und ein Doppelkinn zulegte und eine Gesichtsfarbe bekam, die einen Schlaganfall ankündigte. Boyd hatte keinerlei geistige Interessen. Sein Lieblingsvergnügen bestand darin, Frauen, die ihn zum erstenmal in seinem Haus besuchten, schlüpfrige Platten vorzuspielen. Er hatte auch noch andere infantile Züge, darunter eine sinnlose Grausamkeit. Objektiv betrachtet war er ein schrecklicher Mensch, aber dennoch begann er mir zu gefallen.

Boyd verlor keine Zeit und erklärte mir, daß er meine engen Verbindungen zur CIA nicht gutheiße. Die Weltoffenheit dieser Institution rief bei ihm offensichtlich ernsten Abscheu hervor. «Was bringt man denen bei der CIA bei?» begann er eines Abends und antwortete selbst darauf: «Wie man mit Messer und Gabel ißt und wie man reiche Frauen heiraten kann.» Er hegte auch großes Mißtrauen gegenüber den guten Umgangsformen der amerikanischen Flotte. Doch letztlich kam ich gut mit ihm aus, allerdings nur unter der Bedingung, daß ich nicht versuchte, mich allzuklug zu zeigen, und daß ich seine groben Witze über meine «Freunde» in der CIA duldete.

Wie bösartig Boyd sein konnte, bekam ich zum erstenmal – glücklicherweise noch vor der Abfahrt Peter Dwyers nach Ottawa – zu spüren: Geoffrey Paterson, der MI5-Vertreter in Washington, und ich bekamen gleichzeitig die Anweisung aus London, eine Frage mit dem FBI zu klären. Paterson versuchte es als erster und erlitt einen Mißerfolg. Ihm wurde erklärt, daß diese Angelegenheit London nichts angehe. Als ich bald danach mit Dwyer ankam und die gleiche Frage aufwarf, traf uns ein böser Blick. «Also ein solches Spiel spielen Sie», sagte Boyd, legte die Zigarre hin und lief rot an. «Da kommt erst Geoffrey, und ich schmeiße ihn hinaus. Und was passiert danach? Danach kommt ihr beide und versucht es noch einmal ...» Danach folgte eine zehnminütige Schimpfkanonade, gegen die alle unsere Proteste machtlos waren. Seine Wut war echt, obwohl sie in keiner Weise dem Gegenstand angemessen war, den wir mit ihm besprechen wollten. Ihn hatte allein die Tatsache rasend gemacht, daß wir – wie er annahm – versuchten, ihn in die Enge zu treiben. Seine Aufgabe war es, MI5 und SIS gegeneinander zu hetzen und alle Meinungsverschiedenheiten unter uns für seine Zwecke auszunutzen. Und nun waren wir hier und hatten uns gegen ihn vereint. Übrigens rief er mich an diesem Abend an und lud mich zu einem Whisky ein. Wir saßen bis tief in die Nacht hinein zusammen. Über die Unannehmlichkeiten am Morgen fiel kein einziges Wort.

Nach wie vor erhielten wir Informationen über ein «Leck» in der Botschaft. Außer Dwyer, der bald darauf abreiste, hatten nur drei Mitarbeiter der britischen Botschaft Zutritt zum Material. Paterson, Bobby Mackenzie und ich. Mackenzie war der Sicherheitsbeamte der Botschaft und ein alter Kollege aus den Tagen der Fünften Sektion. Im FBI beschäftigten sich damit Boyd, Lishman, der damalige Chef der antikommunistischen Sektion, und Bob Lamphere, ein netter, aber etwas beschränkter Junge aus Ohio, der für die Analyse der betreffenden Materialien auf der amerikanischen Seite zuständig war. Der SIS war noch weit davon entfernt, die Quelle in der britischen Botschaft ausfindig zu machen, aus der die Informationen durchsickerten. Im Verlauf des Winters 1949/50 begann sich jedoch der Ring um eine Quelle in Los Alamos zu schließen. Es mußte nur noch die Wahl zwischen zwei hervorragenden Atomwissenschaftlern getroffen werden, zwischen Dr. Peierls und Dr. Fuchs. Dwyer erwies dem SIS seinen letzten Dienst. Er stellte eine glänzende Analyse aus all dem zusammen, was von den beiden bekannt war, und schloß Peierls entschieden aus dem Kreis der Verdächtigen aus. Danach wies alles eindeutig auf Fuchs hin. Fuchs war britischer Bürger deutscher Herkunft.

Wieder tauchten die gewohnten Schwierigkeiten mit den Beweisen auf, die keinerlei juristische Kraft hatten. Aber bald nachdem Dwyer Dr. Fuchs als Informationsquelle in Los Alamos ermittelt hatte, wurde dieser, der zu jener Zeit in Großbritannien arbeitete, verhaftet und zu William Skardon vom MI5 zum Verhör überstellt.

Hoover war entschlossen, auch für sich ein Maximum an politischem Kapital herauszuschlagen. Dazu mußte er zeigen, daß er über eigenes Material verfügte und daß man dieses nur dann bekäme, wenn seine Leute den Verhafteten verhören durften. Paterson und ich erhielten die Weisung, Hoover mitzuteilen, daß davon keine Rede sein könne. Fuchs erwartete einen Prozeß, und nach dem Gesetz durfte ihn nun niemand mehr verhören, schon gar nicht Vertreter eines fremden Landes. Hoover war sehr wütend und nicht geneigt, die britischen Gesetze zu akzeptieren. Dennoch war seinem Vorhaben kein Erfolg beschieden.

Im Sommer 1950 erhielt ich einen Brief von Guy Burgess. «Ich habe eine Überraschung für Dich», schrieb er. «Man hat mich soeben nach Washington abkommandiert.» Burgess bat mich, ihn für einige Tage bei mir unterzubringen, bis er eine Wohnung gefunden hätte. Das war ein Problem. Unter gewöhnlichen Umständen war es absolut unzulässig, daß zwei Kundschafter in einem Raum wohnten. Aber die Umstände waren außergewöhnlich. Seit den ersten Tagen hatten sich unsere Wege miteinander verflochten. Ich hatte ihn einst der sowjetischen Aufklärung empfohlen. Er half mir später, in den britischen Geheimdienst einzutreten. In Spanien war er mein Verbindungsmann. 1940 arbeiteten wir gemeinsam im SIS. 1948 hatten wir in der Türkei dienstlich miteinander zu tun. Unsere Beziehungen zueinander waren kein Geheimnis, und jede ernsthafte Untersuchung eines von uns beiden hätte unzweifelhaft auch unsere Verbindungen in der Vergangenheit enthüllt. Von daher konnte also keine Rede davon sein, daß er bei mir wohnte. Doch gab es noch eine andere Überlegung, so daß ich schließlich den Vorschlag von Burgess akzeptierte. Aus einigen Archivunterlagen wußte ich, daß seine Akte absolut sauber war, da keinerlei kompromittierendes politisches Material vorlag. Burgess schaffte es aber immer wieder, in verschiedene Skandale verwickelt zu werden. Ein Mitarbeiter des Außenministeriums, er ist heute Botschafter, stieß ihn einmal im Gargoyle Club die Treppe hinunter, wobei er sich den Kopf aufschlug. In Dublin und in Tanger hatte er Ärger. Daher hätte Burgess mehr Aussicht, in Washington unbemerkt zu bleiben, wenn er bei mir wohnen würde und nicht in einer Junggesellenwohnung, wo er sich selbst überlassen blieb.

Kaum hatte ich Burgess geantwortet, als mir Mackenzie einen Brief zeigte, in dem der damalige Chef der Sicherheitsabteilung des Außenministeriums, Carey-Foster, die Ankunft von Burgess ankündigte. Carey-Foster war der Meinung, daß man ihn in einer großen Botschaft eher von Dummheiten abhalten konnte als in einer kleinen. Er zählte alle vergangenen Sünden Guys auf und schrieb zum Schluß, daß das Schlimmste wahrscheinlich noch bevorstünde. «Was meint er damit?» murmelte Mackenzie. Ich sagte, daß ich Guy gut kenne, er solle bei mir wohnen, und ich würde schon ein Auge auf ihn werfen. Mackenzie war sehr befriedigt, daß sich noch jemand fand, der mit ihm die Verantwortung teilte.

Die nachfolgenden Ereignisse sollten zeigen, daß es ein ernster Fehler war, auf den Vorschlag von Burgess einzugehen. Ich habe im Verlauf der letzten Jahre viel darüber nachgedacht. Nun gut, man konnte nicht voraussehen, welche Wendung die Ereignisse nach einigen Monaten nehmen würden. Damit kann ich mich nicht rechtfertigen, denn Sicherheitsvorkehrungen müssen selbst unvorhergesehene Fälle berücksichtigen. Je mehr ich allerdings darüber nachgrübelte, beschleunigte sich mein Entschluß, Burgess bei mir unterzubringen und damit, jene Ereignisse höchstens um einige Wochen zu forcieren, die mich ins Zentrum der öffentlichen Aufmerksamkeit brachten. Sie veranlaßten Bedell Smith, in seinem Brief an den Chef noch energischer meine Abberufung aus Washington zu fordern. Vielleicht hatte ich sogar Glück damit, da der Verdacht vorzeitig auf mich fiel und eine bestimmte Form annahm, bevor die Beweise so stark geworden waren, daß man mich vor Gericht gestellt hätte.

Die Ankunft von Burgess schuf ein Problem, das ich nicht selbständig lösen konnte. Ich wußte nicht, ob ich ihn in den Fall einweihen sollte, der mit dem Informationsleck in der britischen Botschaft zusammenhing und dessen Untersuchung noch immer im Gange war. Den Entschluß, ihn in die Sache einzuweihen, faßte ich, nachdem ich ohne jede Begleitung zwei Autofahrten in die Umgebung von Washington unternommen hatte. Meine sowjetischen Genossen sagten mir, daß es nützlich sein könnte, Guy einzuweihen. Deshalb informierte ich ihn über den Fall und schilderte ihm alle Details. In der Folgezeit haben wir diese Frage ständig erörtert. Die Schwierigkeit bestand für mich darin, daß ich Maclean im Verlauf von vielen Jahren nur zweimal gesehen hatte, und das auch nur flüchtig. Maclean war in der fraglichen Zeit Leiter der Amerika-Abteilung des britischen Außenministeriums und für die sowjetische Aufklärung tätig. Ich hatte keine Ahnung, wo und wie er lebte, kurz gesagt, ich wußte von ihm praktisch nichts.

Nun zurück zur Sache, zum Stand der Dinge und den damit verbundenen Problemen. Die Ereignisse beunruhigten mich stark. Sie waren mit einer Menge von unwägbaren Einflüssen belastet, über die man nur Mutmaßungen anstellen konnte. Der SIS hatte einige Dutzend Berichte zur Informationsquelle mit dem Pseudonym «Homer» erhalten. Dessen Identität festzustellen, gelang jedoch lange Zeit nicht. Das FBI fuhr fort, uns Stapel von Papier über die Putzfrauen der Botschaft zu übersenden, gleichzeitig überprüfte man unser anderes Personal. Das bleibt für mich ganz und gar unerklärlich. Bereits vorher gab es Hinweise darauf, daß in das britische Außenministerium ein Agent eingeschleust worden war. Allerdings sprach nichts dafür, daß die vorliegenden Mitteilungen ein und dieselbe Person betrafen. Selbst heute gibt es keinen Grund, dies anzunehmen. Doch hätte man das vorausgesetzt, besonders nach dem Vergleich der alten Informationen mit den Washingtoner Angaben, wären ohne jeglichen Zeitverlust die Diplomaten überprüft worden. Und das möglicherweise noch bevor ich nach Washington gekommen wäre.

Noch seltsamer erschien mir eine andere Seite des Falles. Ich hatte einen großen Vorteil; ich wußte von Anfang an, fast mit Sicherheit, wer in diesen Fall verwickelt war. Doch selbst wenn wir diesen Vorteil weglassen, war mir aus der Kenntnis der Mitteilungen ganz offensichtlich, daß der Fall nicht irgendeinen kleinen Agenten betraf, der Papierfetzen und Kohlepapier aus den Papierkörben fischte. Einige der Meldungen «Homers» betrafen ziemlich komplizierte politische Probleme, und man sprach mit Achtung von ihm. Zweifellos handelte es sich um jemanden, der eine ziemlich hohe Stellung bekleidete und Zugang zu diesen Informationen hatte.

Die Unterlassung einer Untersuchung in der entsprechenden Richtung kann man nur mit einer gewissen psychologischen Barriere erklären. Man wollte einfach nicht glauben, daß ein geachtetes Mitglied aus diesen Kreisen zu solchen Dingen fähig sei. Eine solche Barriere existierte tatsächlich, das bewiesen völlig die Kommentare, die nach dem Verschwinden von Maclean und Burgess, ja auch nach meiner Flucht gegeben wurden. Anstatt besser die Wahrheit zuzugeben, gab man ausgesprochen dumme Erklärungen ab.

Ich wußte nur zu gut, daß diese seltsame Situation nicht ewig andauern konnte. Irgendwann würde sich jemand in London oder Washington im Spiegel betrachten und eine Ahnung bekommen. Man würde sich die Diplomaten vornehmen und früher oder später eine Antwort finden. Die Frage war nur: Wird es dann zu spät sein oder nicht?

Die Gespräche, die ich mit meinen Freunden bei den Treffs in der Umgebung Washingtons führte, ergaben zwei wichtige Festlegungen.

Erstens mußte Maclean unbedingt gewarnt werden, bevor er ins Netz geriet. Zweitens war es wünschenswert, daß er so lange wie möglich auf seinem Posten verblieb.

Später, nach seiner Flucht, gab man zur Besänftigung die Erklärung ab, daß er angeblich «nur» Leiter der Amerika-Abteilung im britischen Außenministerium gewesen sei und folglich auch keinen Zugang zu besonders wichtigen Informationen gehabt hätte. Doch es ist unsinnig anzunehmen, daß ein resoluter und erfahrener Aufklärer, der einen wichtigen Posten im Außenministerium einnahm, nur Zugang zu jenen Papieren hatte, die ihm im Zusammenhang mit seinen täglichen Dienstpflichten auf den Tisch flatterten. Ich sprach bereits davon, wie ich an die Akten britischer Agenten in der Sowjetunion herankam, als man von mir annahm, daß ich lediglich hinter deutschen Spionen in Spanien her sei. Unsere Pflicht bestand darin, Maclean in Sicherheit zu bringen, aber nicht früher als notwendig.

Außerdem traten noch zwei Komplikationen auf. Ich war für zwei Jahre in die Vereinigten Staaten entsandt worden und erwartete im Herbst 1951 meine Ablösung. Ich hatte keine Ahnung davon, wohin man mich danach schicken würde. Das konnten Kairo oder Singapur sein, also Orte, wo ich weit weg vom Fall Maclean gewesen wäre. So kamen wir so weit, nachdem uns eine Lösung vorschwebte, daß Maclean aus Sicherheitsgründen spätestens Mitte 1951 verschwinden müßte.

Die zweite Komplikation ergab sich aus der Position von Burgess. Im Außenministerium fühlte er sich durchaus nicht zu Hause. Er verfügte weder über das entsprechende Temperament noch über die nötigen Eigenschaften für die Arbeit in dieser Institution. Eine Zeitlang wollte er aufstecken und hatte schon in der Fleet Street bei den Zeitungsredaktionen ein oder zwei Eisen im Feuer. Das alles beeinträchtigte seine Arbeit im Außenministerium, so daß sich sein Rücktritt eher in eine Entlassung verwandeln konnte. Burgess wollte eben mit aller Macht nach Großbritannien zurück.

Uns kam die Idee, beide Aufgaben miteinander zu vereinen: die Rückkehr von Burgess nach London und die Rettung Macleans. Nach seiner Rückkehr nach London müßte Burgess dem Leiter der Amerika-Abteilung eine Visite abstatten. Damit hätte er eine günstige Gelegenheit, Maclean über die vorgesehene Operation zu seiner Rettung zu informieren. Burgess könnte in Washington kündigen und ohne großes Aufsehen nach London zurückkehren. Seltsam wäre es aber gewesen, wenn Maclean bald nach der freiwilligen Rückkehr von Burgess nach London verschwunden wäre. Man mußte also die Sache so arrangieren, daß man ihn nach London zurückschickte.

Diese Idee gefiel Burgess außerordentlich, er verwirklichte sie bald auf die einfachste Weise. Im Verlaufe eines Tages wurde er im Staate Virginia dreimal wegen Überschreitung der Höchstgeschwindigkeit angehalten. Der Gouverneur reagierte so, wie wir es erwartet hatten. Er sandte an das State Department einen scharfen Protest wegen des empörenden Mißbrauchs diplomatischer Privilegien. Der Protest wurde dem Botschafter vorgelegt. Nach einigen Tagen teilte man Burgess mit Bedauern mit, daß er die USA verlassen müsse.

Nachdem so die Möglichkeit geschaffen war, Burgess bei der Operation um Maclean einzusetzen, wurde nun meiner eigenen Lage große Aufmerksamkeit gewidmet. Trotz aller Vorsichtsmaßnahmen konnte die Verbindung zwischen Burgess und Maclean enthüllt werden. Eine Untersuchung seiner Tätigkeit hätte einen Schatten auf mich werfen können. Hier war kaum etwas zu machen. Aber ich könnte den Verdacht von mir ablenken, wenn ich selbst einen positiven Beitrag zur Untersuchung des Falles über das Informationsleck in der britischen Botschaft leistete. Bisher hatte ich mich abseits gehalten und dem FBI und MI5 die Möglichkeit gegeben, alles zu tun, wozu sie imstande waren. Jetzt, nachdem sich bereits ein Rettungsplan abzeichnete, gab es keinerlei Gründe mehr, weshalb ich nicht die Untersuchung in der richtigen Richtung voranbringen sollte.

Zu diesem Zweck schrieb ich einen Bericht nach London. Ich wies darauf hin, daß wir mit der detaillierten Überprüfung des Personals der Botschaft nur unnötige Zeit verschwendeten. Ich erinnerte an alte Materialien, aus denen hervorging, daß der Chef der Abteilung Westeuropa der sowjetischen Aufklärung in der Mitte der dreißiger Jahre einen jungen Mann angeworben hatte, der damals gerade im Foreign Office anfing. Dieser junge Mann stammte aus guter Familie und war in Eton und Oxford gewesen. Er half der sowjetischen Aufklärung aus ideellen Gründen und nicht des Geldes wegen. Ich empfahl, diese Angaben mit den Informationen über Diplomaten zu vergleichen, die von 1944 bis 1945 in Washington arbeiteten. Das war jene Periode, auf die sich die Meldungen über das Durchsickern von Informationen bezogen. Vivian versicherte mir in seiner Antwort, daß man auch diese Seite des Falles in Betracht zöge. Indessen ging aber aus den Unterlagen nicht hervor, daß in dieser Richtung etwas getan wurde. Die atemberaubende Geschwindigkeit, mit der sich die nachfolgenden Ereignisse entwickelten, zeigte mir, daß diese Idee relativ neu war.

Der Vergleich alter Materialien mit den Angaben über das Informationsleck in der Botschaft ermöglichte die Aufstellung einer Liste mit sechs Namen, die uns aus London mit der Mitteilung übersandt wurde, daß eine intensive Untersuchung im Gange sei. Auf der Liste standen die Namen des Vorsitzenden der Atomenergiekommission Roger Makins, von Paul Gore-Booth, er war Leiter des britischen Informationsdienstes in den USA und später ein stellvertretender Außenminister, Michael Wright und Donald Maclean. Bei Maclean könnte man einwenden, daß er weder in Eton noch in Oxford studiert hatte, doch maß man dem keine besondere Bedeutung bei, da irrtümlich angenommen wurde, daß alle jungen Engländer aus guter Familie in Eton oder Oxford studiert hätten. Diese Liste bereitete Bobby Mackenzie eine der glücklichsten Minuten seines Lebens. Bobby konzentrierte seine Aufmerksamkeit auf Gore-Booth. Weshalb? Dieser hatte in Eton und Oxford studiert; er war Mitte der dreißiger Jahre in das Außenministerium eingetreten; er war ein Kenner der klassischen Literatur, und deshalb paßte das Pseudonym «Homer» sehr gut auf ihn, und außerdem klang der Name Homer im Russischen (Gomer) ähnlich wie Gore. Was seine Überzeugungen anbetraf, so war Gore-Booth Christ und Antialkoholiker. Was brauchte man noch? Das war alles keine schlechte Idee, und ich hoffte, daß London mindestens einige Tage beschäftigt sein würde.

Burgess packte seine Sachen und reiste ab. Am letzten Abend speisten wir in einem chinesischen Restaurant. Musik berieselte uns aus einem Lautsprecher und half dabei, unsere Stimmen weniger hörbar zu machen. Wir gingen Schritt für Schritt den ganzen Plan durch. Nach der Ankunft in London sollte sich Burgess mit einem sowjetischen Verbindungsmann treffen und ihn über alles informieren. Danach mußte er Maclean in seinem Arbeitszimmer aufsuchen und ihm die Zeit und den Ort eines Treffs mitteilen.

Bei diesem Treff sollte Maclean von ihm über den Stand der Dinge informiert werden. Von diesem Augenblick an schaltete ich mich von der Operation ab. Burgess war zerstreut, und ich fühlte, wie es um ihn stand. Als ich ihn am nächsten Morgen zum Bahnhof brachte, waren meine letzten Worte, die ich halb im Scherz sagte: «Verschwinde du nicht auch noch!»

Mackenzies Verdacht hatte beim MI5 keinen besonderen Eindruck hinterlassen. Bei dem Studium der kurzen Liste suchten sie einen Mann, der aus der Reihe fiel und ganz und gar nicht dem gewöhnlichen Typ des Diplomaten entsprach. Das war vernünftig, und als Ergebnis setzten sie den Namen Macleans an die Spitze der Liste. Er nahm niemals an den mondänen Vergnügungen des Diplomatischen Korps teil und zog die Gesellschaft unabhängiger Geister vor. Im Unterschied zu ihm entsprachen alle übrigen Personen in der Liste genau den Normen. MI5 teilte uns seine Schlußfolgerungen mit und informierte darüber, daß man wahrscheinlich an Maclean herantrete, sobald die Untersuchung abgeschlossen sei. Bis dahin würde ihm der Zutritt zu Dokumenten des Außenministeriums verwehrt sein und er selbst beobachtet werden. Die letzten beiden Entscheidungen wurden anscheinend getroffen, um die Amerikaner zu beruhigen. Sie waren unvernünftig, aber ich sah keinen Grund, dies zu kritisieren. Ich überlegte, daß sie mir mit der Zeit gute Dienste bei irgendwelchen Unannehmlichkeiten leisten könnten. Das erwies sich auch im nachhinein als richtig.

Trotzdem beunruhigte mich die Geschwindigkeit, mit der sich der Fall entwickelte, und beim nächsten Treff mit meinem Verbindungsmann machte ich darauf aufmerksam, daß man sich beeilen müsse. Ich hatte sogar einen Vorwand, Burgess direkt zu schreiben. Der Fahrdienstleiter der Botschaft fragte mich zweimal, was er mit dem «Lincoln» von Burgess machen sollte, den dieser in der Garage zurückgelassen hatte. Ich schrieb Burgess, daß es, wenn er nicht unverzüglich etwas unternehme, zu spät sei und ich seinen Wagen auf den Autofriedhof schleppen lassen müßte. Etwas anderes konnte ich nicht mehr tun.

Eines Morgens rief mich Geoffrey Paterson an und teilte mir mit, daß er eben ein schrecklich langes Telegramm aus London mit dem Vermerk «sehr dringend» erhalten hätte. Er hatte gerade seiner Sekretärin eine Woche Urlaub gegeben und brauchte einen ganzen Tag, um das Telegramm zu dechiffrieren. Er bat mich, ihm zu seiner Unterstützung meine Sekretärin zu schicken. Ich veranlaßte alles Nötige. Das war es also. Hatten sie Maclean geschnappt, oder war es ihm gelungen zu entwischen? Ich fand keine Ruhe und wollte schon in die Botschaft gehen, um bei der Dechiffrierung zu helfen. Doch ich zwang mich zu gewohnten Dingen, als sei nichts geschehen. Als ich dann in der Botschaft war, besuchte ich jedoch Paterson. Er war bleich. «Kim», flüsterte er, «der Vogel ist ausgeflogen.» Ich bemühte mich, erschreckt auszusehen. Hoffentlich! «Was für ein Vogel? Doch nicht etwa Maclean?» – «Ja», antwortete er. «Es kommt noch schlimmer: Guy Burgess ist mit ihm abgehauen.» Hier war mein Schrecken nicht mehr gespielt.

Schwere Prüfung

Die Flucht von Burgess und Maclean brachte für mich eine folgenschwere Entscheidung. Bereits zu einem früheren Zeitpunkt, als wir schon über die Flucht Macleans sprachen, hielten es die sowjetischen Genossen für möglich, daß irgendwelche unvorhergesehene Umstände mich in eine gefährliche Lage bringen könnten. Für diesen Fall erarbeiteten wir einen Fluchtplan, über dessen Ausführung ich bei äußerster Gefahr selbst entscheiden sollte. Burgess war verschwunden, das hatte eine große Gefahr für mich heraufbeschworen, doch war das schon «äußerste Gefahr?» Ich zögerte mit der Entscheidung einige Stunden, um zwei unaufschiebbare Dinge zu erledigen. Erstens mußte all das verschwinden, was mich kompromittieren konnte. Zweitens wollte ich die Haltung des FBI kennen, weil davon Einzelheiten meiner Flucht abhängen konnten. Sich gewisser Gegenstände zu entledigen, war wohl die dringendste Aufgabe, doch ich nahm mir vor, noch etwas damit zu warten. Ich wäre nur unangenehm aufgefallen, wenn ich die Botschaft sofort verlassen hätte, nachdem ich die Neuigkeit über Burgess und Maclean erfahren hatte. Außerdem hatte mir Patersons Telegramm einen guten Vorwand verschafft, um unverzüglich das FBI testen zu können. Das Telegramm endete mit der Anweisung, Ladd über seinen Inhalt zu informieren. Paterson, der voraussah, daß er ganz schön erröten würde, bat mich am Schluß unseres Gesprächs, ihn zu begleiten. Offenbar sind zwei errötete Gesichter besser als eins. Daß mein Gesicht eher grau war als rot, änderte im Grunde nichts an der Lage der Dinge.

Ladd nahm die Neuigkeit erstaunlich gelassen auf. Das arglistige Funkeln in seinen Augen ließ auch vermuten, daß es ihm möglicherweise Genugtuung verschaffte, daß die verdammten Engländer in eine solche Patsche geraten waren. Doch ich erriet, daß seine Gelassenheit die persönliche Besorgnis lediglich verbergen sollte. Ladd hatte sich oft mit Burgess bei mir zu Hause getroffen und ihn auch zu sich eingeladen. Trotz aller Unterschiede verstanden sie sich ganz gut. Beide besaßen einen aufbrausenden Charakter und warfen sich – trotz gegenseitiger Wertschätzung – nicht selten Beleidigungen an den Kopf. Bei einer der ersten Begegnungen hatte Burgess einen Angriff gegen Korruption und Bestechung losgelassen, die, wie er behauptete, den Autorennen in Indianapolis jeden Sinn nahmen, und dabei hatte er es nicht versäumt, der ganzen amerikanischen Lebensweise einige Seitenhiebe zu versetzen. Ladd gefiel dies offenbar. Er hatte es wahrscheinlich nie erlebt, daß ein affektierter Engländer so sprach. In der jetzt entstandenen kritischen Situation wäre er nicht Ladd gewesen, wenn ihm seine Beziehungen zu Burgess keinen Kummer bereitet hätten. Mir konnte das persönliche Interesse von Ladd nur zustatten kommen. Danach gingen wir zu Lamphere, der die Neuigkeit normal aufnahm. Wir diskutierten über die Flucht der Diplomaten, und Lamphere stellte in der für ihn typischen ernsten Art einige Theorien auf. Er war aber von der Wahrheit noch weit entfernt. Nach dem Besuch beim FBI fühlte ich mich bedeutend leichter. Möglicherweise waren Ladd und Lamphere vollendete Schauspieler, die mich zum Narren hielten. Doch man soll nicht überall Gespenster sehen. Ich mußte so handeln, als ob das FBI noch im dunkeln tappte.

Möglicherweise konnte MI5 irgendwann das FBI bitten, mich zu beschatten. Dies konnte leicht ohne mein Wissen geschehen, indem man den FBI-Vertreter in London für die direkte Verbindung mit Washington ausnutzte. Dennoch fühlte ich, daß ich eine Atempause von einigen Tagen haben würde. MI5 würde auf mich keinen ausländischen Sicherheitsdienst hetzen, ohne sich vorher mit dem SIS zu konsultieren. Der SIS würde es sich aber, meiner Ansicht nach, noch einmal überlegen, einen seiner ältesten Mitarbeiter in Verruf zu bringen. Ich muß betonen, daß dies alles nur

Vermutungen von mir waren und sie es auch bis zum heutigen Tage geblieben sind. Doch wurden sie dadurch bestätigt, daß mich einige Tage lang niemand belästigte.

Als ich mit Paterson schließlich in die Botschaft zurückkehrte, war es bereits nachmittags. Ich konnte ihm mit vollem Recht sagen, daß ich nach Hause gehen möchte, um ein Glas Whisky zu trinken. In meiner Garage, die auch als Lager diente, griff ich nach einer Maurerkelle, steckte sie in eine Aktentasche und begab mich in den Keller. Fotoapparat, Stativ und anderes Zubehör packte ich in einen wasserdichten Behälter ein und legte ihn ins Auto. Schon oftmals hatte ich in Gedanken die notwendigen Handlungen ausgeführt und mir eine bestimmte Reihenfolge erarbeitet. Es war für mich zu einer Gewohnheit geworden, nach Great Falls hinauszufahren, um zwischen den Besuchen beim FBI und bei der CIA eine ruhige halbe Stunde zu verbringen. Unterwegs hatte ich eine Stelle ausfindig gemacht, die sich für den Fall eignete, der jetzt eingetreten war. Ich stellte den Wagen an einer öden Wegstrecke ab, wo links der Potomac floß und sich rechts ein Wald mit hohem Unterholz befand. Der Wald war dicht genug, um darin sicher etwas zu verbergen. Ich ging einige hundert Schritt durch das Gebüsch und machte mich an die Arbeit. Nach mehreren Minuten verließ ich den Wald wieder und brachte meine Hose in Ordnung. Auch zu Hause betätigte ich mich noch einige Zeit mit der Maurerkelle im Garten. Und so kam ich mir schließlich, was die Gegenstände anbelangte, so rein vor wie ein Lämmchen.

Nunmehr konnte ich mich meiner Flucht widmen. Da ich in den letzten Wochen schon mehrmals über diese Frage nachgedacht hatte, gelangte ich am späten Abend zu dem Entschluß, dort zu bleiben, wo ich war. Solange es noch irgendwelche Chancen gab, hatte ich bis zum Schluß zu kämpfen. Ganz gewiß müßte ich für eine gewisse Zeit jegliche Aktivitäten einstellen, das fiel mir selbstverständlich schwer, vor allem wenn dieser Zustand andauern sollte. Doch nach dieser Zeit könnte es für mich sehr wohl möglich sein, weiter meiner Sache zu dienen. Die Ereignisse gaben mir recht.

Ich mußte nur noch meine Aussichten, das alles ungeschoren zu überstehen, sorgfältig prüfen. Mir schien es, daß meine Chancen gar nicht so schlecht waren. Ich besaß zum Beispiel durch meine Kenntnis der Geheimdienstarbeit enorme Vorteile. Elf

Jahre hatte ich im Geheimdienst gearbeitet, sieben davon in ziemlich hoher Stellung und über acht Jahre hinweg in engem Kontakt mit MI5. Über acht Jahre unterhielt ich ferner, wenn auch nicht regelmäßig, Beziehungen zu den amerikanischen Geheimdiensten; fast zwei Jahre davon war ich eng mit diesen liiert. Ich meinte, den Gegner ausreichend zu kennen, um seine Schritte voraussehen zu können. Ich kannte die Hauptwaffe des Gegners, seine Archive, und außerdem war ich mit den Beschränkungen vertraut, die Gesetze und Konventionen mit sich brachten. Auf der Hand lag auch, daß es in London viele Leute gab, die eine angesehene Stellung einnahmen und denen sehr daran gelegen war, meine Unschuld zu beweisen. Sie wären sicher bereit, eventuell vorhandene Zweifel zu meinen Gunsten auszulegen. Ich mußte nur alles dafür tun, um möglichst viele Gründe für solche Zweifel zu liefern.

Welche Beweise konnte man meiner Meinung nach gegen mich vorbringen?

In meiner Jugendzeit hatte ich Beziehungen zu linksgerichteten Vereinigungen in Cambridge. Sie waren weithin bekannt, so daß ich sie nicht zu verbergen brauchte. Doch in England war ich niemals der Kommunistischen Partei beigetreten, und nach achtzehn Jahren war es natürlich schwierig, zu beweisen, daß ich einst zur illegalen Arbeit in Österreich weilte, dies um so mehr, als sicherlich der größte Teil meiner Wiener Freunde, so bedauerlich es sein mochte, nicht mehr am Leben war. Ferner fand sich in alten Unterlagen ein kompromittierender kleiner Satz, der besagte, daß von der sowjetischen Aufklärung während des Bürgerkrieges in Spanien ein junger englischer Journalist dorthin entsandt wurde. Man verfügte jedoch über keinerlei nähere Angaben, mit denen man hinter die Person dieses Journalisten hätte kommen können. Damals gab es außerdem viele junge Leute aus der Fleet Street, die sich in Spanien aufhielten. Zu meinen Ungunsten sprach jedoch, daß ich mit Unterstützung von Burgess in den Geheimdienst aufgenommen worden war. Doch ich könnte diesen Umstand umgehen, indem ich den Namen einer bekannten Dame erwähnte, die für meine Einstellung verantwortlich gemacht werden konnte. Wenn sie dies bestätigte, dann war alles gut. Leugnete sie dies aber, dann würde ich beharrlich erklären, daß ich ihren Namen nicht genannt hätte, wäre ich nicht felsenfest überzeugt gewesen, daß gerade sie mich eingestellt hatte.

Freilich konnte eine außerordentlich schwierige Lage entstehen, wenn man feststellte, welche Unterlagen ich während meiner Zeit im zentralen Apparat aus dem Archiv entliehen hatte. Damals gingen meine Interessen weit über die Grenzen meiner dienstlichen Obliegenheiten hinaus. Das einzige Argument, das ich zu meiner Verteidigung vorbringen konnte – daß mich der Geheimdienst mehr als alles andere interessiere –, dürfte dann wenig überzeugend gewesen sein. Im übrigen wußte ich, daß die Nachweise periodisch vernichtet wurden, so daß es kaum anzunehmen war, daß sie die massenhafte Beseitigung unnötiger Papiere, wie sie nach dem Kriege durchgeführt wurde, überlebt hatten. Ich leitete auch eine Reihe von Aktionen, die für den SIS ein Reinfall wurden, ohne daß man je die Ursachen ergründen konnte. Jeder Mißerfolg ließ sich erklären, ohne meine wahre Rolle aufzudecken. Immerhin gab es zwei wichtige Fälle, die trotz all meiner Anstrengungen so gelaufen waren, wie sie sollten. Obwohl diese Fälle mich nicht reinwaschen konnten, entlasteten sie mich doch bis zu einem gewissen Grad von der Schuld für das Fehlschlagen anderer Affären.

Ein schwieriges Problem bestand darin, die Beziehungen zu Burgess zu rechtfertigen. Wir hatten wenig gemeinsame Interessen, sehr wenig gemeinsame Freunde und einen unterschiedlichen Geschmack. Uns verbanden gemeinsame politische Ansichten, dies gerade sollte aber nach Möglichkeit verborgen bleiben. Hier half mir die Geographie bis zu einem gewissen Grade. Während ich in Österreich weilte, hielt sich Burgess in Cambridge auf; während meiner Spanienzeit war er in London; einen großen Teil des Krieges verbrachte er in London, ich dagegen in Frankreich, Hampshire und Hertfordshire; dann fuhr ich in die Türkei, und erst ein Jahr später trafen wir uns in Washington wieder. So konnte ich beweisen, daß zwischen uns niemals wirklich enge Beziehungen bestanden, daß er einfach ein interessanter Mensch war, eine Zufallsbekanntschaft. Selbst den Umstand, daß er in Washington bei mir wohnte, konnte ich zu meinen Gunsten auslegen: Ich wäre doch töricht gewesen, meine Beziehungen zu Burgess derart zur Schau zu stellen, wenn es zwischen uns irgendwelche geheime Verbindungen gegeben hätte!

Eine andere Schwierigkeit ergab sich aus meiner Karriere. Je mehr ich nachdachte, um so weniger paßte sie ins Licht. Meine Laufbahn hatte mit meinen bekannten Beziehungen zu linken Organisationen in Cambridge und der möglicherweise auch bekannten kommunistischen Betätigung in Wien begonnen; danach war der volle Bruch mit meinen kommunistischen Freunden erfolgt, der ziemlich rasch von den Beziehungen zu Nazis in London und Berlin abgelöst worden war; dann wählte ich ausgerechnet Franco-Spanien, um als Journalist Karriere zu machen; mit Unterstützung von Burgess erfolgte der Eintritt in den Geheimdienst, dort spezialisierte ich mich auf antisowjetische und antikommunistische Tätigkeit; schließlich hatte ich Kenntnis von jenen Maßnahmen, die gegen Maclean ergriffen werden sollten, bevor es zu seiner Flucht kam. Das Bild war recht bedenklich. Zwangsläufig war ich davon überzeugt, daß ich keine Hoffnung hatte, meine Unschuld zu beweisen.

Doch das war für mich nicht allzu deprimierend. Ein starker Schuldverdacht konnte für die Mitarbeiter des Geheimdienstes ausreichend sein, nicht aber für die Juristen. Ein Jurist verlangt Beweise. Die Indizienkette war zwar unangenehm lang, doch im einzelnen betrachtet, hätten sich alle Kettenglieder nacheinander zerschlagen. Schon deshalb war ich der Meinung, daß meine Chancen trotz der ungünstigen Vorzeichen nicht schlecht standen. Die nächste Aufgabe bestand darin, offen aufzutreten und überall, wo ich nur konnte, Zweifel zu erzeugen.

Die folgenden Tage boten mir dazu ausreichend Gelegenheit. Paterson und ich sprachen kaum von etwas anderem als von Maclean. Von Zeit zu Zeit gesellte sich Mackenzie zu uns. Ich glaube nicht, daß Paterson zu jener Zeit irgend etwas ahnte, doch bei Mackenzie bin ich mir nicht sicher gewesen. Er war faul, aber durchaus kein dummer Mensch. Hin und wieder glaubte ich in seinem Gesicht einen gewissen Argwohn bemerkt zu haben. Ich trachtete bei diesen Gesprächen danach, eine möglichst alle bekannten Fakten enthaltende Theorie zu entwickeln und sie meinen Gesprächspartnern einzutrichtern. Dabei kam mir die unkluge Entscheidung von MI5 zustatten, von der ich bereits sprach, Maclean an gewisse Dokumente nicht heranzulassen und ihn zu beobachten. Mit diesem Ausgangspunkt rekonstruierte ich den Fall in einer Weise, die sich zumindest nicht widerlegen ließ. Meine Version bestand in folgendem:

Aus alten Unterlagen war bekannt, daß Maclean nicht weniger als sechzehn Jahre als Agent gearbeitet hatte. Demnach war er ein erfahrener und gewiefter Geheimdienstmann. Ein solcher

Mensch ist stets auf der Hut und mußte natürlich rasch bemerken, daß man ihm gewisse Dokumente vorenthielt. Dieses würde ihn beunruhigen. Er würde auch sofort herausbekommen, daß man ihn beobachtete. Letzteres war in der Tat auch so. Maclean wurde vorsichtig, er befand sich in einer Zwangslage. Ziel der Beschattung war es, ihn während des Treffens mit dem sowjetischen Kontaktmann zu ertappen. Doch verringerten sich die Fluchtaussichten beträchtlich, wenn er nicht die sowjetische Hilfe in Anspruch nehmen konnte. Während er noch nachdachte, tauchte ein Retter in Gestalt seines alten Freundes Burgess auf. Ich bemühte mich nicht um den Beweis, daß zwischen Burgess und Maclean seit langem enge Beziehungen bestanden. Da sie gemeinsam flüchteten, war meine Vermutung stichhaltig genug. Der Flucht Macleans stand nichts mehr im Wege, zumal alle notwendigen Vorbereitungen über Burgess und dessen sowjetischen Kontaktmann laufen konnten. Burgess war es auch, der sich mit organisatorischen Dingen befaßte und ein Auto auslieh. Doch warum flüchtete Burgess ebenfalls? Paterson und Mackenzie war es klar, daß Burgess' Stunden im Foreign Office gezählt waren und seine Karriere zu Ende ging. Alle Zweifel beseitigte die sowjetische Seite, indem sie riet, es sei besser, von der Szene abzutreten, da Burgess' Anwesenheit andere gefährden konnte.

Dies war meine Version, an der ich getreulich festhielt. Ihre Vorzüge lagen darin, daß sie auf bekannten Fakten fußte und auf kaum anfechtbaren Voraussetzungen aufbaute. Die einzigen, die sie widerlegen konnten, waren die zwei Verschwundenen und ich selbst.

Erfreut konstatierte ich, daß diese Theorie dem FBI recht genehm war. Sie gefiel auch Ladd und Lamphere. Selbst Hoover, mit dem ich ein kurzes Gespräch führte, griff sie auf. In seinen Augen lag ihr höchster Wert darin, daß man so alle Schuld auf MI5 abwälzen konnte. Ich zweifele nicht daran, daß er sowohl im Kapitol als auch in den späteren Abkommen mit MI5 eine Menge politischen Kapitals daraus schlug. Hoover errang nicht viele Erfolge aus eigenen Kräften. Doch er gehörte auch nicht zu jenen Leuten, die einem geschenken Gaul ins Maul schauen.

Mit der CIA war die Sache weniger sicher. Da sie mehr ein Fall für das FBI war, konnte ich mit der CIA nicht alle Einzelheiten erörtern; ich hätte mich sonst dem Risiko ausgesetzt, Hoover und Boyd zu verärgern, die ich gerade mit allen Mitteln beruhigen wollte. Infolgedessen beschränkte ich mich in meinen Gesprächen mit CIA-Mitarbeitern auf allgemein bekannte Details des Falles, die verspätet und obendrein noch entstellt in der Presse mitgeteilt worden waren. Ich fürchtete den Formalisten Dulles nicht; einige Jahre später war ich erstaunt über den Fehler von Präsident Kennedy, auf dessen Pläne zur Vorbereitung des Abenteuers in der Schweinebucht einzugehen. Etwas anderes war es mit Bedell Smith. Er hatte kalte Fischaugen und ein Hirn, das exakt wie ein Präzisionsinstrument arbeitete. Bei unserer ersten Begegnung legte ich ihm ein umfangreiches, mehr als zwanzig Paragaphen enthaltendes Dokument zur Begutachtung vor, das die englisch-amerikanischen Kriegspläne betraf. Er überflog die Seiten und begann, nachdem er das Dokument beiseite gelegt hatte, mit mir die darin behandelten Fragen bis ins Detail zu erörtern, wobei er sich fehlerlos aus dem Gedächtnis auf die entsprechenden Paragraphenzahlen bezog. Ich konnte ihm nur folgen, weil ich den ganzen Morgen über gepaukt hatte, um mir den Inhalt des Dokumentes einzuprägen. Ein unangenehmes Gefühl sagte mir, daß Bedell Smith weiß, daß zweimal zwei vier und nicht fünf ist...

Noch einige quälende Tage vergingen. Als die Neuigkeiten in der Tagespresse mit allen den ihr eigenen Unverblümtheiten erschienen, kam es zu einigen peinlichen Vorfällen. Auf einem der Empfänge des Botschafters begegnete mir die Frau irgendeines Botschaftsmitarbeiters mit einem verächtlichen eiskalten Blick. Aber London schwieg unheilverkündend. Dann traf ein Fernschreiben ein, in dem es hieß, daß man «Grund zu der Annahme» habe, daß ich Burgess persönlich kannte. Man möchte wissen, ob ich nicht über sein Verhalten Näheres wüßte? Doch ich selbst erwartete eine höchst persönliche Nachricht vom Chef mit dem Vermerk: «Eilt, persönlich dechiffrieren» und der dringenden Aufforderung, nach London zu kommen. Schließlich traf die Einladung ein, aber in einer außerordentlich interessanten, mich nachdenklich stimmenden Form. In Washington war per Flugzeug ein Geheimdienstmitarbeiter eingetroffen, der Spezialist für Desinformationen war. Er stattete mir einen Höflichkeitsbesuch ab, in dessen Verlauf er mir einen Brief von Jack Easton aushändigte. Der Brief war von Easton eigenhändig geschrieben worden. Mir wurde mitgeteilt, daß ich bald ein Fernschreiben aus London bekäme, das mich im Zusammenhang mit der Burgess-Maclean-Affäre zurückriefe. Dieser Aufforderung müsse ich schnell nachkommen. Obwohl mir der Sinn dieser Mitteilung recht klar war, machte mich die Form stutzig. Warum wies mich Easton auf die bevorstehende Rückbeorderung hin, und warum verfaßte er den Brief persönlich, wenn die Order sowieso über die gewöhnlichen Nachrichtenkanäle einging? Im Geheimdienst gibt es oftmals Gründe für ein ungewöhnliches Verhalten. Möglicherweise war das auch hier der Fall. Damals sagte ich mir: Wenn ich bislang den Gedanken an eine Flucht noch nicht ganz verworfen habe, dann war Eastons Brief das Signal, mich bald zu sputen.

Nach einigen Tagen traf die angekündigte Nachricht ein. Ich buchte meinen Flug für den kommenden Tag und bereitete mich darauf vor, Washington für immer ade zu sagen. Noch einmal traf ich mich mit Angleton, um mit ihm ein Plauderstündchen in einer Bar zu verbringen. Er begriff offenbar nicht den Ernst meiner Lage und bat mich, sobald ich in London sei, einige offene Fragen zu klären. Ich machte mir nicht einmal die Mühe, sie mir einzuprägen. Darauf stattete ich Dulles einen Besuch ab, der mir viel Glück wünschte. Der nächste auf meiner Liste war Ladd. Mit ihm verbrachte ich einen Teil des Abends. Er wirkte aufrichtig bekümmert über meine scheußliche Lage und erteilte mir Ratschläge, wie ich mich in London aus der Affäre ziehen sollte. Zum Teil ließ sich seine Besorgtheit aus dem Bewußtsein erklären, persönlich in die Burgess-Affäre verwickelt zu sein; doch verspürte ich bei ihm ein aufrichtiges Mitgefühl, für das ich dankbar war. Wie unbarmherzig Ladd auch sein konnte, er war dennoch ein Mensch.

Am nächsten Tag gegen Mittag traf ich in London ein und wurde sofort in eine merkwürdige Geschichte verwickelt. Im Flughafenbus hatte ich mich unmittelbar an die Tür gesetzt. Der Bus war schon voll besetzt, da tauchte auf dem Trittbrett ein aufgeregter Mann auf. Er überblickte hektisch die Fahrgäste. Erst schaute er mir über die linke Schulter, dann über die rechte, versuchte, über meinen Kopf hinwegzusehen und blickte mir schließlich verdutzt direkt ins Gesicht. Dann verschwand er. Dieser Mann war Bill Bremner. Er bekleidete einen ziemlich hohen Posten im Verwaltungsapparat des SIS. Ich hatte verstanden, wen er suchte. Hätte er zwei Yards und nicht zwei Fuß von mir entfernt gestanden, würde er mich natürlich bemerkt haben. Zuvor war ich ihm dienstlich nie begegnet. Wenn ich den Brief von Jack Easton und meinen «Empfang» durch einen so hohen Offizier wie Bremner richtig wertete, dann konnte ich mich nicht darüber beklagen, daß man mich nicht gewarnt hätte. Als der Bus seinen Weg durch London nahm, leuchteten diese roten Signale recht lebhaft für mich.

Zuerst begab ich mich in die Wohnung meiner Mutter und rief nach dem Lunch Easton an. Im Hörer war deutlich ein eigenartiger Seufzer zu hören. Nach einer Pause fragte mich Easton ganz erstaunt, wo ich mich befände. Ich sagte es ihm. Er wollte wissen, ob ich nicht zu müde wäre, um sofort zum Broadway zu kommen. Natürlich nicht. Ich käme. Unterwegs machte mir der Gedanke Spaß, welche Panik wohl ausgebrochen wäre, wenn Bremner mitgeteilt hätte, daß ich nicht eingetroffen sei. Easton wirkte etwas bedrückt, als ich sein Zimmer betrat. Er meinte, mein Anruf habe ihn überrascht, da er doch Bill Bremner zu meiner Unterstützung zum Flugplatz geschickt hätte. Die Erklärung wirkte keineswegs überzeugend, und ich fühlte, daß ich die erste Runde gewonnen hatte. Dies bedeutete zwar weiter nichts, doch schon das Gefühl des Sieges ermutigte mich. Später kam mir der verrückte Gedanke, man habe Bremner deshalb zum Flugplatz geschickt, damit das MI5 den SIS nicht umging, wenn man mich bei der Ankunft verhaftet hätte. Der weitere Verlauf der Dinge zeigte mir, daß diese Vermutung unbegründet war, so daß ich sie nur spaßeshalber erwähne.

Easton sagte mir, daß wir von Dick White ungeduldig erwartet werden. So fuhren wir durch den Park zum Leconfield House an der Curzon Street. Dort befand sich der Sitz vom MI5. Dies war das erste der folgenden zahlreichen Verhöre, obgleich zunächst der Eindruck erweckt werden sollte, daß es sich um kein Verhör, sondern um ein Gespräch handele. Easton saß ruhig da, als mir White die Fragen stellte. Seine Rolle lief offenbar darauf hinaus, zu beachten, daß White die Spielregeln einhielt. Natürlich hatte ich gewisse Befürchtungen, während meine Gesprächspartner etwas in Verlegenheit waren. White war zwar nicht mein enger Freund gewesen, aber wir hatten stets ausgezeichnete persönliche und dienstliche Beziehungen. Er hatte sich ohne Zweifel gefreut, als ich Cowgill ablöste. Freilich konnte sich White schlecht verstellen, tat aber sein Bestes, um das Gespräch in freundschaftlicher Form ablaufen zu lassen. Ihm ging es um meine Mithilfe, um in diese schreckliche Burgess-Maclean-Affäre Klarheit zu bringen. Ich erzählte ihm vieles über Burgess' Vergangenheit und meine Eindrücke, die ich von ihm hatte. Dabei vertrat ich die Meinung, daß es schier unbegreiflich sei, daß ein solcher Mensch wie Burgess, der das Rampenlicht liebte anstatt es zu vermeiden und allgemein für seine Indiskretion bekannt war, sich als ausländischer Geheimagent und noch dazu als sowjetischer Spion erwiesen haben sollte. Ich rechnete nicht damit, daß im Licht der bekannten Tatsachen meine Meinung irgendwie überzeugte. Doch hoffte ich, den Eindruck zu erwecken, daß ich mich indirekt gegen den nicht ausgesprochenen Vorwurf verteidigte, Burgess habe mich, einen erfahrenen Mitarbeiter der Gegenspionage, um den Finger gewickelt. Von Maclean wüßte ich nichts. Selbstverständlich hatte ich von ihm gehört, und möglicherweise sei ich ihm auch einmal begegnet. Ich fügte hinzu, daß ich mich nicht einmal an sein Gesicht erinnern könne. Da ich mich im Jahre 1937 lediglich zweimal mit ihm für eine halbe Stunde getroffen hatte, noch dazu konspirativ, konnte ich mir diese leichte Abweichung von der Wahrheit getrost erlauben.

Abschließend schlug ich vor, all das von mir Gesagte kurz zu Papier bringen zu können. Wahrscheinlich war unser Gespräch auf Band aufgenommen worden, deshalb wünschte ich einen schriftlichen Bericht, um möglicherweise die vom Mikrofon fixierten Ungenauigkeiten zu korrigieren. Nach einigen Tagen erschien ich zum zweiten Verhör. Nachdem White meine Niederschrift überflogen hatte, kam er zu dem, was ihn am meisten interessierte. Ich solle ihm von meinen Beziehungen zu Burgess erzählen, um Licht in die Angelegenheit zu bringen. Dabei sei es auch angebracht, eingehend über meine eigene Karriere zu sprechen. Wie ich in dem vorausgegangenen Kapitel erklärte, gab es in meiner Laufbahn einige zweifelhafte Zickzackbewegungen. Doch ich bemühte mich, sie so gut wie möglich verständlich zu machen. Dabei erzählte ich White versehentlich etwas, was ich eigentlich nicht erzählen wollte. Ich bereute seinerzeit diesen Ausrutscher. Doch man hätte dieses Detail sicherlich früher oder später ausgegraben, so daß es sogar besser war, wenn ich selbst damit herauskam.

Die Frage betraf eine Reise nach Franco-Spanien, die ich unternahm, bevor mich die «Times» als Korrespondent dorthin entsandte. Offenbar hatte MI5 von dieser Reise keine Kenntnis gehabt, sondern angenommen, daß mich die «Times» direkt von ihrer Redaktion in der Fleet Street nach Spanien geschickt habe.

Als ich White darüber informierte, fragte er sofort, ob ich die Reise auf eigene Kosten oder nicht auf eigene Kosten unternommen hätte. Dies war eine hinterhältige Frage, zumal ich im Auftrag der sowjetischen Aufklärung gefahren war, die auch meine Spesen bezahlte. Ein Blick auf mein Bankkonto jener Zeit hätte ergeben, daß für eine Rundreise durch Spanien meine Mittel nicht ausreichten. In dieser Episode lag noch eine weitere Gefahr: Damals wurden meine Finanzen über Burgess aufgefüllt. Darum versicherte ich, daß diese Reise der Versuch war, in die Welt der großen Journalistik vorzustoßen, wofür ich einen großen Einsatz wagte. Darum hätte ich auch all meine persönlichen Sachen, vor allem Bücher und Schallplatten, verkauft, um die Reise bezahlen zu können. Diese Erklärung war plausibel genug. So blieb die Mitwirkung von Burgess bei den spanischen Abenteuern verborgen. Ich hatte eine Erklärung parat, dabei gab es schon mehr als genug zu erklären. Der Gedanke, dies noch alles vor mir zu haben, war nicht sehr erfreulich.

Ich schlug vor, auch unser zweites Gespräch schriftlich zu fixieren. White war einverstanden, doch bemerkte er, daß ich weniger über Burgess schreiben solle und mich dafür auf meine eigene Karriere konzentrieren möge. Jetzt hatte er die Katze fast ganz aus dem Sack gelassen, so daß ich mich nicht wunderte, daß mich bald darauf der Chef rufen ließ. Er teilte mir mit, daß er einen scharfen Brief von Bedell Smith erhalten habe, der eine Möglichkeit der Rückkehr nach Washington ausschloß. Später erfuhr ich, daß dieser Brief von Bill Harvey vorbereitet worden war, dessen Frau Burgess einst bei einem festlichen Empfang in meinem Haus schwer beleidigt hatte. Ich entschuldigte mich damals für sein Verhalten, so daß ich kaum begriff, weshalb Bill mir diese Kränkung nachtrug. Dies hätte ich von ihm zuletzt erwartet. Die zweite Vorladung zum Chef, bei der er mir mit sichtlicher Betrübnis eröffnete, daß er mich pensionieren müsse, war eine reine Formalität. Großmütig sagte er mir anstelle der Pension 4000 Pfund zu. Doch ich beunruhigte mich, als er hinzufügte, daß nicht die ganze Summe auf einmal ausgezahlt würde. Jetzt werde man mir 2000 Pfund aushändigen, während die Restsumme in Halbjahresraten von 500 Pfund folgte. Die ratenweise Zahlung erfolge deshalb, da man befürchte, daß ich das Geld in unüberlegten Börsenspekulationen verschleudern könnte. Da ich niemals im Leben spekuliert habe, erschien mir dieser Vorwand sehr naiv. Viel wahrscheinlicher war, daß man sich absichern wollte, falls man mich im Verlauf dieser drei Jahre ins Gefängnis steckte.

So blieb ich mit zweitausend Pfund in der Tasche und einer drohenden schwarzen Wolke über dem Kopf allein. Ich verbrachte den Sommer mit Wohnungssuche und ließ mich schließlich in einem kleinen Dorf bei Rickmansworth nieder. Es war bereits November, als mich der Chef anrief und fragte, ob ich am nächsten Morgen um zehn Uhr zu ihm kommen könnte. Ich fuhr an einem herrlichen Wintermorgen nach London. Unterwegs ergötzte mich der Reif, der die Zäune bedeckte.

Der Chef ließ mich wissen, daß die gerichtliche Untersuchung der Fluchtumstände von Burgess und Maclean begonnen habe. Die Untersuchung leite der königliche Berater H. J. P. Milmo, der während des Krieges für MI5 gearbeitet habe. Ich war aufgefordert, Hinweise zu geben. Der Chef drückte die Hoffnung aus, daß ich dies nicht ablehnen werde. Die Erwähnung dieses Namens bedeutete für mich, daß eine Krise bevorstand. Ich kannte Milmo und hatte schon manches über ihn gehört. Diesen erfahrenen Untersuchungsrichter zog MI5 in besonders wichtigen Fällen heran. Als ich mit dem Chef durch den St. James Park nach Leconfield House fuhr, machte ich mich auf eine schwere Prüfung gefaßt mit der stillen Hoffnung, daß ich die Vernehmungen überstehen würde, die sich nur auf Beweise stützten, die mir bekannt waren, so schwerwiegend sie auch sein mochten. Dabei war ich mir nicht sicher, ob nicht in die Hände von Milmo neue Beweise gelangt waren, die mich zu Fall bringen könnten.

Nach dem Eintreffen in Leconfield House wurde ich dem Leiter der Rechtsabteilung vom MI5 vorgestellt und dann zu Milmo gebracht. Dies war ein beleibter Herr mit einem rotwangigen runden Gesicht. Links neben ihm saß Arthur Martin, ein ruhiger junger Mann, einer der Hauptuntersuchungsrichter in der Angelegenheit Maclean. Während der gesamten Befragung beobachtete er mich schweigend. Wenn ich aus dem Fenster schaute, machte er sich eine Notiz, wenn ich Daumen drehte, machte er eine zweite. Nach einer flüchtigen Begrüßung ging Milmo zu einem amtlichen Ton über und bat mich, vom Rauchen Abstand zu nehmen, da es sich um eine «gerichtliche Untersuchung» handele.

Das war natürlich Unsinn. Für einen Moment kam mir der Gedanke, Milmo zu ersuchen, die offizielle Genehmigung für das Verhör vorzuzeigen, oder zu erklären, daß der Sitz vom MI5 wohl nicht der geeignete Platz für eine gerichtliche Untersuchung sei. Doch dies hätte überhaupt nicht in meine Rolle gepaßt, die ich als ein ehemaliger SIS-Mitarbeiter zu spielen gedachte, der genauso wie Milmo an der Wahrheitsfindung in Sachen Burgess und Maclean interessiert war. Drei Stunden lang antwortete ich auf die Fragen oder parierte sie vorsichtig, wobei ich mich nur dann verärgert zeigte, wenn ein direkter Angriff auf mich erfolgte. Ich wußte, daß es keinen Zweck hatte, Milmo von irgend etwas zu überzeugen. Darum war ich lediglich darauf aus, kein Geständnis zu liefern, wie er es als Jurist wünschte.

Ich war zu sehr in die Befragung verstrickt, um mir eine objektive Meinung über die beruflichen Qualitäten Milmos bilden zu können. Ich kannte bereits den größeren Teil der Fragen, und die überlegten Antworten gaben ihm höchstens zum Schreien Anlaß. Schon am Anfang erkannte ich die Schwäche seiner Position, indem er mich beschuldigte, Burgess vertrauliche persönliche Papiere überlassen zu haben. Die Anschuldigung war derart absurd, daß ich nicht einmal Verblüffung zu heucheln hatte. Es stellte sich heraus, daß man bei einer Durchsuchung von Burgess' Wohnung mein Diplom aus Cambridge gefunden hatte. Viele Jahre zuvor hatte ich dieses nutzlose Dokument in ein Buch gelegt. Jeder konnte Milmo bestätigen, daß Burgess in einem Punkt unverbesserlich war: Er lieh sich Bücher mit und ohne Genehmigung des Besitzers aus. Alles zielte darauf ab zu beweisen, daß ich bewußt die Enge meiner Beziehungen zu Burgess herabspielen wolle. Dies war ein Versuch mit untauglichen Mitteln, und er festigte in erheblichem Maße meine Zuversicht in den guten Ausgang der Sache.

Doch Milmo spielte zumindest zwei unvorhergesehene Trümpfe aus, die zeigten, daß die Indizienkette gegen mich länger war, als ich vermutet hatte. Zwei Tage nachdem die Information über Wolkow London erreicht hatte, war ein enormes Anwachsen des Funkverkehrs in dieser Sache zwischen London und Moskau festgestellt worden, dem eine analoge Zunahme der Funktätigkeit zwischen Moskau und Istanbul folgte. Außerdem hatte man bald nach der offiziellen Mitteilung über das Informationsleck in der Washingtoner Botschaft ein ähnliches sprunghaftes Ansteigen des Funkverkehrs mit Moskau ermittelt. Mit anderen Fakten zusammengenommen waren diese zwei Momente erdrückend. Doch für mich stellten sie kein Problem dar. Als Milmo mich mit donnernder Stimme aufforderte, dieses Zusammenfallen zu erklären, antwortete ich ihm einfach, daß ich es nicht zu erklären vermöge.

Ich wurde bereits müde, da steckte Milmo plötzlich auf. Er bat mich, einige Minuten zu warten. Dann rief man mich ins Nachbarzimmer. Milmo war verschwunden, und dafür hatte ich es mit einem juristischen Berater vom MI5 zu tun. Er forderte mich auf, meinen Paß abzugeben, und meinte, daß er sich ihn auch auf andere Weise beschaffen könnte, doch würde eine freiwillige Abgabe unnötiges Aufsehen vermeiden. Ich stimmte bereitwillig zu, da mein Fluchtplan begreiflicherweise ohne solche Dokumente funktionierte. Mein Vorschlag, den Paß noch am selben Abend eingeschrieben abzuschicken, wurde nicht akzeptiert, weil er als zu riskant angesehen wurde. John Skardon sollte mich begleiten, um den Paß bei mir zu Hause in Empfang zu nehmen. Unterwegs versuchte Skardon, mir eine Moralpredigt zu halten. Er meinte, es sei ratsamer, den Staatsorganen entgegenzukommen. Ich war etwas erleichtert, als ich diese Worte vernahm, doch ich wußte, daß ich noch nicht über den Berg war.

In den nächsten Wochen setzte Skardon verschiedentlich die Befragung mit mir fort. Er war außerordentlich höflich; seine Manieren wirkten geradezu unübertrefflich. Seine Aufmerksamkeit für meine Ansichten und Handlungen schmeichelten mir sogar. Skardon war ein weitaus gefährlicherer Mensch als der unfähige White oder der polternde Milmo. Dieses Wissen half mir, seine Verbindlichkeit zu durchschauen. Während unseres ersten langen Gesprächs hatte ich zwei kleine Fallen bemerkt, die er mir geschickt und überlegt stellte. Diesen vermochte ich auszuweichen. Kaum hatte ich mir dazu gratuliert, kam mir in den Kopf, daß er mir ja noch andere Schlingen gelegt haben konnte, die ich nicht sah.

Doch selbst Skardon beging Fehler. Eins der Verhöre begann er damit, daß er mich um eine schriftliche Vollmacht ersuchte, um meine Bankkonten zu überprüfen. Er konnte dazu die gesetzliche Handhabe auch ohne meine Zustimmung erlangen. Darum war ich überhaupt nicht dagegen, zumal ich wußte, daß er von diesen Konten keinerlei Anhaltspunkte für illegale Einlagen bekommen würde, denn sie gab es nicht. Nachdem er meine Vollmacht erhalten hatte, fragte er mich dennoch nach meinen finanziellen Verhältnissen aus. Dies nutzte ich, um ihn irgendwie zu desinformieren.

Dafür hatte ich einen wichtigen Grund. Für die meisten Seltsamkeiten meiner Laufbahn vermochte ich plausible Erklärungen zu finden, doch nicht für alle. Deshalb mußte ich mich dort, wo meine Erfindergabe nicht weiterhalf, nur auf Gedächtnislücken berufen. Ich konnte mich einfach nicht an dieses oder jenes Gesicht erinnern, auch nicht an dieses oder jenes Vorkommnis. Die Erkundigungen nach meinen Finanzen brachten mir die Gelegenheit, mein schlechtes Gedächtnis unter Beweis zu stellen. Wer sich aber nicht einmal an seine eigenen Finanzen zu erinnern vermochte, wie konnte man von dem erwarten, daß er sich auf alle Einzelheiten seines gesellschaftlichen und beruflichen Lebens entsann?

Nach einigen solchen Befragungen gab Skardon auf. Er hatte mir nicht gesagt, ob er zufrieden war oder nicht. Er ließ einfach die Sache schweben. Skardon war natürlich davon überzeugt, daß ich nahezu alles verheimlichte, was irgendwie bedeutsam sein konnte. Ich hätte viel darum gegeben, einen flüchtigen Blick auf seine zusammengefaßten Ergebnisse werfen zu können. Ich zweifelte nicht daran, daß die Indizien gegen mich beeindruckend wirkten, doch sie waren nicht überzeugend genug. Daß es an dem war, bewies mir noch eine andere Vorladung. Diesmal mußte ich ins Broadway-Gebäude, um von Sinclair und Easton befragt zu werden. Mir war es unangenehm, den ehrenwerten Sinclair schamlos zu belügen. Ich hoffe jedoch, daß er jetzt versteht, daß ich, als ich ihn belog, genauso fest meine Prinzipien verteidigte, wie er die seinen stets vertreten hat. Das Duell mit Easton dagegen bereitete mir Vergnügen. Ich verfügte bereits über die Erfahrungen, die mir die Verhöre durch White, Milmo und Skardon vermittelt hatten. Aus diesem Grunde bewegte ich mich auf ausgetretenen Pfaden, und ich dachte nicht daran, Easton da eine Erfolgschance zu lassen, wo andere scheiterten.

Die Wolken teilen sich

Über zwei Jahre lang ließ man mich in Frieden oder, besser gesagt, wahrte man «bewaffnete Neutralität». Ich rechnete nicht damit, daß meine Akte endgültig geschlossen wurde, obwohl keine Anklage gegen mich vorlag. Ich unterhielt sogar freundschaftliche Beziehungen zu einigen ehemaligen Mitarbeitern vom MI5 und SIS. Trotz allem war es eine unruhige Zeit. Ich hatte meine zweitausend Pfund erhalten und Aussichten auf weitere zweitausend. Außerdem winkten mir zwei- bis dreitausend Pfund in Form einer Versicherungsprämie. Auf eine einträgliche Anstellung konnte ich nicht hoffen, da man mich überall, wo ich mich bewarb, als erstes fragte, warum ich aus dem diplomatischen Dienst ausgeschieden sei. Am ehesten ergab sich wohl für mich eine Chance als Journalist. Meine Gedanken kehrten nach Spanien zurück, wo mir der erste Durchbruch gelungen war. Bestimmt würde ich bald wieder auf die Beine kommen, und so nahm ich an, daß meine Abreise nach Spanien die Position jener stärken könnte, die an meiner Schuld immer noch zweifelten. Es ließ sich wohl kaum ein anderer Platz finden, der mich eher von den verschiedensten Verdächtigungen freisprechen konnte. Ich schrieb an Skardon und bat ihn, mir den Paß zurückzugeben. Er wurde mir umgehend ohne jeden Kommentar zugesandt.

Mein Aufenthalt in Spanien war sehr kurz. Nach kaum drei Wochen erreichte mich in Madrid ein Schreiben, in dem mir eine Tätigkeit in der City angeboten wurde. Das Gehalt war zwar kümmerlich, doch meiner völligen Unwissenheit in kommerziellen Dingen angemessen. Ein Jahr lang befaßte ich mich mit Handelsangelegenheiten und pendelte täglich zwischen Rickmansworth und Liverpool Street. Für die Tätigkeit eignete ich mich überhaupt nicht und war sogar erleichtert, als meine Firma am Rande des Bankrotts stand. Der resultierte freilich aus übereilten Geschäften der Transportabteilung, mit der ich glücklicherweise nichts zu tun hatte. Dem Unternehmer konnte es nur recht sein, als ich kündigte. Danach verdiente ich mir meinen Lebensunterhalt als freier Journalist. Dies war recht mühsam, zumal ich mich viel selbst anpreisen mußte, und das war nie meine starke Seite gewesen.

Mein ziemlich tristes Dasein wurde durch eine merkwürdige Episode unterbrochen, die mit einem Brief begann, der von einem konservativen Parlamentsmitglied aus dem Wahlkreis Arundel und Horsham eintraf. Ich wurde zu einer Tasse Tee ins Unterhaus eingeladen. Nachdem der Abgeordnete mir erklärt hatte, daß man ihn selbst aus dem Foreign Office entlassen habe, bekannte er offenherzig, daß er gegen das gesamte Außenministerium und speziell gegen Anthony Eden Krieg führe. Seine Position sei, seinen

Worten zufolge, unverwundbar, da er im Parlament einen der sichersten Wahlkreise im Lande vertrete und die dortigen Organe der Konservativen Partei nach seiner Pfeife tanzten. Er hätte gehört, daß man mich ebenfalls aus dem diplomatischen Dienst entlassen habe, und nehme an, daß ich vergrämt sei. Er wäre mir sehr dankbar, wenn ich ihm irgendwelches Material beschaffen könnte, das ihm gestatten würde, das Foreign Office mit Schmutz zu bewerfen. Er verbreitete sich lange über dieses Thema, wobei er seine Ausführungen mit Lachsalven begleitete, die er über seine eigenen Einfälle losließ. Ich erwiderte ihm, daß ich für die Gründe Verständnis hätte, die das Außenministerium zu meiner Entlassung bewogen haben, und entfernte mich auf der Stelle.

Damals, in jener Phase habe ich mehrmals über eine Flucht nachgedacht. Ein solcher Plan war ursprünglich für amerikanische Bedingungen aufgestellt worden. Er brauchte nur geringfügig entsprechend den europäischen Verhältnissen verändert zu werden. Eine Flucht aus London war in gewisser Hinsicht sogar einfacher. Doch wieder kam ich zu dem Schluß, daß der äußerste Fall, der zu einer Flucht zwingt, noch nicht eingetreten sei. Schließlich passierte etwas, was mich bewog, mir diese Gedanken aus dem Kopf zu schlagen. Auf kompliziertesten Wegen erhielt ich von der sowjetischen Zentrale eine Botschaft, in der ich inständig gebeten wurde, den Mut nicht sinken zu lassen, und man mir eine baldige Wiederaufnahme der Kontakte ankündigte. Damit änderte sich die Situation grundlegend. Nun war ich nicht mehr allein.

Ich war wieder zuversichtlich genug, als ich bemerkte, daß ein neues Gewitter heranzog. Angeblich sollten neue «Enthüllungen» in der Burgess-Maclean-Affäre existieren. Aus der Fleet Street ertönte erneut das mir schon bekannte Geschrei um den «dritten Mann», doch diesmal sickerte mein Name in die Spalten der Presse. Übrigens ist es erstaunlich, daß die Presse, die doch wohl Hunderttausende Pfund investiert haben mußte, um an nichtige und entstellte Informationen über die verschwundenen Diplomaten heranzukommen, vier Jahre brauchte, um bis zu mir vorzustoßen, und auch dies nur infolge einer Indiskretion. Einer meiner Freunde aus dem SIS sagte mir, daß das ein in den Ruhestand getretener hoher Polizeioffizier verschuldet hatte. Wir kannten ihn beide als Schwätzer. Die Erklärung schien recht einleuchtend, zumal die Kriminalreporter die ersten waren, die in den Besitz der Neuigkeit gelangten. Bei der Suche nach dem «dritten Mann» sprach der «Daily Express» von einem Sicherheitsoffizier aus der britischen Botschaft in Washington, dem man die Pensionierung nahegelegt hatte. Dies war eine typische Ungenauigkeit; ich war nie Sicherheitsoffizier gewesen. Doch war das deutlich genug, um mich auf eine Beleidigungsklage gegen die erste Zeitung vorzubereiten, die meinen Namen erwähnte.

Bald meldete sich der erste Journalist aus der Fleet Street. Er rief aus London an und bat mich um ein Interview. Ich schlug ihm vor, seine Fragen schriftlich einzureichen. Nach zwei Stunden meldete er sich erneut telefonisch. Daraufhin verhandelte ich mit ihm streng formal. Ich erklärte ihm, daß ich jede Äußerung verweigere, wenn er mir keine schriftliche Garantie dafür gäbe, nur das abzudrucken, was ich billige. Da der größere Teil von dem, was ich über die Burgess-Maclean-Affäre wußte, aus dienstlichen Kanälen stamme, könnte man mich der Verletzung des Dienstgeheimnisses beschuldigen, wenn ich diese Kenntnisse öffentlich preisgäbe. Nachdem er seinen Redakteur angerufen hatte, entfernte sich der Korrespondent mit leeren Händen. Doch danach ging die Presse zum Angriff über.

Ich muß nachtragen, daß ich von der Grafschaft Hertford in die Grafschaft Sussex umgezogen war und in Crowborough auf halbem Wege zwischen Uckfield und Eridge wohnte. Durch einen glücklichen Zufall war ich dort nicht die einzige Sehenswürdigkeit. In Uckfield wohnte damals Prinzessin Margaret und in Eridge Peter Townsend. Die Reporter beschäftigten sich mit der Prinzessin morgens und mit Townsend nach dem Essen oder umgekehrt. In beiden Fällen überfielen sie mich während der Mittagszeit. Dies war in doppelter Hinsicht von Vorteil. Erstens bewirkte der Umstand, daß die Korrespondenten mir genauso auf den Wecker fielen wie den aristokratischen Nachbarn, daß die dortige öffentliche Meinung zu meinen Gunsten umschlug. Mein Gärtner, ein kräftiger Mann, erklärte sich bereit, jeden beliebigen Reporter mit der Forke aufzuspießen, den ich ihm nenne. Zweitens konnte ich durch die Regelmäßigkeit, mit der die Reporter ihre Besuche wiederholten, ihnen entwischen. Zu diesem Zweck stellte ich die Uhr einfach um drei Stunden vor. Ich stand um fünf Uhr auf, frühstückte um sechs und nahm mein Mittagessen bereits halb zehn ein, und wenn sich die Korrespondenten vor meinem Haus versammelten, spazierte ich schon durch den Wald von

Ashdown. Kehrte ich um fünfzehn Uhr zurück, waren sie bereits verschwunden. Dieses System versagte nur einmal. Einer Lady vom «Sunday Pictorial» war es an einem späten Samstagabend gelungen, in mein Haus einzudringen und mir mit dem Ansinnen zu kommen, «einen für mich sehr gefährlichen Artikel», den «einer meiner Freunde» verfaßt haben sollte, kurzfristig zu kommentieren. Der Artikel sollte am nächsten Morgen erscheinen. Ich lehnte es ab, ihn zu lesen, lehnte einen Kommentar ab und setzte die Dame, wobei ich beinahe gewalttätig geworden wäre, vor die Tür. Am nächsten Morgen kaufte ich mir den «Sunday Pictorial», doch fand ich kein Wort über mich darin. Der «Freund» hatte kalte Füße bekommen.

Als die Lage äußerst kritisch wurde, setzte ich mich mit Freunden aus dem SIS in Verbindung. Sie rieten mir dringend davon ab, irgendwelche Erklärungen abzugeben, die der Sache schaden könnten. Die Regierung wolle eine Debatte über diese Angelegenheit durchführen, und es sei sehr wichtig, die Situation nicht zu verschärfen. Sie baten mich, erstens einer weiteren Befragung zuzustimmen, die keine MI5-Mitarbeiter, sondern zwei meiner ehemaligen SIS-Mitarbeiter durchführen würden, und zweitens meinen Paß wieder abzugeben. Ich erklärte mich mit beidem einverstanden: Den Paß gab ich ab und fuhr zweimal nach London, um auf die Fragen zu antworten. Die Befragung erfolgte nach dem üblichen Schema, demnach gab es keinerlei neue Indizien. Indessen wirkte sich der Umstand, daß ich während einer so langen Zeit nicht versucht hatte zu fliehen, zu meinen Gunsten aus. Im Laufe der Zeit waren alte Spuren kalt geworden, und die Angelegenheit war nun undurchsichtig genug, um jeden Anklagevertreter zu verwirren.

Ich stand im Mittelpunkt der Aufmerksamkeit und mußte deshalb zwei Begegnungen mit meinen sowjetischen Freunden ausfallen lassen. Als jedoch der Tag des dritten Treffs kam, sagte ich mir, daß sie wahrscheinlich Informationen von mir benötigten und ich andererseits Unterstützung nötig hatte. Die Vorbereitung für den Treff nahm einen ganzen Tag in Anspruch. Frühmorgens fuhr ich von Crowborough ab, stellte mein Auto in Tunbridge auf einem Parkplatz ab und reiste mit dem Zug nach London. Ich war der letzte, der auf einem verwaisten Bahnsteig in den Zug stieg. Waterloo-Station stieg ich aus, sah mich gründlich um und fuhr mit der U-Bahn bis Tottenham Court Road. Hier kaufte ich mir

Hut und Mantel und schlenderte an die zwei Stunden durch die Straßen. Nachdem ich in einer Bar einen Imbiß zu mir genommen hatte, benutzte ich ein erprobtes Verfahren: Ich kaufte mir eine Kinokarte, setzte mich in die hinterste Reihe und verließ den Saal mitten während der Vorstellung. Erst jetzt war ich mir sicher, daß mir niemand folgte. Ich hatte außerdem noch einige Stunden zur Verfügung, um mich restlos davon zu überzeugen. Ich durchwanderte Gegenden, die ich niemals zuvor gesehen hatte, zu Fuß, per Bus und wieder zu Fuß. Die Dunkelheit war schon seit ein, zwei Stunden eingebrochen, als ich mich endgültig auf den Weg zum Treff machte. Was dort vor sich ging, ist für den Leser nicht interessant, so daß ich darüber keine Worte verlieren möchte.

Das Neueste las ich in der U-Bahn. Als ich meinem Nachbarn über die Schulter blickte, sah ich meinen Namen in den Schlagzeilen des «Evening Standard». Colonel Marcus Lipton, Parlamentsabgeordneter für Brixton, hatte am 25. Oktober 1955 an den Premierminister die Anfrage gerichtet, ob er noch länger die zweifelhafte Rolle eines Mr. Philby als «dritten Mann» decken möchte. Er forderte die Einsetzung einer Sonderkommission, die die Umstände des Verschwindens von Burgess und Maclean untersuchen solle. Danach erkundigte er sich nach der Tätigkeit des «dritten Mannes», als den er mich bezeichnete. Eden versprach, die Debatte über diese Frage zu eröffnen. Sie fand am 7. November 1955 statt. In ihrem Verlauf rehabilitierte mich der britische Außenminister, Harold Macmillan. Ich war tief enttäuscht. Lipton genoß parlamentarische Immunität, und ich konnte ihn nicht verklagen. Außerdem zerschlug sich meine Hoffnung, aus der Verleumdungsklage gegen eine Zeitung des Beaverbrook-Konzerns eine große Geldsumme zu schlagen. Doch ich mußte meinen Ärger unterdrücken und handeln. Zeitweilig siedelte ich zu meiner Mutter nach Drayton Gardens über und rief von dort meine Freunde vom SIS an. Ich sagte ihnen, daß ich nicht länger schweigen könne. Sie gaben mir recht, daß ich irgendwann irgendwas sagen müßte, doch nicht zu diesem Zeitpunkt. Wiederum ersuchten sie mich nachdrücklich, den Auftritt in der Presse bis zur Beendigung der Unterhausdebatte zu verschieben.

Bis zur Debatte verblieben noch zwölf Tage. Ich stellte die Türglocke ab und verbarg das Telefon unter einem Berg von Kissen. Meine Mutter erlaubte mir nicht, die Türklingel ganz abzuschrauben, da sie diese sowieso nicht hören konnte. Das war auch deshalb überflüssig, weil sie durch die uns belagernden Reporter nach zwei Tagen demoliert wurde. Das Küchenfenster mußte Tag und Nacht verhangen bleiben, da irgendein Journalist, der von der Feuerleiter aus durch dieses Fenster schaute, die Köchin erschreckt hatte. Ansonsten war sie eine tapfere Frau, die uns in dieser Zeit ausgezeichnet ernährte. In der noch verbleibenden Zeit bereitete ich meine Erklärung für die Presse vor. Von dem richtigen Ton dieser Erklärung hing viel ab. Wenn ich Lipton nicht zwang, seine Äußerung zurückzunehmen, blieb mir noch ein Ausweg – die Flucht.

Doch noch erwartete ich einen günstigen Ausgang. Ich hatte bereits an vielen Pressekonferenzen teilgenommen und wußte, welches Durcheinander dort herrscht, wenn alle gleichzeitig ihre Fragen stellen. Ich mußte zumindest für die erste halbe Stunde die Kontrolle über den Ablauf haben und mich auf die Erklärung Liptons konzentrieren, um mit allen Mitteln die Absurdität seiner ungeheuerlichen Behauptungen zu beweisen. Dann wäre es nicht mehr so wichtig, was man mich fragen würde: Alle meine Antworten waren vorbereitet. Es lag klar auf der Hand, daß die Anschuldigung Liptons jeder Grundlage entbehrte. Hätte er, so nahm ich irrtümlich an, wichtige Beweise in seinen Händen gehabt, dann würde er sie den zuständigen Organen übergeben haben, anstatt mich mit seinem öffentlichen Auftritt im Unterhaus zu warnen. Hätten aber die zuständigen Organe derartige Beweise von Lipton oder einem anderen bekommen, dann wäre ich bereits verhaftet. Demnach besaßen weder Lipton noch irgend jemand anders schwerwiegendes Material gegen mich. Für mich war die Untätigkeit des Sicherheitsdienstes das Entscheidende. Er wußte zehnmal mehr als alle Leute aus der Fleet Street zusammen. Darum hatte ich nicht die Presse, sondern den Geheimdienst zu fürchten.

Am Tag der Parlamentsdebatte erklärte im Namen der Regierung der Außenminister, Harold Macmillan, daß ich meine dienstlichen Obliegenheiten gewissenhaft und mit Geschick – das war durchaus richtig – wahrgenommen habe und es keinerlei Beweise dafür gäbe, daß ich die Interessen des Landes verraten hätte, das entsprach ebenfalls der Wahrheit. Die Erklärung beflügelte mich. Ich nahm die Kissen vom Telefon und bat meine Mutter, allen Anrufern zu sagen, daß ich morgen um elf Uhr zum Empfang von Besuchern bereit sei. Im Verlauf von zwanzig Minuten wurden wir ein halbes dutzendmal angerufen. Dann trat Ruhe ein. Ich rief noch einen Bekannten vom SIS an, um ihn auf meinen bevorstehenden öffentlichen Auftritt vorzubereiten, und legte mich dann schlafen. Ich schlief neun Stunden ohne Unterbrechung.

Der Ansturm begann bereits um halb elf, doch eingedenk der Notwendigkeit, die Situation zu beherrschen, beeilte ich mich nicht, die Tür zu öffnen. Ich hatte elf Uhr gesagt, und dabei mußte es bleiben. Auf die Minute genau öffnete ich und rief: «Herrje!» Ich hatte vielleicht mit einem Dutzend Besucher gerechnet und sah jetzt eine lange Menschenschlange. Es schien unwahrscheinlich, daß all diese Leute im Wohnzimmer Platz fänden, aber irgendwie kamen sie doch unter. Fünf Minuten blitzten ununterbrochen die Blitzlichter der Fotoapparate, dann verschwanden die Fotografen. Nachdem sich alle hingesetzt hatten, bat ich einen Reporter, der sich in einem Sessel ausgestreckt hatte, den Platz an eine Dame abzutreten, die an der Tür lehnte. Wie von einer Tarantel gestochen, sprang er auf, während sich die Dame zaghaft hinsetzte. Dies war ein gelungenes Manöver: Von vornherein hatte ich die Kontrolle über die Ereignisse.

Über diese Pressekonferenz ist seinerzeit in westlichen Zeitungen viel geschrieben worden. Zu Beginn verteilte ich eine schriftliche Erklärung, in der es hieß, daß ich in gewissen Fragen Zurückhaltung üben müsse, um nicht das Gesetz über die Wahrung von Staatsgeheimnissen zu verletzen. Unter diesem Vorbehalt erklärte ich mich bereit, Fragen zu beantworten. In einer der ersten Fragen wurde Lipton erwähnt, und diese Gelegenheit ergriff ich. «Ah, Lipton», sagte ich, «das bringt uns sogleich zum Wesen der Sache.» Dann forderte ich Lipton damit heraus, daß ich ihm vorschlug, seine Beweise dem Geheimdienst zu übergeben oder seine Anschuldigung außerhalb des Unterhauses zu wiederholen. Nach etwa zwanzig Minuten entschuldigten sich einige Journalisten höflich und eilten zum Ausgang. Gut, dachte ich mir, dann wird dies wohl in den Abendzeitungen stehen. Jetzt wurde mir leichter, und ich bat um weitere Fragen. Was hielte ich von Burgess? Sei ich mit Maclean befreundet gewesen? Womit erklärte ich ihr Verschwinden? Wo befänden sie sich? Welches seien meine politischen Ansichten? Sei ich der «dritte Mann»? Es fiel mir leicht, auf diese Fragen zu antworten.

Nach etwa einer Stunde gingen wir ins Eßzimmer, dort gab es

Bier und Sherry – zum Glück hatte sich die Gästezahl bereits verringert. Die Reporter verhielten sich zu mir auffallend freundlich. Nur der Vertreter des «Daily Express» war übermäßig eifrig. Auf die meisten seiner Fragen antwortete ich schadenfroh: «Kein Kommentar!» Später erfuhr ich, daß er elf Jahre lang an einem Buch über diese Geschichte saß und fünf Jahre davon fast nichts anderes getan hat. Ihm möchte ich jedoch empfehlen, bei Skardon einen zweiwöchigen Lehrgang mitzumachen, um das Befragen zu erlernen.

Meine übliche Mittagszeit war bereits verstrichen, als der letzte Besucher ging. Die in den Abendzeitungen veröffentlichten Mitteilungen über die Pressekonferenz ließen nichts zu wünschen übrig. Meine Herausforderung an Lipton war schwarz auf weiß in genau denselben Worten abgedruckt, in denen ich sie formuliert hatte. Die am nächsten Tage erschienenen Morgenzeitungen bestätigten im allgemeinen den günstigen Eindruck. Ein mir wohlgesonnener Reporter rief mich an und gratulierte mir zu der erfolgreichen Pressekonferenz. Jetzt war die Reihe an Lipton. Am ersten Abend meldete BBC, daß Lipton zwar auf der Unterhaussitzung anwesend war, doch geschwiegen hätte. Am nächsten Abend gab er auf. Ein Parlamentsreporter übermittelte mir exakt seine Worte und bat mich um meinen Kommentar. Ich schlug ihm vor, mich nach fünf Minuten noch einmal anzurufen. Ich fühlte mich derart erleichtert, daß ich Lipton im ersten Moment zu seinem edlen Verhalten gratulieren wollte. Doch dann sagte ich mir, daß er dies nicht verdient habe, und beschränkte mich auf eine mehr ausweichende Formulierung: «Ich glaube, daß Oberst Lipton richtig gehandelt hat. Was mich betrifft, so sehe ich den Vorfall als erledigt an.» Erstmalig nach zwei Wochen führte ich anschließend meine Mutter in ein Lokal.

Der Vorfall war tatsächlich erledigt und blieb es sieben Jahre lang. Die Presse ließ mich fallen. Im Lichte der späteren Ereignisse ist es leicht, Macmillan und mit ihm die Regierung wegen des Unbedenklichkeitszeugnisses zu tadeln, das sie mir ausstellten. Doch daran sind nicht sie schuld. Im Jahre 1955 wollte niemand aus der Regierung und namentlich keiner vom Geheimdienst eine öffentliche Erklärung abgeben. Die Beweise waren nicht überzeugend. Man konnte mich weder anklagen noch vollkommen freisprechen. Dennoch mußte man öffentlich Stellung nehmen wegen des Lärms, den eine schlecht informierte Presse entfacht hatte und auch wegen des törichten Schnitzers, den sich Marcus Lipton leistete.

Eine besondere Verantwortung für dieses ungewöhnliche Fiasko trägt die Presse Beaverbrooks. Wegen einer stupiden Fehde, die Beaverbrook mit Eden und dem Foreign Office führte, startete seine Presse diese ganze Kampagne und ließ trotz grober Fehler nicht von ihr ab. Es wäre interessant, einmal die Ausgaben unseres diplomatischen Dienstes im Ausland mit den Geldern zu vergleichen, die der «Daily Express» vergeudete, um nach Informationsfetzen über die Burgess-Maclean-Affäre zu haschen. Doch jeder Nachteil hat auch seinen Vorteil. Ich muß Beaverbrook für die sieben Jahre ruhigen Lebens und die Möglichkeit danken, mein Werk fortzusetzen, dem ich mein Leben widmete.

Trotz all dieser dramatischen Ereignisse war damit meine Tätigkeit im Ausland noch nicht beendet. Von 1956 bis 1963 hielt ich mich im Nahen Osten auf. Die westliche Presse hat eine Vielzahl von Spekulationen über diese Zeit verbreitet. Aber vorläufig mögen die Urheber bei ihrer Meinung gelassen werden. Ich möchte nur hinzufügen, daß es den britischen und amerikanischen Geheimdiensten gelungen sein mag, sich von meiner Tätigkeit bis zum Jahre 1955 ein einigermaßen zutreffendes Bild zu machen. Von meiner anschließenden Tätigkeit wissen sie so gut wie nichts. Ihnen weiterzuhelfen ist nicht meine Absicht. Es wird einmal ein zweites Buch veröffentlicht werden können, in dem über die anderen Ereignisse geschrieben wird. In jedem Fall war es für die sowjetische Aufklärung nicht uninteressant, mehr über die subversive Tätigkeit von CIA und SIS im Nahen Osten zu erfahren.

Inhaltsverzeichnis

ISBN 3-327-00636-9

3. Auflage, 1988
Lizenz-Nr. 5
Printed in the German Democratic Republic
Satz, Druck und Einband: Karl-Marx-Werk Pößneck V 15/30
Lektor: Hartmut Lahne
Schutzumschlag und Einband: Wolfgang Ritter
Typografie: Anne-Katrin Engelstädter
LSV: 7203
Bestellnummer: 746 505 9
00680